加賀中世城郭図面集

平成29年3月

佐 伯 哲 也

目　次

◎ 本書の概要説明

Ⅰ．城館遺構

かほく市
1. 坊廻城・・・・・2
2. 森城・・・・・3
3. 上山田城・・・・4
4. 多田城・・・・・6

津幡町
5. 上河合城・・・・9
6. 莇谷城・・・・・10
7. 鳥越弘願寺・・・12
8. 富田和田山城・・14
9. 竹橋城・・・・・17
10. 笠野鳥越城・・・18
11. 龍ヶ峰城・・・・20
12. 原城・・・・・22

金沢市
13. 松根城・・・・・23
14. 高峠城・・・・・31
15. 朝日山城・・・・32
16. 切山城・・・・・34
17. 北方城・・・・・37
18. 加賀荒山城・・・38
19. 市瀬城・・・・・41
20. 柚木城・・・・・42
21. 堅田城・・・・・44
22. 梨木城・・・・・46
23. 上野館・・・・・47
24. 鷹之巣城・・・・48
25. 山川三河守城・・50
26. 福神山城・・・・51
27. 高尾城・・・・・52
28. 金沢城・・・・・54
29. 田上館・・・・・57
30. 伝燈寺城・・・・58
31. 水淵城・・・・・59
32. 若松本泉寺・・・60

野々市市
33. 末松館・・・・・61

白山市
34. 槻橋城・・・・・62
35. 坊の館・・・・・64
36. 舟岡山城・・・・65
37. 鳥越城・・・・・68
38. 二曲城・・・・・72
39. 三坂峠城・・・・74
40. 瀬戸丸山城・・・75

能美市
41. 和田山城・・・・76
42. 西山城・・・・・78
43. 鍋谷砦・・・・・79
44. 虚空蔵山城・・・80

小松市
45. 山崎城・・・・・82
46. 林館・・・・・83
47. 波佐谷城・・・・84
48. 霧籠城・・・・・95
49. 児城・・・・・96
50. 江指城・・・・・97
51. 岩淵城・・・・・98
52. 小山城・・・・・101
53. 岩倉城・・・・・102
54. 三童子城・・・・105
55. 覆山砦・・・・・106

加賀市
56. 柴田の付城・・・108
57. 赤岩城・・・・・110
58. 黒谷城・・・・・112
59. 山中城・・・・・115
60. 日谷城・・・・・116
61. 熊坂口之城・・・120
62. 大聖寺城・・・・121
63. 松山城・・・・・129

Ⅱ．城館関連遺構
64. 笠野城の峰烽火台・・136

III. 城館候補遺構

- 65. 大海西山遺跡・・・138
- 66. 茶臼山城・・・・・140
- 67. 天田城・・・・・・142
- 68. 冠ヶ嶽城・・・・・143
- 69. 倉ヶ岳城・・・・・144
- 70. 北袋城・・・・・・146
- 71. 町城・・・・・・・147
- 72. 三ノ坂遺構群・・・148
- 73. 釣部砦・・・・・・152
- 74. 田島城・・・・・・153
- 75. 二俣町一の木戸・・154
- 76. 岩崎砦・・・・・・155
- 77. 中峠北城・・・・・156
- 78. 菩提砦・・・・・・158
- 79. 熊坂花房砦・・・・159
- 80. 塔尾超勝寺・・・・160
- 81. 柏野城・・・・・・162
- 82. イラカ嵩城・・・・163

IV. 城館類似遺構

- 83. 田屋御前山砦・・・166
- 84. 鳥屋尾ノナカ砦・・167
- 85. 満願寺山砦・・・・168
- 86. 卯辰三社遺構・・・169
- 87. オヤシキ遺跡・・・170
- 88. 奥医王山山頂遺構・172
- 89. 広瀬廃寺・・・・・174
- 90. 津波倉神社遺構・・176
- 91. 温谷寺関連遺構・・177

V. 位置図

・・・・・179～219

VI. 加賀中世城郭一覧表

・・221～228

VII. あとがき

・・・・・229

◎本書の概要説明

1. 本書は旧加賀国（かほく市・津幡町・内灘町・金沢市・野々市市・白山市・能美市・川北町・小松市・加賀市）の城館を対象とした。ただし、内灘町及び川北町は該当する城館が存在せず、記載しなかった。

2. 本書は下記の通り4部構成とした。
    ①城館遺構　　　：城館と断定できる遺構。
    ②城館関連遺構：城館本体から遠距離に位置し、それ本体では城館とは断定できないもの。「狼煙台」や「大手門」と称されているもの等を言う。
    ③城館候補遺構：断定はできないが、城館の可能性を残しているもの。
    ④城館類似遺構：城館遺構に似ているが、城館とは別の遺構のもの。猪垣や水田・畑跡・塚などの場合が多い。全く見当がつかないものも、これに含めた。

3. 本書に記載する城館は、遺構がある程度確認でき、平面図（縄張図）が作成できる城館のみとした。従って伝承が残っていても、遺構が存在しないものについては記載していない。ただし遺構が破壊されていても、破壊前に筆者が縄張図を作成していたり、地籍図等により復元が可能なものは記載した。

4. 本書に記載する城館は、鎌倉時代以降に築城され、慶長20年(1615)以前に廃城になった中世城館を対象としている。ただし、金沢城は加賀一向一揆の拠点として必要不可欠の存在のため、例外として記載した。

5. 本書は現況における詳細な平面図（縄張図）作成を第一義としている。従って伝説伝承・文献史料・発掘調査の成果は、必要最小限の記載、あるいは省略しているケースがある。

6. 各項目の①～⑩の記載内容は下記の通りである。年代を絞り込むことができないものについては、世紀毎の単位で示した。また一部推定を含むものもある。複数の所在地に亘って存在しているものについては、代表的な所在地についてのみ記載した。
    ①所在地　②別称　③築城年代　④主要年代　⑤廃城年代　⑥主な城主　⑦形式　⑧現存遺構　⑨規模　⑩標高・比高　⑪位置図番号

7. 本書で扱う史料の概説
⑥越登加賀三州志故墟考
　加賀藩の歴史学者富田景周が執筆し、寛政13年(1801)に成立。故墟考と略す。
⑦長家家譜
　特に注記しないかぎり、『新修七尾市史7七尾城編』(2006 七尾市)所収のものを使用し、出典は省略する。
⑧『新修七尾市史7七尾城編』(2006年七尾市)所収の史料は『七尾市史七尾城編第〇章』000と記述する。
⑨『新修七尾市史3武士編』(2001 七尾市)所収の史料は『七尾市史武士編第〇章』000と記述

する。
⑩加能史料南北朝Ⅰ～Ⅲ・室町Ⅰ～Ⅳ・戦国Ⅰ～ⅩⅣ（1993～2016 石川県）所収の史料は『加能史料南北朝〇〇』『加能史料室町〇〇』『加能史料戦国〇〇』と記述する。
⑪『上越市史別編1上杉氏文書集一』（2003 上越市）所収の史料は、『上杉氏文書集一』000 と略す。
⑫『上越市史別編2上杉氏文書集二』（2004 上越市）所収の史料は、『上杉氏文書集二』000 と略す。
⑬『金沢市史資料編2中世二』（2003 金沢市）所収の史料は、『金沢市史2』000 と略す。
⑭『金沢市史資料編3近世一』（1999 金沢市）所収の史料は、『金沢市史3』000 と略す。
⑮『新修小松市史資料編1小松城』（1999 小松市）所収の史料は、『小松市史1』000 と略す。
⑯『新修小松市史資料編4国府と荘園』（2002 小松市）所収の史料は、『小松市史4』000 と略す。
⑰『富山県史史料編Ⅱ中世』（1975 富山県）所収の史料は、『富山県史Ⅱ』000 と略す。
⑱『富山県史史料編Ⅲ近世上』（1980 富山県）所収の史料は、『富山県史Ⅲ』000 と略す。

8．巻末の位置図は、方位は上が北、縮尺は1/25000を使用した。

9．城館の名称及び所在地については、統一性を図るため、『石川県中世城館跡調査報告書Ⅰ～Ⅲ』（石川県教育委員会）に準拠した。

10．筆者は平面図（縄張図）作成は、城館研究における重要な作業の一つと思っている。現況における詳細な姿を平面図作成によって一般に周知し、そのことによって城館を不慮の開発から守り、城館が地域史解明の遺跡として活用されることを切に願う次第である。

Ⅰ．城館遺構

1. 坊廻城（ぼんまわりじょう）

①かほく市宇気　②－　③平安時代？　④１６世紀後半　⑤１６世紀後半　⑥坊廻氏？　⑦平城
⑧削平地・切岸・土塁　⑨70m×70m　⑩－　⑪3

　宇気集落東側の微高地に位置する平城である。『宇ノ気町史』第２輯（1990　宇ノ気町）によれば、源平合戦のとき加賀から能登へ侵入する平家軍を防ぐため、源氏の将・梶原景時の命を受けた坊廻景政が城を築き、在地土豪を指揮して防御を固めた。その城が坊廻城と伝えている。
　ほぼ正方形をした平城である。現在は70m×70mの大きさだが、かつては外側に堀が巡っていたと考えられ、堀を含めると方一町（約100m）の大きさだったことが推定される。在地土豪の居城ではなく、中央政府から正式に任命された領主層の居城の可能性を示唆している。
　曲輪の周囲には、現在は土塁が部分的にしか残っていないが、かつては全周を巡っていたことが推定される。西側に土塁が存在していないのは、耕作地として開墾するときに崩されてしまったとのことである。それでもコーナーに位置する①は、櫓台として評価して良いであろう。またほぼコーナに位置する土塁②も櫓台と評価して良いであろう。土塁の開口部③は、恐らく曲輪内が耕作地として開墾されたときに切り広げられたと考えられるが、櫓台②に防御された位置に存在していることを考えれば、やはり虎口が存在していたと推定される。
　注目したいのは④地点で、現在道路建設により破壊されてしまったが、地元の聞き取り調査により、かつては破線のような枡形虎口が存在し、矢印のような入り方をしていたと考えられる。枡形虎口の存在から、現存遺構は16後半まで使用されていたことは確実である。築城は平安期かもしれないが、織豊系武将により一時的に改修・使用されたことも視野に入れて城史を再検討すべきであろう。

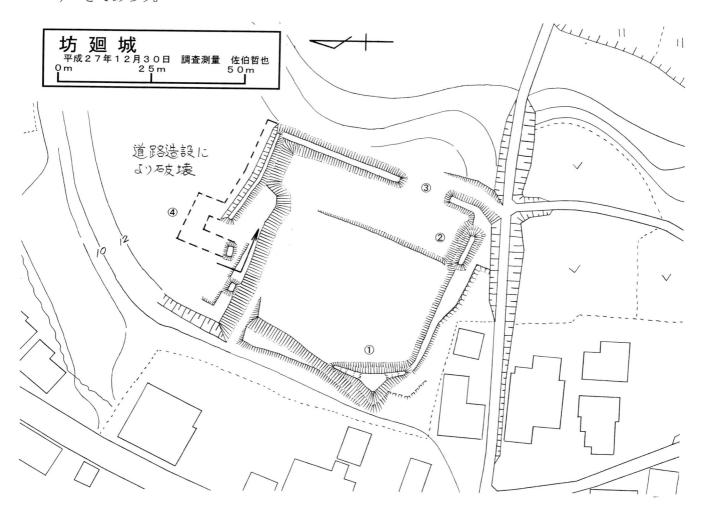

2. 森城 (もりじょう)

①かほく市森　②－　③鎌倉末期?　④１６世紀　⑤１６世紀　⑥村上（守）氏　⑦山城
⑧削平地・切岸・土塁　⑨ 100m × 50m　⑩標高 23 m　比高 17 m　⑪ 3

　森集落東側の小丘に築かれた城郭である。『宇ノ気町史』第2輯別巻集落誌（1991　宇ノ気町）によれば、『河北郡誌』を引用し、今から 700 年前に村守八郎左衛門が能登から来て森城を築いたとしていおり、また中腹に馬場があったとも述べている。地元の伝承では城主を村上右衛門、あるいは村上次郎左衛門（八郎左衛門）としている。いずれにせよ、村上（守）氏の詳細は不明で、一次史料で裏付けることはできない。

　城跡は現在八幡神社の境内となり、このため参道等により一部遺構が破壊されている。山頂部のＡ曲輪が主郭。現在は西半分しか残っていないが、かつては土塁が全周していたと考えられ、また北西コナーには櫓台①を置く。南北の一段下がった場所には副郭を設けているが、南側の大きな曲輪は、『宇ノ気町史』のいう馬場にあたるのであろうか。この他にも平坦面は存在するが、小規模かつ不規則な平坦面なので、城郭遺構としての平坦面なのかどうか判然としない。

　以上が森城の縄張りの概要である。単純な縄張りであり、在地土豪（村上氏）の城郭として評価することができよう。

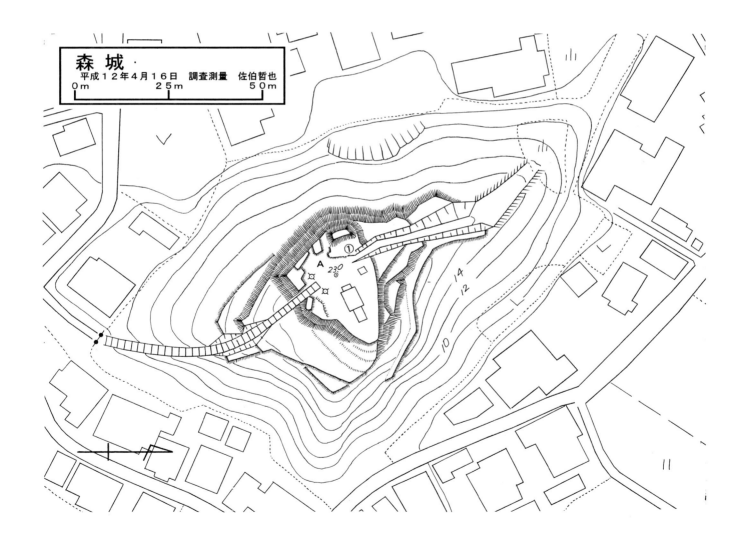

3. 上山田城（かみやまだじょう）

①かほく市上山田　②－　③１６世紀　④１６世紀後半　⑤１６世紀後半　⑥広瀬伊賀守
⑦山城　⑧削平地・切岸・土塁・堀切・竪堀　⑨200m×70m　⑩標高38m、比高28m　⑪3

　上山田集落西側の山頂に位置する城郭である。集落との比高はわずか28mしかないため密接に繋がっており、在地土豪（広瀬氏）が上山田集落を支配するための城郭としてとらえることができよう。
　地元の伝承によれば、広瀬伊賀守が居城していたと伝える。広瀬伊賀守は、天正4年(1576) 5月加賀四郡衆連署申状及び天正4年(1576) 8月石川・河北両郡衆連署申状写（『小松市史1』10及び11）に見える「広瀬伊賀守貞清（治）」その人であろう。なお天正4年(1576) 8月石川・河北両郡衆連署申状写では、「広瀬伊賀守貞治　同組中」となっているため、貞治は組を支配する指導者だったと考えられる。『宇ノ気町史』第2輯別巻集落誌（1991　宇ノ気町）ではこれを五番組としている。
　広瀬氏は天文年間すでに地域の支配者として名を見せている。すなわち天文日記（『加能史料戦国XIII』）天文22年(1553)閏正月29日条に、広瀬四郎衛門の梅千世が本願寺に参り、証如に父死去の齋を調進していることが知れる。このとき天文日記には「五番　広瀬梅千世」とある。さらに天文日記によれば、同年2月4日証如は梅千世の烏帽子名付け親となり、翌日梅千世は四郎二郎（次郎）という名を襲名している。証如自ら烏帽子名付け親となっているほどだから、梅千世はよほど有力な家系だったと思われる。貞治とは同じく五番組内の武士だから、あるいは梅千世は幼少期の貞治本人だったかもしれない。
　天正7年3月上杉景虎が自刃して御館の乱が終息しつつあったのか、同年9月上杉景勝は北加賀の諸将に越中諸将との首尾が整い次第加賀に出陣する予定だと述べている（9月4日上杉景勝書状（『上杉氏文書集二』1862）。なお同書状には「広瀬四郎二郎」とある。勿論景勝は出陣せず、加賀一向一揆の拠点金沢御堂も天正8年(1580)柴田勝家の攻撃によって陥落する。このとき末森城主土肥親真も降伏しているので、上山田城も落城したと考えられる。貞清（治）は越中五箇山に逃れ、天正10年織田信長が本能寺で倒れたのを好機として上山田に帰り、そして天正11年末森合戦で戦死したと伝えているが、確証はない。
　城内最高所のA曲輪が主郭。自然地形が多く残っており、居住空間としては不向きである。北側には切岸①で尾根続きを遮断し、下段とは通路②で繋がっている。⑥地点は枡形虎口空間とも考えられ、通路②を通ってきた敵兵は直進はできず、直角に左折しないと主郭Aには入れない。しかし屈曲して入るものの、敵兵に対して主郭Aから横矢は掛からず、初原的な枡形虎口と考えられる。織豊系武将の関与は全く考えられず、在地土豪が構築した枡形虎口として重要な遺構である。従って通路②側が大手方向となる。
　北側は自然地形の尾根が続き、堀切③が北端の防御施設となっている。堀切とはいうものの、北側の段差はほとんどなく、切岸状になっている。東側は竪堀状に落として東斜面の遮断性は強いが、西側斜面の遮断性は弱い。恐らく土橋を渡った後は、西側に迂回して尾根頂部に辿り着き、主郭Aに向ったのであろう。通路②を通って主郭Aに向う方法と酷似している。同人物が同一時代に構築した遺構であることを物語っている。
　背後は堀切④で遮断し、幅広の土橋で繋いでいる。櫓台⑤を設けて防御力を増強しているが、土橋を渡ってきた敵兵に対して積極的な横矢は掛かっていない。外側のB曲輪には、土塁や段差を設けているが、どのような意図で設けたのか、判然としない。さらにその外側には堀切⑦を設けているが、幅が広すぎて遮断線としての役割をあまり果たしていない。
　以上、上山田城の縄張りを述べた。枡形虎口を設けているものの、枡形虎口本来の機能を果たしておらず、逆にそのような点が在地土豪が構築した枡形虎口ということを証明しており、貴重な遺構となっている。天正年間まで在地土豪（広瀬伊賀守）が使用していたことを、遺構からも推定することができる。在地土豪城郭の発展過程が見れる好例といえよう。

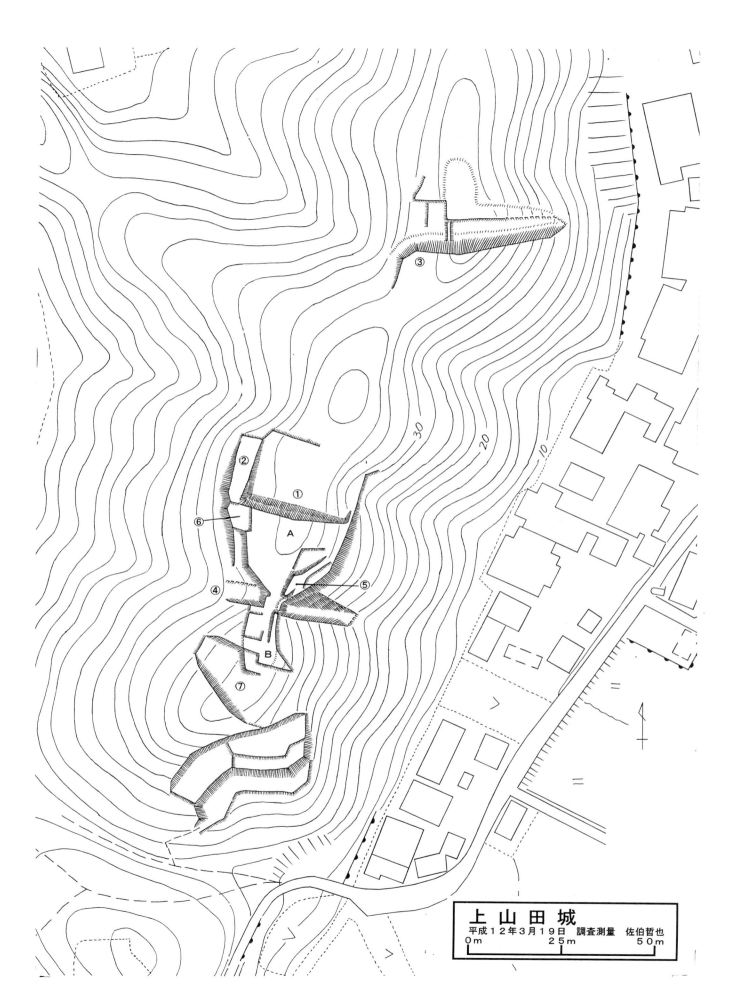

4．多田城（ただじょう）

①かほく市多田　②－　③平安時代？　④16世紀後半　⑤16世紀後半　⑥多田満仲？　⑦山城
⑧削平地・土塁・堀切・切岸・畝状空堀群・竪堀　⑨200m×220m　⑩標高77m　比高66m　⑪3

　通称城山山頂に位置する山城である。現在は干拓されて小さくなってしまったが、かつては山麓付近まで広大な河北潟が広がっていた。河北潟は日本海と繋がっており、古代以来天然の良港として使用されていた。さらに河北潟に沿うようにして多数の主要街道が通っていた。このような要衝の地に多田城は築かれているのである。『宇ノ気町史』第2輯別巻集落誌（1991　宇ノ気町）では、多田（源）満仲（912～997）が居城したとしている。多田城の城主歴はこれだけしか残っておらず、故塁考も「多田村領に堡跡あり。堡主無伝」と述べるにすぎない。しかし城跡にはハイレベルの縄張りが残っており、単なる在地土豪の城郭とは考えられない。

　城内最高所のA曲輪が主郭。大小様々な段や自然地形が残っており、大規模な建物、あるいは堅牢な建物が建っていたとは思えない。従って居住空間としては不向きであり、臨時城郭としての可能性を示唆している。山麓に鎮座する八幡神社に繋がる尾根①が大手と考えられる。堀切②を尾根道に設けているが遮断性は低い。尾根道を通らず、両斜面を迂回する敵軍の進攻速度を鈍らせるために、③・④地点に竪堀・土塁・畝状空堀群といった様々な障害物を設けている。⑤地点の両脇には土塁が残っているので門が建っていたと推定され、また③・④地点の敵兵を門内の城兵が狙っていたのであろう。

　⑤地点の正面には高さ4～6mにも及ぶ鋭角の高切岸が行く手を阻んでいる。この高切岸は主郭Aの全周を囲んでおり、虎口以外に出入りできない構造になっている。⑤地点から敵軍は左右に分かれることになる。どちらに進んでも細長い通路を行くことになり、長時間主郭Aからの横矢に晒されることになる。さらに⑥地点で行き止まりとなり、右往左往する敵軍は城内からの攻撃によって全滅に近い打撃を被ったことであろう。

　反対側を進む敵軍は竪堀⑦で進攻速度が減殺されて、少人数での進軍となり、大きく二度右折して虎口⑧に入ることになる。二度屈曲することにより進攻速度は減殺され、⑤地点から虎口⑧に入るまで長時間横矢に晒される。進攻速度が鈍った敵軍は、城兵が放つ弓矢の格好の餌食になったであろう。虎口⑧は入るとき強力な横矢が掛かり、土塁を設けて防御力を増強しているが、基本的には平虎口になっている点に注目したい。虎口⑧から頂部Aまでの進み方は、⑨地点を通ったと推定されるが判然としない。

　虎口⑧に入らない敵軍は、細長い通路を西進することになり、長時間主郭Aからの横矢攻撃に晒されながら虎口⑩に向う。虎口⑩に入れない敵軍はさらに東進することになるが、そこも行き止まりとなっており、右往左往する敵軍に城内から弓矢が浴びせられ、全滅に近い打撃を被ったことであろう。虎口⑩に入るときも横矢が掛かり、土塁を設けて防御力を増強しているが、基本的には平虎口になっている点に注目したい。虎口⑩を突破してもそこは袋小路のような空間で、高切岸が敵軍の行く手を阻んでいる。主郭Aに入るには、虎口⑪を通るしかない。

　尾根①も含め多田城に繋がる尾根⑫・⑬にも大規模な堀切は設けていない。堀切を設けることにより敵軍の攻撃も遮断できるが、連絡路も遮断してしまう。堀切の代替施設として高切岸を設けており、連絡路を確保し、敵軍の攻撃の遮断も成功している縄張りと評価できよう。

　以上、多田城の縄張りを述べた。特徴として、1）平坦面に自然地形が多く残る。2）土塁で構築した明確な虎口が残るが、基本的には平虎口である。3）計画的に設定された通路が残る。4）鋭角の高切岸を巡らす。5）大規模な堀切は設けず、尾根上の連絡路は確保している。以上5点である。紙面の関係上詳述はできないが、16世紀後半に築城・使用されたと考えられ、虎口の構造上織豊系部将が構築した可能性は低いと思われる。当地は天正5～8年にかけて上杉氏の支配下にあったと考えられる。同時期に計画的な通路や土塁で構築された虎口を備えている中村城（富山県氷見市）を上杉氏が構築したことを考えれば、多田城も上杉氏が臨時城郭として構築したとする仮説を提唱することができよう。

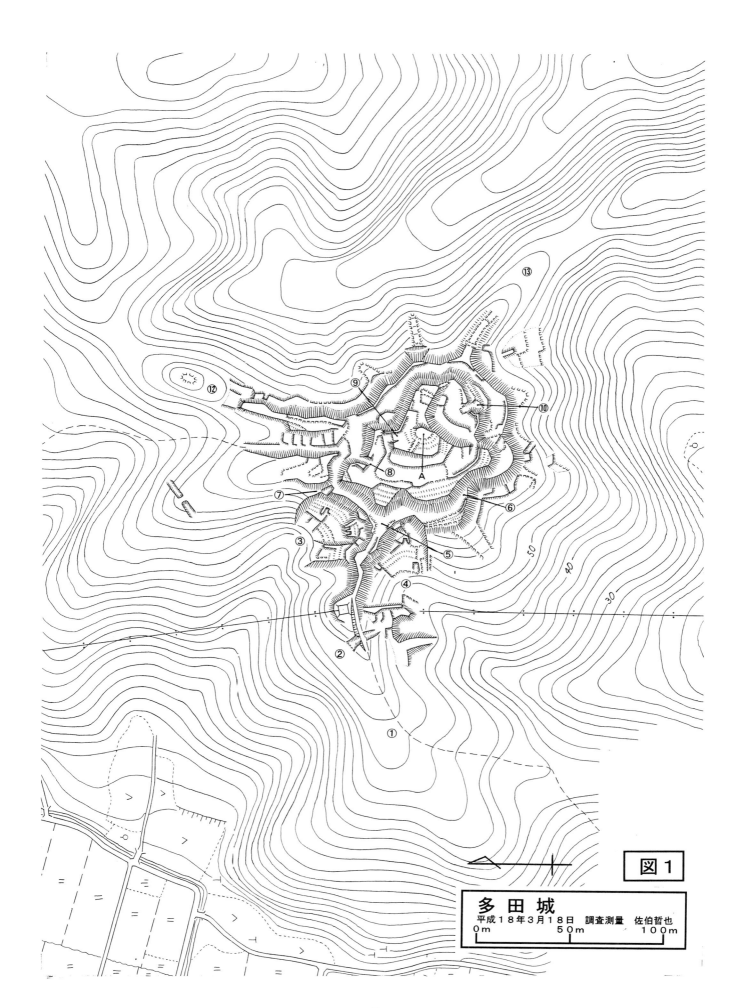

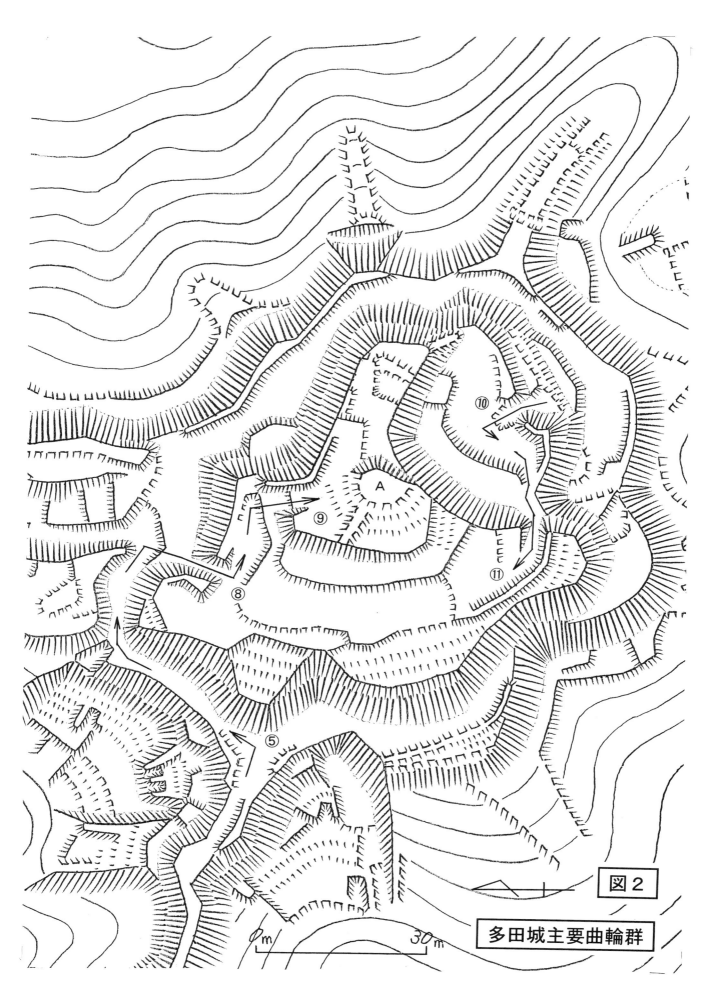

図2　多田城主要曲輪群

5. 上河合城 （かみかわいじょう）

①河北郡津幡町上河合　②－　③16世紀後半　④16世紀後半　⑤16世紀後半　⑥在地土豪？
⑦山城　⑧削平地・土塁・堀切・切岸・横堀　⑨190m×100m　⑩標高220m　比高90m　⑪2

　通称三角山（別名河合富士）の山頂に位置する。『河合谷の昔話』（1998　河合谷21世紀ふるさとづくり実行委員会）によれば、城跡はジョウと呼ばれており、昔城があった場所と伝えられている。昔は石垣が残っていて、少し深く耕すと、陶器や瓦等が出土したという。具体的な城主名は伝わっていない。城跡からは上河合・下河合の両集落を見下ろすことができ、しかも比高は90mしかなく、両集落を強く意識して築かれたと考えられる。また城跡直下には、越中石動と能登末森を結ぶ街道が通る交通の要衝でもある。なおこの街道は、天正12年(1584)佐々成政が15000の大軍を率いて末森城に向った街道でもある。

　A地点が主郭と推定されるが、送電鉄塔が建っているため破壊が激しい。主郭Aから一段下がった北側にB曲輪がある。主郭Aとの間に切岸①を設け、その両脇に堀切②・竪堀③を設けて敵軍の攻撃を遮断している。B曲輪の北側には幅17mの堀切④を設けて完全に遮断している。さらに外側の⑤地点には幅広の竪堀を設けているが、これもかつては堀切だった可能性がある。堀切④を越えず、迂回してくる敵軍を阻止するために、尾根を細く削り土塁⑥とし、さらにその前面に横堀⑦を巡らしている。明らかに堀切④と連動した防御ラインである。

　このように北側の尾根続きは、異常なまでに警戒した縄張りとなっている。また土塁⑥に取り付く敵軍に対してB曲輪から横矢が効き、計画的に設定された曲輪配置となっているため、16世紀後半の築城・使用と考えて良い。枡形虎口は確認できないため築城者は在地土豪と推定され、上杉謙信能登進攻に備えるために、急遽築城されたという仮説が提唱できよう。

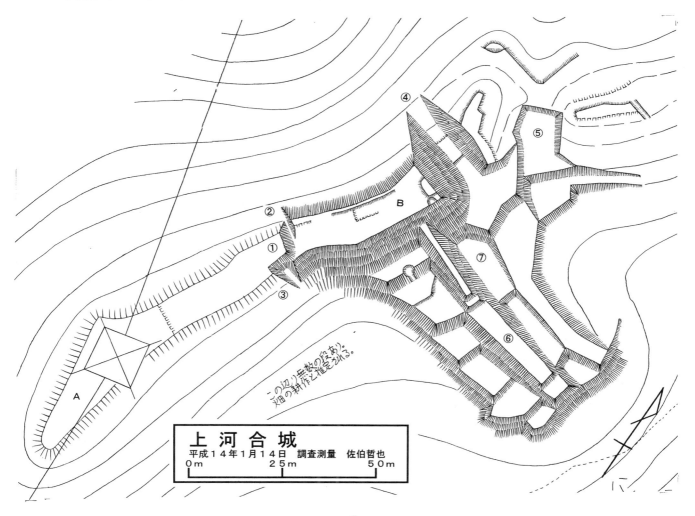

上河合城
平成14年1月14日　調査測量　佐伯哲也

6. 莇 谷 城（あざみだにじょう）

①河北郡津幡町莇谷　②－　③16世紀　④16世紀　⑤16世紀　⑥佐々木四郎？　⑦山城
⑧削平地・切岸・堀切・土塁・竪堀　⑨210m×90m　⑩標高170m　比高40m　⑪4

　　莇谷集落を見下ろす尾根の頂部に位置する。莇谷集落は北陸街道脇道の笠野道（仮称）が通る交通の要衝であり、さらにD地点（通称ボウヤマ、圓光坊跡）は莇谷集落と大畠集落を繋ぐ生活道が通っており、莇谷城は地域に密着した城と言えよう。

　　城域の東端は道路で破壊されているが、二重堀切①がほぼ東端と考えて間違いなかろう。二重堀切①を越えず、尾根の両斜面を横移動する敵軍の動きを阻止するために、斜面に竪堀②を設けている。北側斜面については切岸を設けて削っており、切岸を降りられぬ敵軍は尾根の頂部を進むことになり、否が応でも二重堀切を越えなければならなくなる。二重堀切①の城内側に土塁を設け、さらにその土塁を若干堀内に張り出して横矢を掛け、防御力を増強している。土塁上に駆け上がるために、城内側から幅広の通路が設けられている。

　　城内最高所のA曲輪が主郭。東と南側に土塁を巡らせ、東側に二重堀切①、西側に切岸を設けて敵軍の攻撃を遮断している。隣接するB曲輪とは、南側もに横堀を設けており、恐らくここが虎口だったと推定される。すなわち普段は横堀に木橋を掛けて矢印のように入ったと考えられる。横堀の末端を竪堀状にして敵軍が斜面を回り込まないようにしている点に注目したい。B曲輪やC曲輪には低い土塁や窪地が残っているが、これは水田の畔・溜池と考えられる。C曲輪の西側には高さ2～7mの鋭角の高切岸が設けられている。これが敵軍の攻撃を防ぐ遮断線と考えられる。城域の西端はこの高切岸と考えて良かろう。

　　土塁と切岸によって囲まれた一画のD地点が前述のボウヤマと呼ばれ、圓光坊跡とされている地点である。土塁は高さが2.5～3.3mもある巨大なものである。③地点はマドと呼ばれ、莇谷集落と大畠集落を繋ぐ生活道が通っている場所であり、圓光坊が地域と密接に繋がっていたことを示している。④地点の窪地は水場跡とされている。上段に水田が存在していたならば、豊富な水量を湧出していたことであろう。

　　C曲輪とD地点は隣接しているものの、両者の間には高切岸が存在し、さらに明確な連絡路もなく、密接な繋がりは感じられない。圓光坊と莇谷城が同時代に存在し、同一勢力により使用されていたか、慎重に検討しなければならない。現存の遺構からは、むしろ別々の時代に、別々の勢力によって使用されていた可能性を指摘することができる。

　　圓光坊跡について江戸中期までに著されたといわれる『三州紀聞』は、「莇谷村持山之内に坊山と申所は、此山に佐々木四郎寺を建立、圓光坊と申由。此寺退点轉以後、其寺跡に堀才喜右衛門と申者居申由申伝候」とあり、佐々木四郎が建立したとしている。とすれば、佐々木四郎が圓光坊を守るために莇谷城を16世紀に築城したのであろうか。天文日記（『加能史料Ⅸ』）天文6年（1537）9 14日条に「莇谷之衆」が見えることから、この頃本願寺派の宗教勢力が存在していたことが推定される。佐々木四郎もこの頃の人物であろうか。

　　圓光坊跡は1990～1991年にかけて石川考古研究会により発掘調査が実施された（「津幡町莇谷圓光坊跡調査報告」『石川考古学研究会会誌第35号』1992 石川考古学研究会）。寺跡ということを示す明確な遺構は検出できなかったが、出土した遺物から圓光坊の歴史は四期に分かれることが判明した。すなわちⅠ期は16世紀以前、Ⅱ期は16～17世紀前半、Ⅲ期は18世紀前後、Ⅳ期は18～19世紀となった。

　　莇谷城には二重堀切や、初原的ながらも計画的な通路が設けられており、16世紀に築城されたことはほぼ確実である。従って考古学的には、莇谷城と圓光坊の存続年代が一応ラップすることが確認されたことになり、佐々木四郎が莇谷城を築城した可能性も出てきた。しかし両遺跡を繋ぐ連絡路は確認できていない。最初に圓光坊が存在したが戦国期に一時的に廃絶し、このとき莇谷城が築かれ、そして江戸期に圓光坊が再興された、という仮説が提唱できる。つまり両遺跡の存続年代はラップせず、このために両遺跡を繋ぐ連絡路が存在していないということになろう。

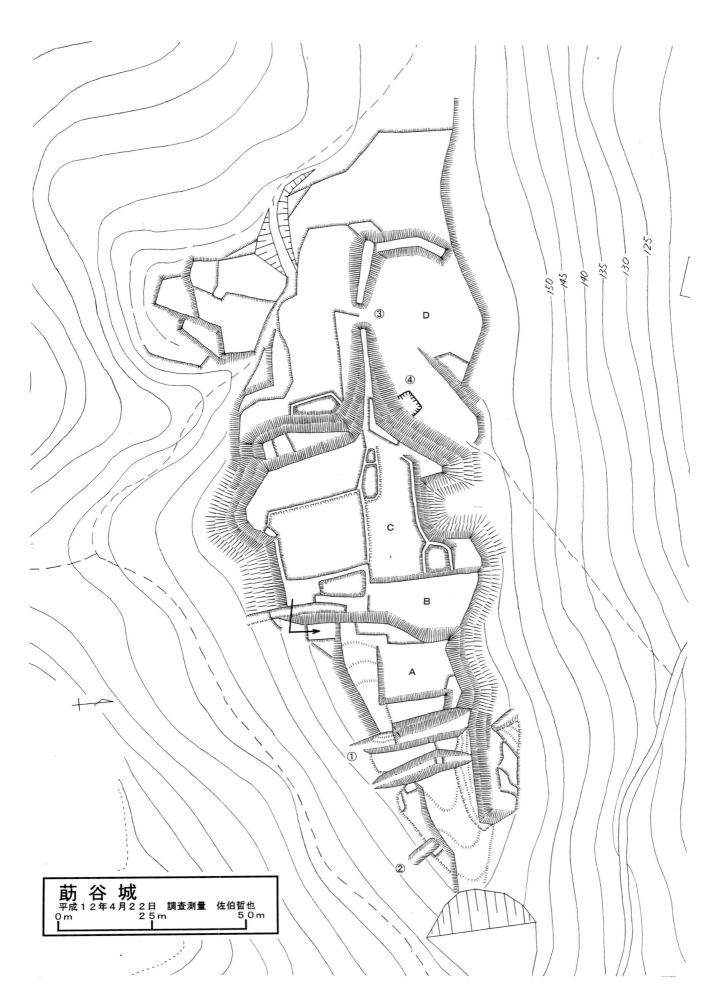

7. 鳥越弘願寺 (とりごえぐがんじ)

①河北郡津幡町鳥越　②－　③14世紀　④16世紀　⑤16世紀　⑥弘願寺　⑦寺院城郭
⑧削平地・切岸・土塁　⑨170m×190m　⑩標高－　比高－　⑪4

　鳥越弘願寺は、加賀一向一揆大坊主の拠点跡である。弘願寺が位置する笠野盆地は、能登・越中・加賀に繋がる街道が交差する交通の要衝であり、草創当時はともかくとして、このような要衝の地にあったからこそ、一向一揆の拠点として発達していったのであろう。

　弘願寺の草創については、天文10年(1541)に願得寺実悟が撰した『日野一流系図』によれば、本願寺四世善如の末弟という玄頓が弘願寺と号したことに始まるという。ただしその世系草創の年次については触れられていない。しかし善如は観応2年(1351)に本願寺四世を継承し、康応元年(1389)に死去しているので、この間の事と考えられよう。また、貞享2年(1685)の『寺社由緒書上』には、玄頓を本願寺三世覚如の真弟とし、観応元年(1350)の草創とするが、これ以降観応元年(1350)草創説が定着したものと思われる（木越祐馨「鳥越弘願寺文書について」『石川考古学研究会会誌』第30号）。いずれにせよ鳥越弘願寺は北加賀一向一揆の大坊主として教線を拡大し、一大拠点として発展したのである。しかし天正8年(1580)加賀制圧を目指す柴田勝家の先鋒佐久間盛政の攻撃により焼亡したと伝えている。柴田勝家軍は天正8年閏3月9日能登末森城を落城させ（『信長公記』奥野高弘・岩沢愿彦校注　1993）、翌4月頃加賀一向一揆の拠点金沢御堂を陥落させているので、弘願寺の焼亡もこの頃と考えられよう。

　弘願寺の遺構の残存状況は、市街地化により良いとは言えない。幸いにも『石川県城館跡分布調査報告』（1988　石川考古学研究会）に弘願寺周辺の小字及び復原図が記載されているため、それを援用しながら進めていきたい。弘願寺の中心部はA地点で、通称オヤシキと呼ばれている。城郭でいえば主郭にあたる部分である。現在大国神社が建ち、三方を土塁が取り巻いている。しかし寺院城郭の事例で、主要伽藍が建つ境内に小規模な土塁が取り巻いている事例はない。恐らく江戸期になって大国主神社が建ち、それに伴って土塁が構築されたのであろう。

　①地点はニシノドイと呼ばれるL字形の土塁で、本遺構で最も保存状態の良い土塁である。最大幅17m、高さが8.5mもある巨大なもので、特に②地点に張り出しを設けて横矢を掛け、ダイモン（③地点）と呼ばれる大手口を監視している。単に土塁で境内を囲んでいるのではなく、土塁に折れや張り出しを設けて横矢を掛けていることから、防御を目的として土塁を構築していることが判明する。寺院城郭と判断して良い根拠はここにある。⑤地点で土塁は南側に屈曲し、ゴボウヤマ④に至る。自然地形と思われる小山⑧とゴボウヤマ④とは、ダイモン③（大手道）を挟んでいるが、一直線にはならず食い違っている。恐らく食い違い虎口が存在していたと考えられ、ゴボウヤマ④は大手虎口を防御する櫓台だったと考えられる。高度な縄張り技術と言えよう。小山⑧とゴボウヤマ④の南側はツツミダと呼ばれ、堀が広がっていたと伝わっている。

　小山⑧から北側は、かつて土塁だったと考えられる微高地⑨が境内を防御する。かつてはニシノドイ①と同規模の土塁だったのであろう。微高地⑨はさらに北側に延びていたと考えられるが、宅地化により破壊され、詳細は不明。

　北側の丘陵⑩は境内を全て見下ろすことができ、この丘陵を敵軍に取られないことが弘願寺にとって必須条件の一つとなる。しかし丘陵を敵軍に奪取されないような防御施設は設けられていない。このあたりが、寺院を100%城郭に改修できない限界点なのであろう。

以上、弘願寺境内の概略を述べた。基本的には方形の境内であり、自然丘陵を利用しつつ土塁に横矢掛けを設けて軍事施設（＝城郭施設）を構築している。横矢掛けを持つ土塁を最初に構築したのは織豊政権といわれてきた。しかし遺構の下限が16世紀第2四半期ということが考古学的に証明された山科本願寺の土塁（木立雅朗「考古学からみた山科と山科本願寺『戦国の寺・城・まち』1998　山科本願寺・寺内町研究会）には見事な横矢掛けが設けられており、本願寺が独自に構築したということも証明されたのである。従って弘願寺跡に現存する土塁も、16世紀に境内を城郭化するために弘願寺が構築したと考えられよう。

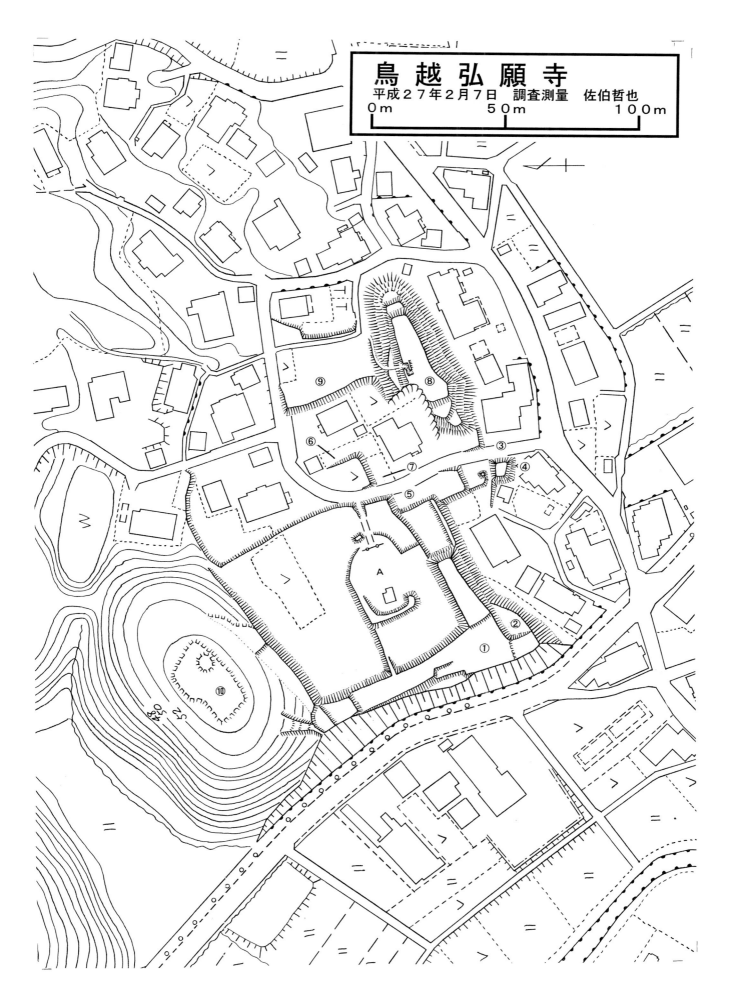

8．富田和田山城（とみたわだやまじょう）

①河北郡津幡町富田　②－　③ 16 世紀　④ 16 世紀後半　⑤ 16 世紀後半　⑥富田左近・佐々成政　⑦山城　⑧削平地・切岸・竪堀・土塁・堀切・竪穴？　⑨ 290m × 90m　⑩標高 80 m　比高 70 m　⑪ 4

　寺井町に存在する和田山城と区別するために、本城を富田和田山城とした。城跡の南麓に北陸街道の脇道の一つ天田峠越えが通る交通の要衝である。要衝の地にありながら和田山城の歴史は殆ど不明で、故墟考に「賊将富田左近居たり。無伝」とあるにすぎない。しかし昭和 62 年の現地調査の際に地元の古老から、「佐々成政が居た」という話を聞けたのは幸いだった。

　遺構は小規模かつ散在的である。城内最高所のＣ地点が主郭。直径７ｍ・深さ３ｍの巨大な竪穴①が目を引く。正直なところ、一体どのような性格を持った遺構なのかサッパリわからないが、候補としては a) 炭焼きの穴　b) 氷室　c) 食料の貯蔵庫等が挙げられる。a) については大規模な施設であるにもかかわらず、石垣等で補強した痕跡が見当たらず、これでは天井を支えることができない。b) については、一日中直射日光が当たるため温度が上昇し、氷が融けてしまう。c) については本来直射日光の当たらない洞窟等の涼しい場所を選ぶのだが、やはり直射日光が当たってしまい野菜等の保存には不向きである。つまり a)b)c) いずれも該当しない。竪穴①の北東側に切り込み（通路）があって竪穴内に出入りしやすい構造となっているため、竪穴内の「モノ」を出し入れしていたと考えられる。しかも切り込みの外側には作業しやすいように平場が設けられているため、かなり頻繁にしかも大量の「モノ」を出し入れしていたと考えられる。それは何だったのであろうか。性格は不明だが、城郭遺構以外の遺構と考えたい。

　竪穴①の西側に溝②がある。防御用とは考えられないため城郭遺構以外の遺構と考えられる。竪穴①と関連性があるのであろうか。北西斜面に腰曲輪Ｄが巡る。腰曲輪Ｄを防御するためにＥ曲輪及び竪堀③を設けている。ちなみにＥ曲輪は、和田山城が最も警戒するＨ尾根（北陸街道）方向を監視する曲輪でもある。竪堀④は一応城郭遺構としての竪堀としたが、自然の崩れの可能性もあり、再考を要する。Ａ尾根及びＢ尾根には、堀切⑤・⑥やＦ曲輪が存在するが、いずれも小規模であまり役に立ちそうにない。この方面をあまり警戒していなかったことを証明している。

　和田山城が最も警戒しているのが、富田集落方向に延びるＨ尾根である。堀切⑦で尾根を遮断し、さらに堀切⑧で完全に遮断している。堀切⑧は上幅９ｍもあるもので、外側に土塁を設けて防御力を増強している。それでも不安だったのであろうか、南側に切岸⑨を設け、さらに敵軍が東側の斜面を迂回するのを阻止するため、堀切⑧及び切岸⑨の東側を竪堀として落としている。そして敵軍を監視するために、高台にＧ曲輪を設けている。鉄壁の防御ラインと言えよう。これほどの防御ラインは明らかに 16 世紀後半の遺構である。

　以上、和田山城の縄張りを述べた。遺構から 16 世紀後半に使用されていることは明らかだが、それが佐々成政に繋がるとは言い切れない。虎口が明確になっていないことから、成政は使用したのみと推定される。16 世紀後半に在地土豪と推定される富田左近が築城し、成政は国境防御のために改修せずにそのまま使用したと考えられよう。

　和田山城は石川県教育委員会により発掘調査が実施された（『津幡町和田山堡跡』2008　石川県教育委員会）。遺構としてはＦ曲輪から台形型の掘立建物（西側桁行 4.4 ｍ、東側桁行 4.5 ｍ、北側梁行 2.6 ｍ、南側梁行 1.7 ｍ）が検出された。性格不明ながら、城郭遺構としての可能性も示唆している。ちなみにＦ曲輪北側の平坦面は鉄塔跡ということが判明した。注目したいのはＡ尾根から８世紀中葉～９世紀末の炭化材、Ｂ尾根から 11 世紀後半～ 12 世紀代の土師器・10 世紀中頃～ 11 世紀初めの炭化材が出土していることである。同じく加越国境線に位置する松根城からも９世紀後半の灰釉陶器が出土している（『加越国境城郭群と古道調査報告書』2014　金沢市埋蔵文化財センター）。城跡は展望に良い場所が選ばれる。恐らく平安期には加越国境付近の山々は信仰の対象となり、宗教行事が行われたことを物語っているのであろう。和田山城の場合は、倶利伽羅不動に関連した宗教活動なのであろうか。今後の研究の成果に期待したい。

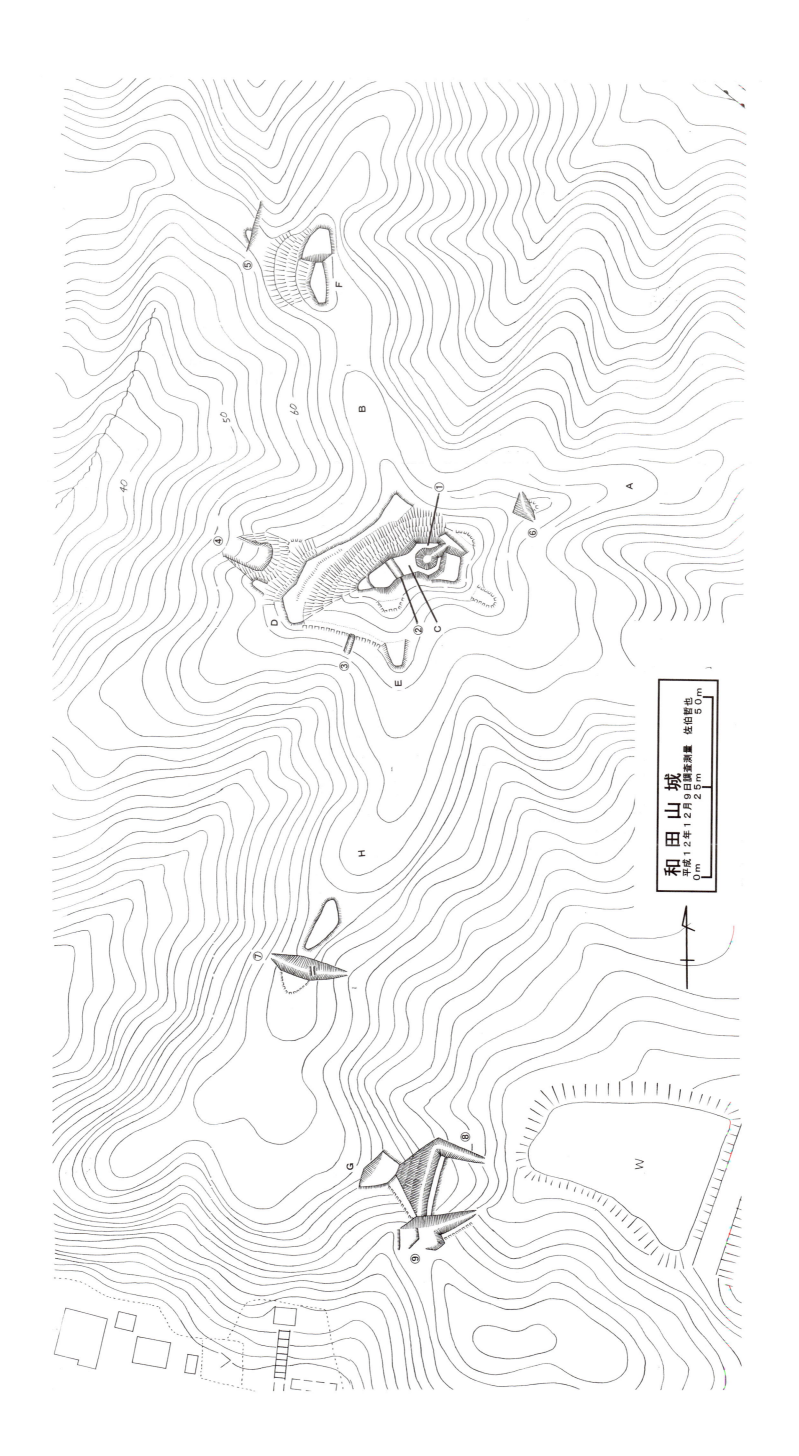

9. 竹橋城（たけはしじょう）

①河北郡津幡町竹橋　②滅八城　③16世紀　④16後半世紀　⑤16世紀後半　⑥？　⑦山城
⑧削平地・切岸・堀切・竪堀・土塁　⑨140m×140m　⑩標高93.5m　比高70m　⑪4

　城跡の北麓に北陸街道の脇道の一つ天田峠越えが通る交通の要衝である。城跡の存在は知られていたが、故墟考等の古記録には記載されておらず、また伝承も残っていないため、城主等詳細は一切不明である。

　城内最高所のA曲輪が主郭。広々とした空間で、多数の城兵の駐屯が可能である。曲輪内に設けられた小段は、耕作地としての段と考えられる。主郭Aから堀切を渡った対岸にB曲輪があり、尾根続きを監視する。尾根続きは堀切③を設けて遮断し、さらに城内側に竪土塁を設けて防御力を増強している。竪土塁①は下部のC曲輪へ降りる通路も兼用していたと考えられる。②地点は耕作等により現在大きく開口してしまっているが、虎口と考えられる。背後の台形状の空間を考えれば、内枡形虎口だった可能性も捨てきれない。ここが大手と考えられる。

　主郭Aから北側には、大小様々な段が設けられているが、はたして城郭遺構なのか、耕作による段なのか判然としない。城郭遺構と断定できるのは、竪堀④ぐらいである。北東に続く尾根には、堀切⑤や切岸⑥等を設けている。堀切③同様、越中側に延びる尾根に遮断設備を設けているという点に注目したい。

　以上が竹橋城の概要である。通路及び虎口の明確化という点では評価でき、現存遺構が16世紀後半まで下ることが推定される。越中側を警戒しているという点を考えれば、16世紀後半に加賀側の勢力が構築したという仮説を立てることが可能であろう。

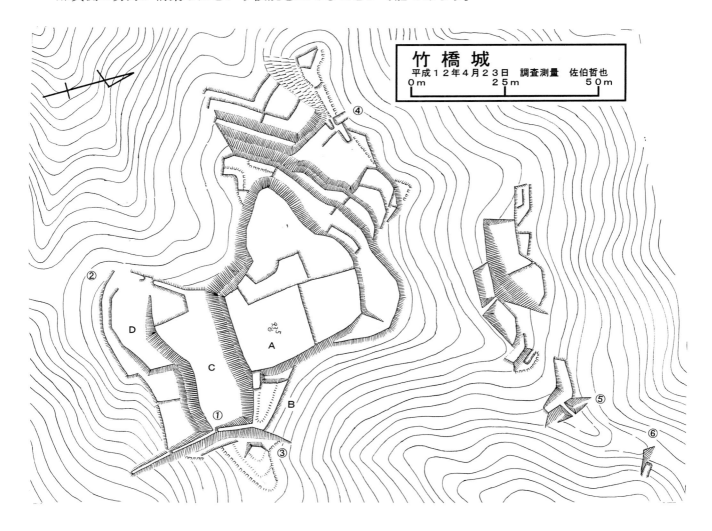

10. 笠野鳥越城（かさのとりごえじょう）

①河北郡津幡町七黒　②－　③16世紀　④16世紀後半　⑤天正13年？　⑥佐々氏・前田氏　⑦山城　⑧削平地・切岸・堀切・竪堀・櫓台　⑨390m×240m　⑩標高100m　比高80m　⑪4

　北陸街道の脇道笠野道（仮称）が城域に隣接する交通のである。縄張りそのものは貧弱だが、交通の要衝に位置するため、一次史料にしばしば登場する。

　築城者は特定できないが、故墟考は七国志を引用し、天正8年（1580）柴田勝家軍が金沢御堂を陥落し末森城も落城させたとき、落城させた諸城の中に鳥越城が見えているという。これを裏付ける史料は存在しないが、付近に鳥越弘願寺が存在するため、弘願寺が16世紀に入り境内の防御を強化するとともに、笠野盆地の入口に鳥越城を築いて敵軍の進攻を防いだという仮説を提唱することも可能であろう。

　鳥越城が史上に登場するのは、天正12年（1584）佐々成政末森城攻略失敗直後からである。末森城攻略に失敗した成政は、倶利伽羅方面に退却する（『七尾市史武士編第一章』219）。しかし越中に退却したのではなく、軍を倶利伽羅方面に停止させ、成政本人も宿陣しているのである。すなわち9月16日前田秀次（継）書状（『七尾市史武士編第一章』233）では、「此表ニ内蔵助（成政）于今居陣候て、鳥越を拵申候」とあるからである。末森城奪取に失敗したのは9月11日だから、実に5日間も在陣しているのである。恐らく佐々軍は前田利家が羽柴秀吉に報告したような大敗北を喫したのではなく、形勢不利を瞬時に悟って国境付近の倶利伽羅に撤退した、というふうに考えた方が良いのではなかろうか。さらに成政が「鳥越を拵」えていることである。成政が鳥越城を奪取し、修築していることが確認できる。

　前田利家は鳥越城を成政に奪取されたことを余程くやしかったのであろう。この代償として天正13年2月下旬重臣の村井長頼に越中に出陣させ、蓮沼城（富山県小矢部市）周辺を焼き討ちさせている（『七尾市史武士編第一章』256）。この焼き討ちを利勝（長）は「目賀田又右衛門・丹羽源十郎、鳥越を聞おぢに明退候を、無念ニ被思召、此度越中へ中入して放火仕」したのではないかと長頼に聞いている（『七尾市史武士編第一章』257）。つまり成政が奪取したときの前田方の鳥越城主は、目賀田又右衛門・丹羽源十郎だったことが判明する。さらに2月下旬になっても鳥越城は佐々方の城だったことも判明する。

　鳥越城が前田方として登場するのは天正13年7月になってからである。すなわち7月5日付前田利家書状（『七尾市史武士編第一章』283）には「蔵助（成政）鳥越表まで越候へ共、別なる子細も無之、引かへし候」とあり、このときの成政軍は鳥越城付近まで出撃したのみで終わっている。既に加越国境線は前田軍に制圧されていたのであろう。

　成政も鳥越城が余程ほしかったのであろう。豊臣（前田）軍の越中総攻撃を目前に控えた8月7日、成政軍は鳥越城付近で前田利勝（長）軍と激突し、敗北している（『七尾市史武士編第一章』295）。このあと前田軍は8月19日総攻撃を開始し、羽柴秀吉が8月26日倶利伽羅峠に着陣したところで成政は降伏する。

　成政降伏により加越国境の軍事的緊張は解消される。これにより多くの加越国境城郭と同じように鳥越城の存在価値もなくなり、ほどなく廃城になったのであろう。

　鳥越城は笠野道に隣接しており、笠野道を監視・掌握するために築城されたことは明白である。利家や成政が鳥越城を熱望したのはこのためと考えられるが、縄張りは全くもって貧弱である。A曲輪が主郭で、西側に櫓台①、南側に食い違い竪堀②を設けている。あとは尾根に小規模な堀切を設けているのみであり、大規模な遮断線とは言いがたく、敵軍の進攻には簡単に進入を許してしまいそうな遮断線である。さらに基本的には単郭の縄張りで、主郭Aを防御してくれそうな副郭も存在しない。勿論枡形虎口は勿論のこと、地表面観察で虎口と判断できるような平虎口すら存在していない。同じ加越国境城郭でしかも使用者・使用年も全く同じの松根・一乗寺・加賀荒山城とは全く違った縄張りである。とても天正12・13年に佐々・前田両氏が使用しているとは思えない簡単かつ貧弱な縄張りである。これも加越国境城郭の1パターンなのである。

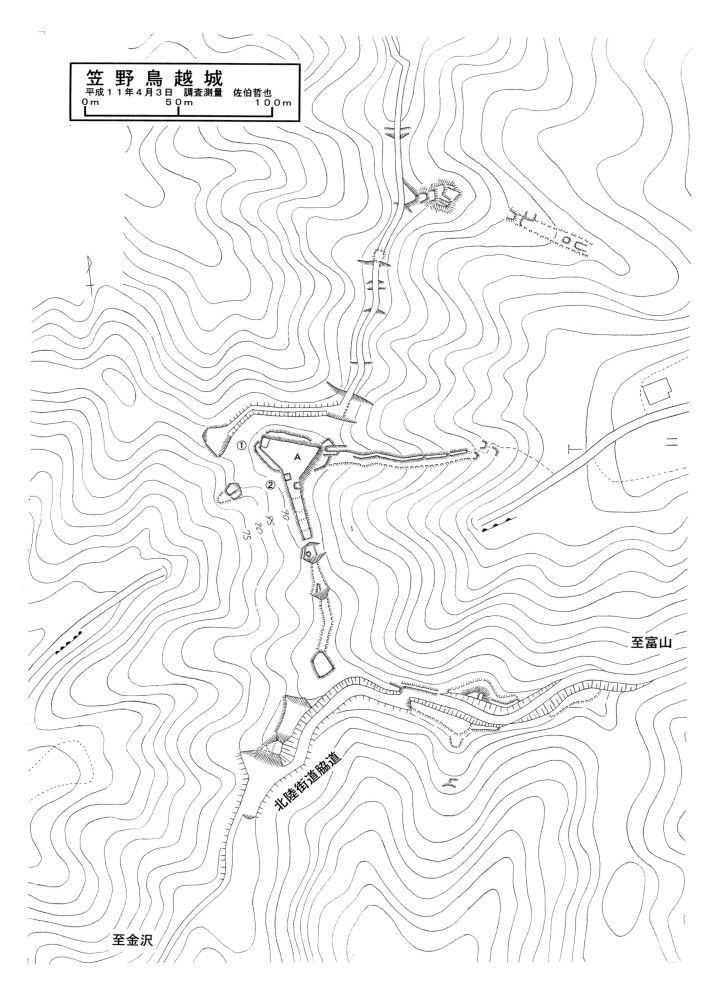

11. 龍ヶ峰城 （りゅうがみねじょう）

①河北郡津幡町原　②－　③16世紀　④16世紀後半　⑤16世紀後半　⑥村上氏・上杉氏・佐々氏
⑦山城　⑧削平地・切岸・土塁・堀切　⑨220m×120m　⑩標高194.6m　比高45m　⑪4

　城跡直下に北陸街道が通る交通の要衝である。故墟考は「堡主村上右衛門と伝ふれども不詳」と述べている。その後天正4年(1576)上杉謙信が加賀一向一揆を攻めたとき謙信の本陣となり、さらに佐々成政の家臣佐々与左衛門が居城したとも述べている。天正12～13年にかけて佐々成政と前田利家が加越国境で戦ったときのことを述べているのであろうか。

　城跡は通称城ヶ峰に位置する。ここからは加賀方面に広がる津幡川沿いの集落を一望することができる。しかし付近に位置する原・上藤又・山森の各集落を見下ろすことはできない。在地土豪が支配する城郭としては不自然な感じがする。村上右衛門は在地土豪ではないかもしれない。

　大手方向は①地点。北陸街道から分岐した敵軍は一列縦隊でしか進めない細い通路を進み、②地点で左折し外枡形虎口③に入ったと考えられる（別添拡大図参照）。通常は②地点には木製の階段が取り付けてあり、合戦時は外していたと考えられる。外枡形虎口③に入らず②地点を直進したとしても、敵軍はB曲輪からの横矢攻撃に晒されてしまう。さらに北陸街道から④地点に進んだとしても城内に入ることはできず、主郭A・B曲輪からの横矢攻撃に晒されて全滅したことであろう。外枡形虎口③は、計画的な通路を付属させた虎口と評価できよう。

　北陸街道から城内に入るルートとして、②地点を約50m直進し、左折して虎口⑤から入るルートもある。作業道により若干破壊されているが、両側に低土塁を備えている単純な平虎口だったと考えられ、さらに直進して平虎口⑥からB曲輪に入ったと考えられる。①地点から虎口⑤までの間に、敵軍に対して徹底的に横矢攻撃を加えた結果、敵軍は弱体化し、このため虎口⑤は防御力が弱い平虎口で良かったと考えられる。

　外枡形虎口③及び虎口⑤は、見方を変えれば尾根に向って開口している。従って尾根から進んでくる敵軍にも備えなければならない。このために虎口の尾根方向に堀切を設けて遮断しているものと考えられる。

　外枡形虎口③及び虎口⑤から入った敵軍はB曲輪に到達する。そこから主郭Aまでの間には食い違い竪堀があるのみで、簡単にしかも一直線に主郭Aに入ることができる。このあたりは単純な縄張りであり、ハイレベルな虎口を構築する一方、発達しきっていない未熟な縄張りも見せていると言えよう。

　越中側には二つの虎口を設けているが、加賀側には虎口を全く設けていない。つまり北陸街道を加賀側から進攻してきた敵軍は、主郭A・B・C曲輪からの横矢攻撃に長時間晒されながら①地点を鋭く屈曲しないと城内に入れない。一方、越中側から進攻してきた軍隊は、曲輪からの横矢に晒されることなく、ほぼ直進して城内に入ることができる。つまり越中側の軍隊の方がはるかに簡単に城内に入ることができるのである。以上の理由により、現存する縄張りの構築者は、越中側の武将と推定することができよう。

　天正12年に佐々成政が大改修した松根城は、虎口は勿論のこと、虎口から主郭まで計画的な通路が設定され、虎口が突破されても敵軍が主郭に殺到することはない。この点が龍ヶ峰城と決定的に違う。龍ヶ峰城は松根城より一世代古いタイプと言える。とすれば、故墟考が述べている天正4年に上杉謙信が着陣したという記述が重要になる。在地土豪の城郭とは考えられないことから、この記述は信憑性が高いと言えよう。北陸街道を監視・掌握する位置にあることから、佐々成政も天正12～13年に使用したと考えられる。しかし上杉氏時代の城郭を改修せずにそのまま使用したと考えられる。北陸街道に位置する城郭なのに、小原道沿いの城郭（松根城）のように改修しなかったのは、佐々成政の戦略を考える上で重要な鍵を握っていると言えよう。

　なお、龍ヶ峰城～原城の間に未確認の城郭遺構があるとの教示を得て再調査を行った。しかし全て自然地形と判断し、縄張図には記載しなかった。

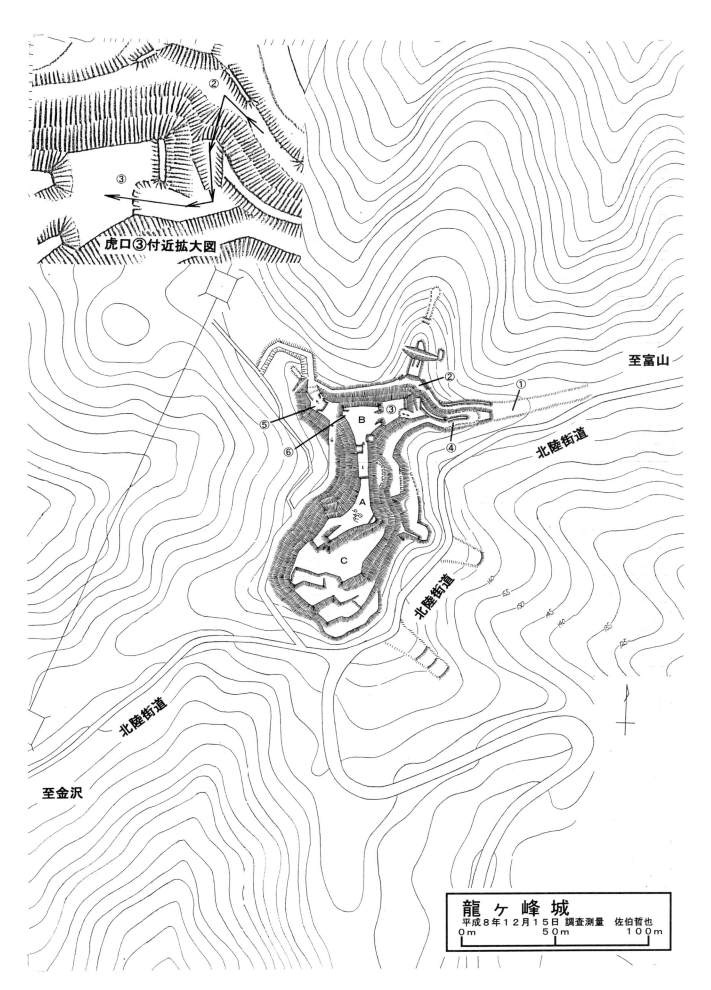

12. 原 城 (はらじょう)

①河北郡津幡町原　②－　③16世紀　④16世紀　⑤16世紀　⑥?　⑦山城　⑧削平地・堀切
⑨25m×10m　⑩標高145m　比高120m　⑪4

　原集落の背後に位置する小規模城郭。縄張りは至って簡単で、尾根の先端に曲輪を設け、尾根続きを堀切で遮断しているのみである。曲輪内部の「く」の字形の溝は、性格不明。狭い平坦面（曲輪）に溝を設け、さらに使いにくくしているため、城郭遺構ではないと考えられる。西側に原集落へと続く尾根が延びているため、これも猪垣の一種なのであろうか。
　伝承は一切残っていないが、龍ヶ峰城と尾根続きにあるため、龍ヶ峰城の支城として築城されたという仮説を立てることが可能であろう。
　なお、北側斜面及び西側の尾根続きにも未確認の城郭遺構があるとの教示を得て再調査を行った。その結果、自然地形及び畑跡と判断し、縄張図には記載しなかった。

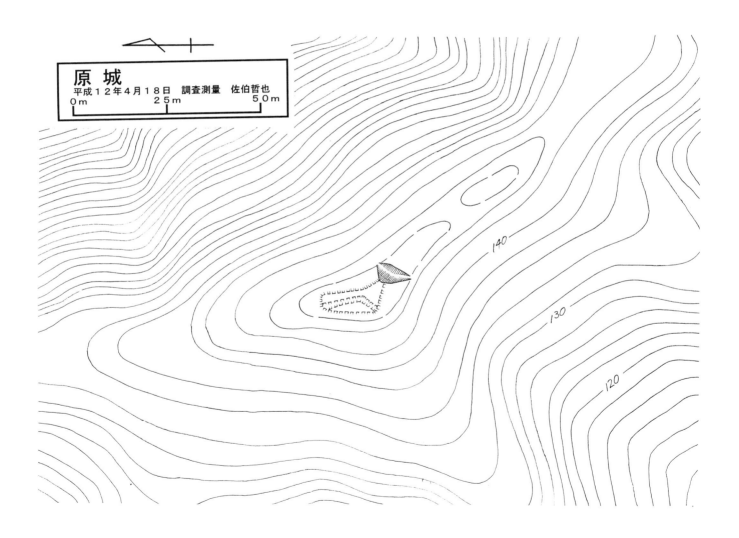

13. 松根城（まつねじょう）

①金沢市松根町　②－　③寿永2年？　④16世紀後半　⑤天正13年？　⑥桃井氏・加賀一向揆・佐々成政　⑦山城　⑧削平地・切岸・土塁・堀切・竪堀・横堀　⑨640m × 320m
⑩標高308.0m、比高130m　⑪6

《歴史》

　松根城に関する最古の伝承は、寿永2年(1183)源義仲が松根山に布陣したというものであるが確証はない。応安2年(1369)得江季員軍忠状（『富山県史中世』426）によれば、同年9月17日室町幕府に抵抗する元越中守護桃井直常の軍勢が籠城する「松根陣」を、幕府方の能登勢が攻め落としていることが判明する。その後、長享2年(1488)に加賀一向一揆の将・越智伯耆が布陣し、天文19年(1550)同じく加賀一向一揆の将洲崎兵庫が在城していたという。確証はないが、15紀末には既に国境城郭として存在していたようである。

　松根城が大きく注目されるのは、天正12年(1584)〜13年にかけて、加賀の前田利家と越中の佐々成政が対立したときである。両者は加越国境に各々城郭を築いて対峙し、国境を繋ぐ街道を厳しく監視している。松根城は成政が大改修し、松根城に接している北陸街道脇道の一つ・小原道を封鎖している。加賀の前田軍が国境を越えるのを阻止するのが松根城の目的だったのであう。これに対して利家は切山城を築き、同じく小原道を封鎖している。

　厳しく対立した加越国境城郭だが、成政軍が松根城を放棄し国境線から撤退すると、利家が松根城を接収したと考えられる。そして天正13年8月成政が降伏すると、国境線の軍事的緊張解消され、松根城の存在意義もなくなり、松根城は廃城になったと考えられる。

《縄張り》

1. 縄張りの紹介

　松根城の現況図を図1に示す。松根城は昭和40年代公園化による破壊を一部受けており、詳細に縄張りが把握できない。このため第九師管古戦史記載の図面、あるいは『戦国のロマン』（塩照夫 1973）記載図面及び発掘成果を基に縄張りの復元作業を行った。その図が図2である。以下、図2を用て縄張りを紹介する。

　松根城に隣接して小原道が通っており、松根城と小原道が密接に繋がっていたことを物語っいる。小原道は北陸街道脇道の一つ（『加賀の道Ⅰ　歴史の道調査報告書第3集』石川県教育委員会 1996）で、石川県金沢市小原集落を通っていることからこの名がる。北陸街道には脇道が小原道の他に、二俣道、田近道があり、それぞれが金沢城下を通ってるため、戦国期には特に重要視された。結論から先に言えば、松根城縄張りの最大の特徴は、小原道を加賀側、具体的には切山城方向から進攻してくる敵軍を松根城で食い止め、越中側へ入させないために、どのような工夫をしているか、この点に尽きると思う。

　まず堀切①で小原道を遮断しているが、これはほんの小手調べ。100m先には上幅30mの巨大堀切②を設けて、小原道を完全に遮断している。堀切②は現在でも深さ13mもあるが、発掘調査によってさらに2.6mも深く、敵兵の動きを鈍くするために堀底に二本の土塁と空堀を設けていたことが判明した。つまり、堀底に阻塞を設けた深さ約16mの巨大堀切だったのである。恐らく小原道も完全に遮断され、平時は木橋が架けてあったのであろう。勿論合戦時には木橋を撤去する。北側に回り込もうとする敵軍を阻止するために、竪堀③を設けている。このように加賀側から進攻する敵軍を、巨大堀切②によって完全に遮断しているのである。さらに防御力を増強するために、巨大堀切②の城内側に土塁を設けている。

　巨大堀切②を突破した敵軍は小原道を東進することになるが、城内からの横矢攻撃に長時間晒されることになり、特に大櫓台④からの強力な横矢に晒されることになる。現在土塁の一部しか

残っていないが、大櫓台④から櫓台⑤まで土塁が巡らされ、防御力を増強していたのであろう。

これに対して敵軍は、狭い小原道を一列縦隊で通らされ、道底も狭いため行軍速度は著しく鈍る。速度が鈍ることは、城兵から見れば弓矢の照準を合わせやすくなるわけで、この結果、敵軍は多大な犠牲を被ったことであろう。

⑥地点に大手門が存在していたと考えられる。敵軍が大手門⑥に突入するには180度回転しなければならず、回転するということは、進攻速度が著しく鈍るということである。速度の鈍った敵軍に対して、櫓台⑤から長時間横矢が浴びせられ、多大な犠牲を強いられたであろう。大手門⑥を突破できない敵軍は、櫓台⑦等からの横矢攻撃を浴びながら竪堀⑧方向に進むが、結局城内には入れない。このように加賀側に対しては、強く警戒した縄張りとなっている。

これに対して越中側からは、多少の障害物はあるものの、小原道をほぼ直進して簡単に大手門⑥に到達することができる。越中側に対してはほとんど警戒しておらず、加賀側とは明らかな縄張り思想の違いを見出すことができる。

このように最終的な城主はどうであれ、現存する縄張りは、加賀側から進攻してきた敵軍を食い止めるために構築したと断定してよい。

大手門⑥を突破しても敵軍の受難は続く。主郭Aに到達するにはF曲輪に入らなければならないが、D曲輪からの横矢が狙っている。D曲輪はこの方面の司令塔のようなもので、城内に乱入した敵軍を全て監視できる位置にある。F曲輪に入らない敵軍は、D曲輪直下を廻って北側へ進攻しようとするが、恐らく櫓台⑨との間に木戸があり、足止めされたに違いない。その間、D曲輪からの強力な横矢に晒される。木戸を突破した敵軍は、D・C・B直下の横堀を通ることになる。発掘の結果、横堀は薬研堀の形状だったことが判明し、一列縦隊で、しかも著しく進攻速度が鈍った状態で進んだと考えられる。進攻速度が鈍った敵兵は、曲輪に駐屯する城兵から見れば弓矢の照準が合わせやすくなり、殺傷率が高くなる。ここでも敵軍は多大な犠牲を強いられたことであろう。

F曲輪に入った敵兵は、D・Ⅰ曲輪の横矢に晒されながらE曲輪に進む。E曲輪は四方を堀に囲まれた馬出曲輪で、しかも二段に構築されたハイレベルの馬出である。虎口空間を加工することによって、曲輪としての機能に高めることに成功している。F曲輪も単純ながらも馬出曲輪の要素を兼ね備えており、E・F曲輪と連続馬出の縄張りを構築し、主要曲輪群への入口を死守していたのである。一般的に馬出は、対岸に進出する橋頭堡のような役割を果たしていると言われている。しかしE・F曲輪は大手門の内側にあり、とても対岸に進出する位置とは言えない。全てとは言えないが、馬出は進出する橋頭堡ではなく、E・F曲輪のように虎口を防御する防御施設として構築されたのではなかろうか。

ちなみに主郭AとB曲輪の間に存在する虎口⑭は、逆襲虎口のような存在である。つまりF曲輪や櫓台⑨付近で戦っている敵兵から虎口⑭は全く見えない。前面の城兵のみに気を取られていた敵兵は、虎口⑭から出撃してきた城兵に急襲され、大損害を被ったことであろう。勿論櫓台⑨から撤退してきた城兵が、曲輪内に逃げ込む虎口としても利用されたと思われる。さらに虎口⑭は単純な内枡形虎口だけではなく、竪堀と竪土塁とをミックスさせ、少人数しか出入りできなくしており、極めて厳重な防御構造となっている。さらに虎口⑩からの援護射撃が期待できる。虎口⑭が突破されれば主郭Aは目前である。このために櫓台⑨の城兵を追撃して敵軍が進攻してきたとしても、十分対応できる縄張りとなっている。目立たぬ存在ではあるが、縄張り全体（特に城兵の用い方を考えた防御体制）を考えれば、極めて重要な虎口と言えよう。

F曲輪を突破した敵兵は別途拡大図の矢印のようにジグザクに進み、E曲輪を突破してⅠ曲輪に突入したとしても、C曲輪からの強力な横矢攻撃を受けてしまう。C曲輪を突破して漸く直進できるようになる。

このように松根城には計画的に設定された通路を明確に認めることができる。通路を設定するということは、敵兵の進入方向を事前に察知することができ、事前に察知できるということは、ポイントを絞った城兵の配置が可能になるということである。さらにそれは、少数での籠城が可能になるということである。

また、計画的な通路が設定できるということは、計画的な曲輪の配置ができるということである。松根城の曲輪の配置は、敵兵の攻撃が主郭Aに及ぶのが最後になるように設計されている。

これを別の見方をすれば、各曲輪が主郭Aの犠牲となって、主郭から敵兵の攻撃を防いでくれている、と言えるのである。各曲輪に対する主郭の求心力は、極めて強いと言えよう。

最後の難関主郭Aの虎口⑩は、公園化による破壊で形状がよくわからない。しかし櫓台を備えていることから内枡形虎口だったと考えられる。

朝日山砦方面にも、竪堀を併用した切岸⑫や、上幅が 34 mもある巨大堀切⑬を設けている。しかし切山城方面のような技巧的な通路は設けられておらず、縄張り設定に明確な差を認めることができる。松根城は、切山城方面の防御に主眼を置いた縄張りと理解できよう。

また、松根城は城域の端部に大堀切を設けて、尾根続きを完全に遮断しているが、各曲輪間には設けていない。曲輪間に設ければ、合戦時各曲輪が孤立してしまう恐れがあり、また、各曲輪が独立するので、各曲輪に対する主郭の求心力が低下する恐れも出てくる。堀切の長所・短所を熟知した武将が設計した縄張りと言えよう。

仮に朝日山砦方向から敵軍が攻めてきても、虎口⑭から入らなければならず、主郭Aに駐屯する城主は、虎口⑭だけを守備していれば良いのである。

G・H曲輪も要所に土塁や竪堀を設けて、通路を屈曲させている。最後は主郭Aから強力な矢が掛かる内枡形虎口を設けている。こちらも切山城方面ほどではないが、明確な通路を読みることができる。

『戦国のロマン』に掲載された松根城平面図には、⑮地点付近に井戸を記載している。筆者も⑮地点付近に井戸があったことを記憶しており、筆者が昭和63年3月20日に撮影した「松根城井戸」と記入した写真を持っている。井戸の存在を確認するために平成28年5月6・7日にかけて現地調査を行ったが、井戸は発見できなかった。昭和63年当時は、城跡は草一本生えていないほどきれいに整備されていた。現在は主要曲輪群以外は笹竹等藪が生い茂り、歩行も難渋するほどである。確認はできなかったが、井戸は存在していたと考えられる。

2．考察

縄張りから読み取れたことをまとめると、下記のようになる。
①切山城方向に防御の主観を置いている。
②城域が小原道に接している。
③加賀側（切山城方向）から進攻する敵軍を食い止めるための縄張りと理解できる。
④大手虎口から主郭まで、計画的に設定された通路を明確に読み取ることができる。
⑤虎口を明確に読み取ることができる。また、要所要所に土塁や櫓台を設けて防御力を増強している。
⑥各曲輪に対する主郭の求心力が強い。
⑦城域の端部に大堀切を設けて尾根続きを完全に遮断している。これに対して曲輪間には設けていない。

まず、①②③から現存する縄張りは、越中側の武将が加賀側（切山城）から進攻する敵軍を松根城で食い止めて、越中側へ進入させないために構築したと断定してよい。しかも国境封鎖を強く意識して構築された縄張りなので、城主は在地土豪ではなく、国持ち大名に絞ることができる。

④⑤の特徴を両方持つ城郭として、玄蕃尾城（福井県）や白鳥城（富山県）がある。玄蕃尾城は天正11年柴田氏、白鳥城は天正13年前田氏が現存の遺構を構築したと考えられる。いずれも天正後半に織豊系武将が構築している城郭である。

これに対して在地勢力の城郭はどうであろうか。例えば遺構の下限が天正11年の千石山城（富山県）は越中国人土肥氏の城郭で、単純ながらも通路と内枡形虎口がセットで設けられている。しかし通路は上下の曲輪を繋いでいるだけで、城域全体には及んでいない。遺構の下限が天正10年の升方城（富山県）は上杉氏の城郭で、ほぼ城域全体に通路が設けられている。しかし虎口は完全な枡形までに発達していない。遺構の下限が天正13年の飯久保城（富山県）は土豪狩野氏の城郭で、見事な内枡形虎口が残っているが、通路は全く設けられていない。つまり天正後半において、④⑤の条件を兼ね備えた城郭を構築できたのは、織豊系武将だけだったのである。

織豊系武将の城郭としては、⑥⑦の事項も重要な判断材料である。前述の白鳥城は主郭が中段

の曲輪を監視し、中段の曲輪は下段の曲輪を監視しており、極めて主郭の求心力が強い縄張りになっている。このような縄張りは、土豪連合の盟主のような旧態依然とした武装組織では達成できない。各曲輪主に対して城主の権限が強大な織豊系武将のみが達成できる縄張りと言えよう。

各曲輪間に堀切等の遮断施設を設けることによって敵兵の攻撃も遮断できるが、合戦時孤立してしまう危険性も生じてしまう。さらに各曲輪の独立性が高まり、主郭からの求心力が低下してしまう。その典型的な例が七尾城（石川県）。曲輪間に巨大な堀切を設けているため各曲輪は完全に独立し、主郭からの求心力は極めて弱い。城主の能登守護畠山氏は畠山七人衆と呼ばれる重臣達によって傀儡化されてしまったが、そのような脆弱な城主権力を具現化した縄張りと言えよう。越中守護代神保氏の拠点増山城（富山県）も曲輪間に横堀を入れて、曲輪が独立してしまっている。守護・守護代といった中世勢力の城郭の特徴とも言えよう。

松根城の場合、城域の端部に堀切を設けて敵軍の攻撃を遮断しているが、曲輪間に設けて孤立化するような失敗は犯していない。堀切の長所短所を熟知した用法と言えよう。これも織豊系武将が構築したことを裏付ける傍証となろう。

以上の理由により、現存する松根城の遺構は、天正後半に織豊系武将によって構築されたと推定される。それは前述のように、越中側の武将が加賀側（切山城）から進攻する敵軍を松根城で食い止めて、越中側へ進入させないためと思われるため、構築者は佐々成政と考えられよう。成政が加賀側と大規模な抗争状態になるのは、前田利家と交戦状態となる天正12～13年の間なので、成政が構築したのも天正12～13年の間に限定できよう。

３．小結

縄張りから読み取れた情報をまとめると、下記のようになる。
（１）現存する遺構は、天正12～13年佐々成政が構築したと考えられる。
（２）佐々成政は、加賀の前田利家軍を松根城で食い止め、越中側へ進出させないために構築したと考えられる。
（３）一般的に松根城は、佐々成政が加賀へ進出するための拠点として構築したと言われてきた。しかし縄張りから読み取れた事実は、全く違っていたのである。

上記のようにまとめることができる。天正13年佐々成政が加越国境から撤兵すると、前田利家が松根城を接収し、国境警備の城として使用したと考えられる。それもわずかの間で、同年8月に佐々成政が降伏すると加越国境の軍事的緊張は解消され、松根城等国境城郭も不要となり、松城もほどなく廃城になったと考えられる。

《発掘調査による成果》

平成24年金沢市教育委員会によって実施された発掘調査によって、多くの貴重な成果が得れた。これらの成果は『加越国境城郭群と古道調査報告書』（金沢市埋蔵文化財センター 2014）にまとめられており、要約すると下のようになる。
（１）堀切②について
上幅30mの巨大堀切②は現在でも深さ13mもあるが、発掘調査によってさらに2.6mも深く敵兵の動きを鈍くするために堀底に二本の土塁と空堀を設けていたことが判明した。つまり、底に阻塞を設けた深さ約16mの巨大堀切だったのである。恐らく小原道は完全に遮断されてたのであろう。
（２）南北朝期の使用について
13～14世紀の土師皿が出土した。これにより応安2年(1369)得江季員軍忠状に記載された「松根陣」の存在を、考古学的成果により確認された。
（３）戦国期の使用について
16世紀後葉の土師皿・越前甕が出土したことにより、使用年代が16世紀後葉ということが考古学的に初めて確認さた。江戸期の史料や縄張り研究から推定されていたが、佐々・前田抗争期

に使用されていた物が初めて得られたことになった。
（4）門の存在について
　Ⅰ曲輪と馬出Eを繋ぐ土橋のⅠ曲輪側に、門跡が確認された。門は四脚門であり、2ｍ× 1.3ｍの大きさである。土橋から直進して入るのではなく、若干北寄りに進路を変えて進入する形となり、また門を通過したあと、左に屈曲しないと曲輪を直進できない構造になっている。
（3）その他の使用年代
　灰釉陶器が出土したことにより、9世紀に使用されていることが判明した。このときは宗教施設として使用されたと考えられる。同じく加越国境付近に位置する富田和田山城からは、8～12世紀の遺物が出土している。平安時代に加越国境付近の山々で、山岳宗教が盛んになったことを示しているのであろうか。今後の類例の増加に期待したい。

《まとめ》

　以上、長々と述べてきた。文献史学・縄張り研究・発掘調査の成果を総合的にまとめると、記のとおりとなる。
（1）9世紀頃、宗教施設として使用された可能性がある。
（2）南北朝期に「松根陣」として史料に登場し、発掘調査によってその存在をある程度裏付る結果となった。
（3）天正12年佐々成政によって大改修される。その目的は加賀の前田利家軍を国境で食いめ、越中に進攻させないことだったと考えられる。
（4）天正13年8月成政の降伏によって、加越国境の軍事的緊張も解消され、松根城も廃城なったと考えられる。

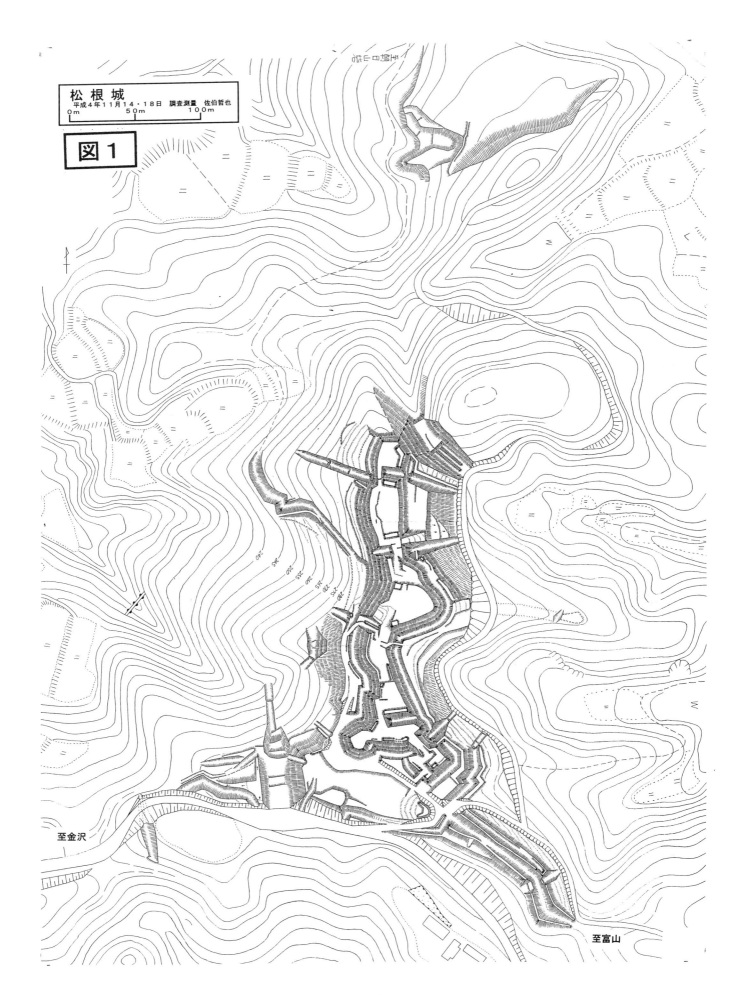

図1

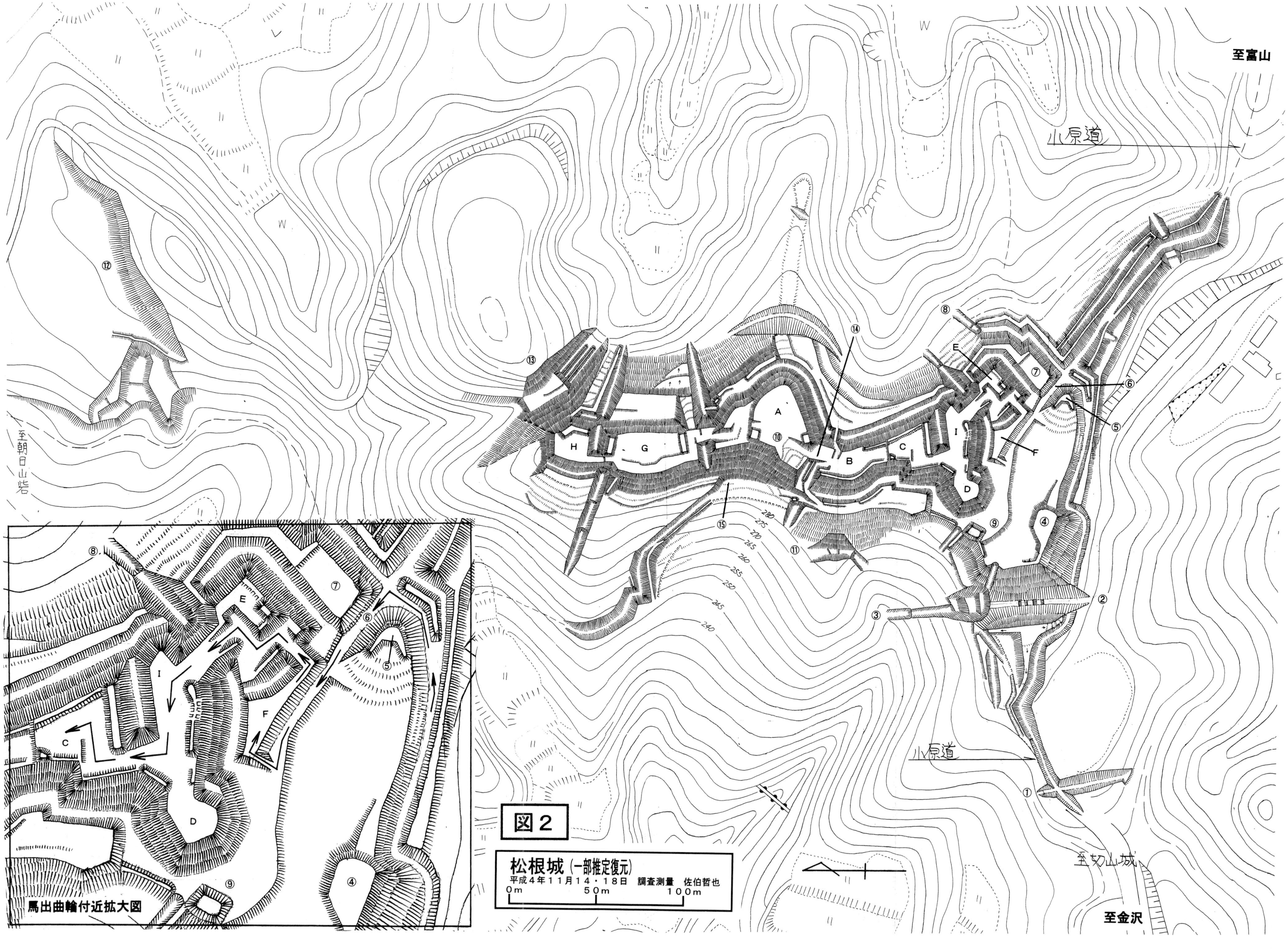

図2 松根城（一部推定復元）
平成4年11月14・18日 調査測量 佐伯哲也

至富山
至金沢
至切山城
至朝日峠
至田近
山房道

馬出曲輪付近拡大図

14. 高峠城（たかとうげじょう）

①金沢市小二又町　②－　③16世紀　④16世紀後半　⑤16世紀後半　⑥雑賀氏・前田(不破)氏
⑦山城　⑧削平地・切岸・堀切・土塁　⑨150m×100m　⑩標高221.3m　比高130m　⑪8

　城跡北直下に北陸街道の脇道二俣道（『加賀の道Ⅰ　歴史の道調査報告書第3集』石川県教育委員会1996）が通る交通の要衝である。天正12年(1584)二俣道を押さえるために越中の佐々成政が加賀荒山城を大改修し、これに対抗するために加賀の前田利家が高峠城を改修する。

　加越国境の要衝の地ということで、16世紀には既に在地土豪が築城していたらしく、故壘考には「越中川上（福光町付近）の雑賀日向守居たり」と述べている。さらに故壘考は「不破彦三居たりと」とものべている。これは不破直光のことと考えられ、不破氏は切山城にも伝承を残していることから、前田利家の家臣として両城を掛け持ちしていたと考えられる。天正13年成政が降伏すると加越国境の軍事的緊張も解消され、高峠城も廃城になったのであろう。

　高峠城の縄張りは、基本的に削平地と堀切の単純な構造となっており、佐々方の松根城等に見られるハイレベルの縄張りは存在しない。これは朝日山城と同様であり、前田方城郭の特徴の一つとなっている。大手虎口は①と考えられるが、単純な平虎口で、主郭虎口②まで特別困難な障害物を設けることなく、比較的簡単に到達することができる。越中側の在地土豪が築城した名残として、虎口③は越中側に開口している。主郭虎口②はさすがに内枡形虎口に改修しているが、基本的に横矢はかからない。さらに多数の城兵を駐屯させる大型の曲輪も存在しない。大部隊で攻められたら簡単に落城してしまいそうな縄張りである。

　このように高峠城は、佐々軍が加賀荒山城から出撃してこないことを予測していたと思われる縄張りである。これは前田利家の対佐々戦略を考える上で重要な事実であろう。

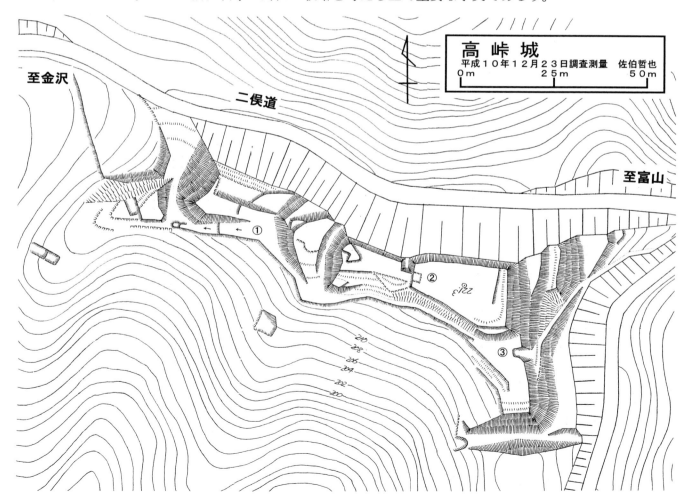

- 31 -

15. 朝 日 山 城 (あさひやまじょう)

①金沢市朝日町　②一本木城　③16世紀後半　④16世紀後半　⑤16世紀後半　⑥加賀一向一揆・前田氏　⑦山城　⑧削平地・切岸・土塁・堀切　⑨140m×70m　⑩標高198m　比高60m　⑪6

　城跡南直下に北陸街道の脇道田近道（『加賀の道Ⅰ　歴史の道調査報告書第3集』石川県教育委員会 1996）が通る交通の要衝である。天正12年(1584)田近道を押さえるために越中の佐々成政が一乗寺城を大改修し、これに対抗するために加賀の前田利家が朝日山城を改修する。

　加越国境の要衝の地ということで、16世紀後半には既に加賀一向一揆が築城していたらしく、天正元年(1573)8月上杉謙信が加賀一向一揆の立て籠もる朝日山城を攻めている（『上杉氏文書集一』1168）。籠城する一揆軍は多数の鉄砲を保持しており、攻める上杉軍に対して激しく鉄砲を浴びせている。このため多数の兵士が撃ち殺されたと謙信は述べている。ちなみに加賀一向一揆は前年の元亀3年(1572)に富山城を占拠し、上杉軍と対峙したときも鉄砲を使用している（『上杉氏文書集一』1120）。加賀一向一揆は元亀年間以降に鉄砲を主要武器として使用することが一般化していたと推定される。しかし後述するが、城郭の構造そのものを変化させるまでに至らなかったようである。

　『加賀藩史料』によれば、天正12年(1584)8月前田利家が家臣の村井長頼に命じて朝日山城を修築させた。これを知った佐々成政は家臣の佐々平左衛門・前野小兵衛に朝日山城攻めを命じた。佐々軍は総攻撃を開始したが、金沢からの前田軍の援軍が続々と到着し、さらに豪雨に悩まされたため、佐々軍は奪取を諦め富山へ退却したという。天正13年8月佐々成政が降伏すると加越国境の軍事的緊張も解消され、多くの加越国境城郭が廃城になったのと同様に、朝日山城も役目を終え廃城になったのであろう。

　城内最大の面積を持つA曲輪が主郭。タケノクボと呼ばれている。南側に突き出たB曲輪は、西側を土砂採取により削られているが、『戦国のロマン』（塩照夫　1900）に記載されている図面とほぼ同様の形で記載されているため、ほぼ原形をとどめていると考えられる。従ってB曲輪は単純な形ながら、田近道から入る馬出の性格を持った曲輪と推定される。主郭Aの西側は土砂採取により大きく削られている。前述の『戦国のロマン』記載図によれば、主郭Aの西側に堀切があり、さらにその西側に「鐘楼」と記載された曲輪が描かれている。主郭Aを防御する曲輪だったのであろう。昭和50年頃まで城跡一帯で畑等の耕作が行われてことによるものであろうか、主郭Aの西側の一部にしか塁線土塁は残っていない。

　主郭Aの東側にC・D曲輪と続き、東端を堀切①で尾根続きを遮断し、さらに城内側（西側）に土塁を設けて防御力を増強している。

　以上、朝日山城の縄張りの概要を述べた。耕作により遺構は若干破壊されているものの、それでも単純な縄張りであることは否めない。朝日山城と対峙する一乗寺城はハイレベルの城郭に改修されており、それと比較すれば朝日山城の縄張りは貧弱な縄張りといわざるを得ない。恐らく利家は、謙信段階の縄張りを改修せず、そのまま使用したのであろう。これが利家の作戦であり、利家の対成政戦略を知る上で重要な事実として捉えるべきである。

　平成14年に金沢市埋蔵文化財センターにより発掘調査が実施された（『石川県金沢市市内城館跡調査報告書』石川県埋蔵文化財センター　2004）。畑等の耕作で削られたのであろうか、柱穴や礎石は検出されなかった。出土遺物として、土師器皿・越前焼・珠洲焼・古銭・石臼がある。土師器皿は16世紀後半、越前焼は16世紀後葉～17世紀初頭と考えられ、考古学的成果からも16世紀後半の使用が確認された。残念なながら弾丸は出土しなかった。石垣が確認されなかったことから、加賀一向一揆は鉄砲を使用していたものの、鉄砲戦に対応した城郭（例えば弾丸の貫通を防ぐ分厚い土塀を持った櫓の導入等）にまで改修していなかったことも判明した。それを実現したのは、やはり織豊政権だったのであろう。

　出土遺物の中で石臼が大量に出土している。大半が角礫凝灰岩製で質の悪いものという理由から、料理用ではなく、火薬製造用に用いたという説もある。事例の増加と検討が必要であろう。

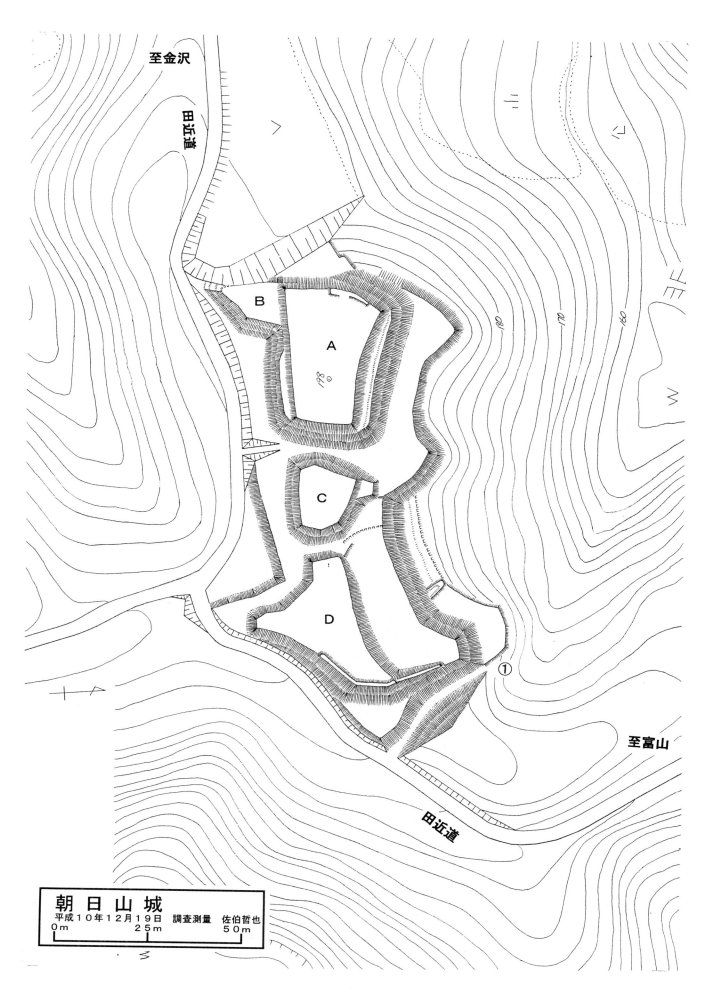

16. 切山城（きりやまじょう）

①金沢市桐山町　②－　③16世紀後半　④16世紀末　⑤16世紀末　⑥不破（前田）氏
⑦山城　⑧削平地・切岸・土塁・堀切・竪堀　⑨270m×170m　⑩標高141.7m　比高70m　⑪8

　城跡南直下に北陸街道脇道の小原道（『加賀の道Ⅰ　歴史の道調査報告書第3集』石川県教育委員会 1996）が通る交通の要衝である。天正12年(1584)小原道を押さえるために越中の佐々成政が松根城を大改修し、これに対抗するために加賀の前田利家が切山城を改修し、家臣の不破直光を置いたと言われている。

　加越国境城郭は文献史料は非常に乏しい。切山城も例外でなく、故墟考に「不破彦三居たりと言ふ」と述べるにすぎない。不破氏は代々彦三を名乗っており、初代不破光治は天正8年死去しているので、ここでいう彦三とは二代目の直光と考えられる。『加賀藩史料』によれば、天正12年村井長頼が守る朝日山城を佐々成政が攻めたとき、前田利家とともに直光が応援に駆けつけたとされている。切山城から駆けつけたのであろうか。天正13年佐々成政が降伏すると加越国境の軍事的緊張も解消され、切山城も廃城になったのであろう。

　城域の南側には、城域に接する形で小原道（図1）が通っており、切山城が小原道を監視・掌握するために築城されたことを如実に物語っている。城域は小原道と接しているが、高さ約10mの切岸が巡っているため、小原道から城内に入れる場所は①地点しかない。

　①地点は金沢から進軍してきた前田軍は、ほぼ直進して城内に入ることはできるが、富山から進軍してきた佐々軍は著しく屈曲しなければ入れない構造になっている。つまり佐々軍には非常に入りにくい構造となっているのである。勿論佐々軍はまず小原道を遮断している防御ライン⑨を突破しなければならない。佐々軍が両斜面を迂回するのを阻止するために、斜面に竪堀を設けている。ここを突破してもB曲輪の真下を通らなければならず、長時間横矢攻撃を受けることになる。これに対して前田軍の進軍を阻止する障壁は全く存在せず、簡単に①地点に到達することができる。

　このように佐々軍に対しては非常に進軍しにくい縄張りとなっており、現状の縄張りからも前田軍が佐々軍を食い止めるために築城したことを知ることができる。

　加越国境城郭の前田氏城郭は単純な縄張りが多いが、切山城は佐々方の主城である松根城と対峙しているため、虎口は枡形虎口に改修している。①地点から入った敵軍は堀切②及び櫓台③を通過する（図2）ことになるのだが、この付近に木戸が建っていたと推定される。ここが第一関門となる。第二関門は外枡形虎口④で、外側で屈曲するときB曲輪からは土塁が障壁となってあまり横矢が掛からない。しかし内側で屈曲するときはB曲輪から強力な横矢が掛かる。このような見方をすれば、内枡形虎口とするのが正解なのかもしれない。

　外枡形虎口④を突破した敵軍は最後の関門となる外枡形虎口⑤に進むことになる。この構造は、同じく前田氏が天正13年に築城した今石動城主郭虎口と同型であり、前田氏が関与したことを裏付ける虎口として重要である。

　主郭Aの周囲にはほぼ全周に塁線土塁が巡っている。⑥地点のみ開口しているのは、B曲輪と短時間で連絡できるためと考えられる。C曲輪は主郭Aの馬出曲輪。B曲輪に降りるには土橋⑦を用いて簡単に連絡できるが、富山方面からは竪堀⑧を渡らなければならない。通常は竪堀⑧に木橋を掛けていたが、合戦時は撤去していたと考えられる。

　このように佐々軍を強く意識した縄張りとなっている。現存する遺構は天正12年に前田利家が築城（改修）し、不破直光が守将として在城したと考えられよう。

　平成23年金沢市埋蔵文化財センターにより発掘調査が実施された（『加越国境城郭群と古道調査報告書』金沢市埋蔵文化財センター 2014）。出土遺物は土師皿・火打石・鉄砲玉・砥石。中でも鉄砲玉は16世紀後半～17世紀初頭にタイソント一鉱山で製作されたことが判明した。また主郭Aと馬出曲輪Cを繋ぐ⑩地点で礎石建物による門遺構と石敷き、さらに西側土塁上で柵列もしくは塀があることも判明した。門と柵（塀）がセットになった実例として貴重な事例である。

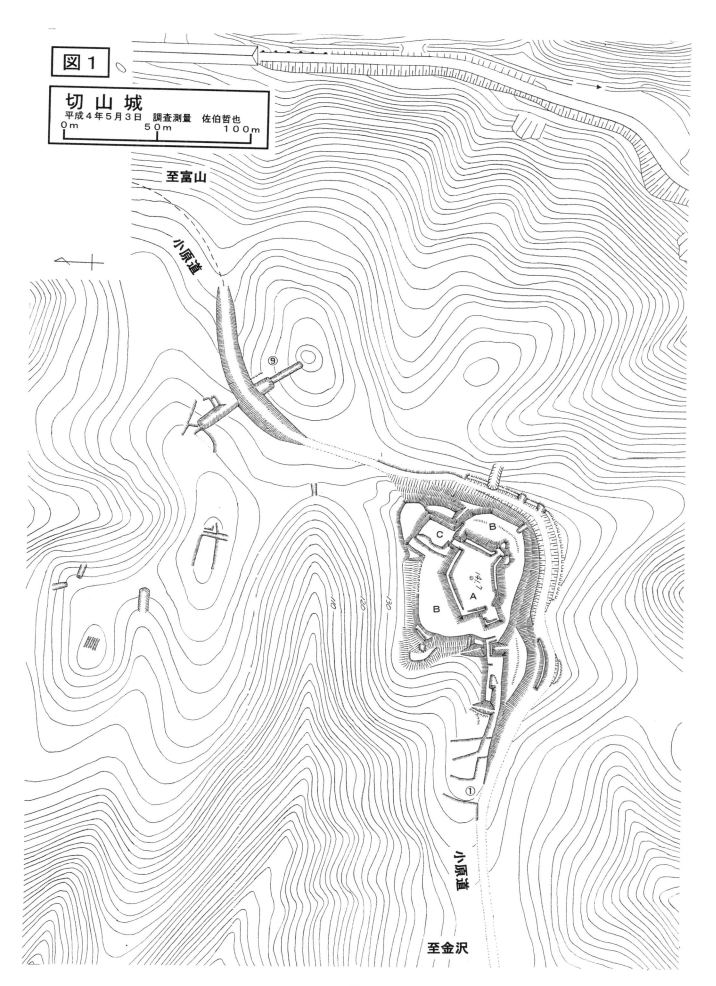

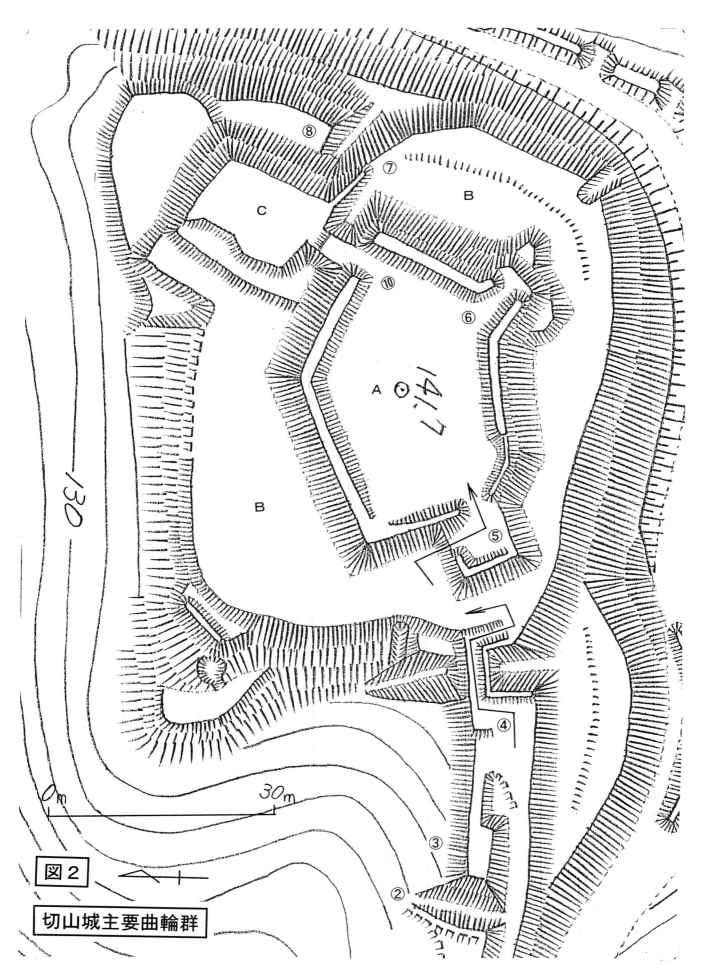

図2 切山城主要曲輪群

17. 北 方 城（きたかたじょう）

①金沢市北方町　②金田古城・権殿山城　③16世紀後半　④16世紀後半　⑤16世紀後半
⑥佐々氏・佐久間氏・牧山氏　⑦山城　⑧削平地・切岸・横堀・土塁　⑨130m×80m
⑩標高224m　比高170m　⑪8

　山頂の①地点にはかつて権殿宮（平野神社）が鎮座（大正年間に直江谷神社に合祀され、現在は無い）していたため、権殿山と称している。故墟考では佐久間盛政が金沢在城中加越国境警備の城として築き、家臣の牧山某を置いたとしている。また後に佐々成政が使用したと述べている。
　かつての林道造成により、一部縄張りが不明確になっている。主郭は城内最高所のA。西側の切岸が低いのは、D曲輪により防御されているからと思われる。従ってこの方面に横堀は設けられていない。主郭AにC曲輪を付属させて横堀内に横矢を効かせている。C曲輪の外側にも横堀が巡っていたと推定されるが、林道造成により明確にできなくなっている。
　主郭Aの東側に馬出Bを設けている。馬出Bの外側に横堀が残っているが、これも部分的にしか残存していないため、馬出Bへの入り方がよくわからない。しかし虎口②・武者溜まり③の存在から、別添推定進路図のように入ったと考えられる。このような構造だと、武者溜まり③は外枡形虎口の効果を発揮し、さらに馬出Bからの援護射撃を得ることができる。
　D曲輪は主郭Aの西側を防御する重要な曲輪。三方に横堀を巡らしていたと推定され、さらに④地点に折れを設け、横堀内に横矢を効かしている。主郭AとD曲輪はかつて横堀で繋がっていたと推定されるが、林道造成により破壊され、明確にできない。
　一部不明瞭箇所もあるものの、馬出B及び武者溜まり③の連動性は見事であり、評価できる。盛政が築城し、成政が使用したという故墟考の記述の信憑性を物語っていると言えよう。

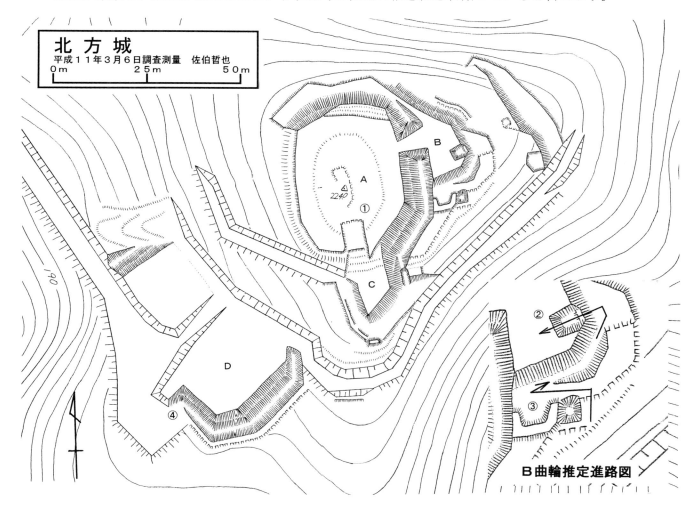

18. 加賀荒山城（かがあらやまじょう）

①金沢市荒山町　②枇杷落城　③16世紀後半　④16世紀後半　⑤16世紀後半
⑥佐久間氏・佐々氏　⑦山城　⑧削平地・切岸・堀切・土塁・竪堀　⑨440m × 290m
⑩標高269.3m　比高90m　⑪12

　城跡北直下に北陸街道脇道の二俣道（『加賀の道Ⅰ　歴史の道調査報告書第3集』石川県教育委員会1996）が通る交通の要衝である。天正12年(1584)二俣道を押さえるために越中の佐々成政が松根城を大改修したと言われている。二俣道の加賀側には、前田利家方と言われる高峠城が位置している。
　加越国境城郭は文献史料は非常に乏しい。加賀荒山城も例外でなく、故墟考に「方人伝へて成政哨堡の跡なりといへども、盛政より置ける加賀境の鎮塞なるべし」と述べるにすぎない。後述するが佐々成政使用は事実として認めてよく、天正13年成政が降伏すると加越国境の軍事的緊張も解消され、加賀荒山切山城も廃城になったのであろう。
　まず縄張り全体（図1）を見ると、越中側を堀切①・二重堀切②・堀切③で遮断しているが、尾根全体を遮断しているとは言い難い。これに対し加賀側の堀切④は二俣道の南側だけでなく北側にまで伸びており、完全に尾根全体を遮断している。しかも堀切④の城内側に大型の曲輪を設けており、多数の城兵を駐屯させて、加賀側の高峠城から進攻してくる前田軍を攻撃できるようになっている。さらに堀切④付近の二俣道に面した切岸は一番高い。勿論後世の改変によって戦国期より深くなってしまったと考えられるが、現在の高さは19mもあり、戦国期の高さはその半分としても約10mはあったと考えられる。堀切④を突破したとしても、敵軍は高さ10mの頭上から弓矢を浴びせられ、甚大な被害を被ったことであろう。これに対し越中側の切岸は3mしかない。明らかに前田軍を警戒している堀切の配置と言えよう。
　城内に入る虎口は⑤で、かなり越中側に偏った場所に設けられている。この結果、高峠城から進軍してきた前田軍は長時間城内からの横矢攻撃に晒されるが、越中側から進軍してきた佐々軍は簡単に入れる。虎口⑤から城内に入るとき、敵軍はB・C曲輪から横矢・後矢に晒されるが、土塁等で構築されていない単純な虎口であることは否めない。とはいっても虎口⑤を入らない敵軍は堀切③の堀底を進むことになり、土塁と櫓台に武装されたB曲輪からの横矢攻撃に晒されることになる。ただし、虎口⑤が突破されてしまえばC曲輪は孤立してしまう。発展途上の縄張り技術が見え隠れする構造となっている。
　B曲輪を突破した敵軍は外枡形虎口⑥に到達する（図2）。敵軍は櫓台⑦・⑧の両方から横矢攻撃を受けることになり、また城兵が櫓台⑦から撤退するとき、櫓台⑧から援護射撃してもらうことができる。まことにもって合理的な構造である。虎口⑨は平虎口だが櫓台を備えており、さらに頭上の主郭Aの櫓台⑩に監視されている。
　敵軍は主郭Aの横矢に晒されながら虎口⑪に到達する（図2）。ここでは両方を竪堀で削られた土橋通路の上を歩かされ、さらに虎口⑫の櫓台から横矢攻撃を受けながら進まなければならない。簡単な内枡形虎口を突破し、180度屈曲して漸く主郭虎口⑫に到着する。このように虎口⑤から主郭虎口⑫までは、計画的にルートを設定していることを読み取ることができる。
　以上、述べてきた縄張りをまとめると
①城域が二俣道に接している。
②加賀側（高峠城方向）から進攻する敵軍を食い止めるために大堀切を設けている。
③大手虎口から主郭まで、計画的に設定された通路を明確に読み取ることができる。
④虎口が枡形虎口に発達しており、また、要所要所に土塁や櫓台を設けて防御力を増強している。
　この特徴は松根城と酷似しており、伝承通り天正12年前田軍を加賀荒山城で食い止めるために佐々成政が大改修したと考えられる。しかし城域の西側には、雑然とした曲輪が並んでおり、東側の計画的な曲輪とは明らかに違った縄張りとなっている。伝承では佐久間盛政の城郭が先に存在していたとしているが、さらにその先からも存在していた可能性を示す縄張りと言えよう。

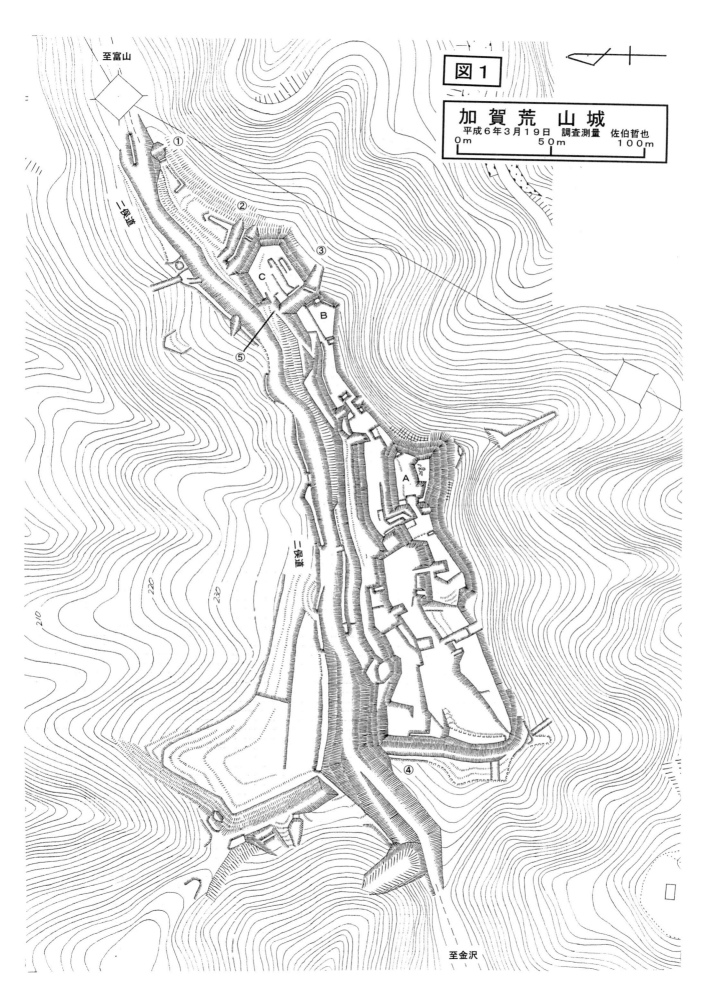

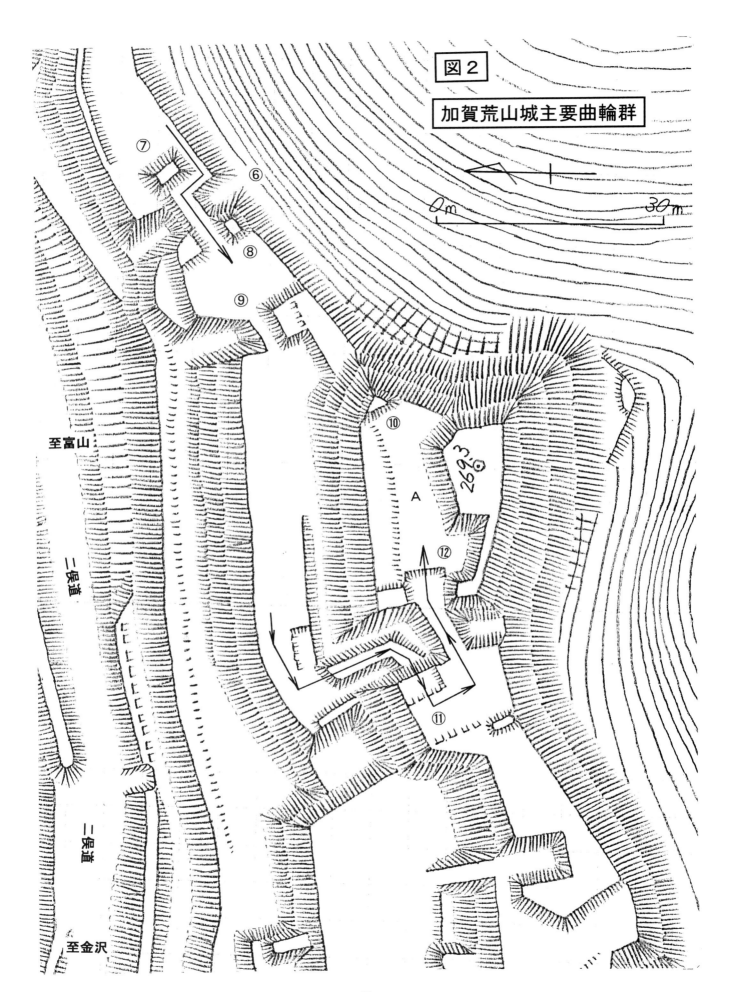

19. 市 瀬 城 (いちのせじょう)

①金沢市市瀬町　②－　③16世紀　④16世紀　⑤16世紀　⑥在地土豪？　⑦山城
⑧削平地・切岸・堀切・土塁・竪堀　⑨180m×80m　⑩標高184.1m　比高90m　⑪8

　城跡南直下に山ノ坂道が通る交通の要衝である。しかし古記録は勿論のこと伝承類は一切残っていない。
　城内最高所のA地点が主郭と推定されるが、ほぼ自然地形。軍事的緊張が高くなった結果築城され、短時間の使用で廃城になったことを推定させる。しかし背後の尾根続きは二重堀切⑤で完全に遮断している。二重堀切⑤の存在により、市瀬城が16世紀に築城されたことが推定される。これに対して市瀬集落に続く尾根は、堀切②や竪堀①を設けているものの、強力な遮断線とは言いがたく、市瀬城と市瀬集落との親密性が窺える。
　以上の理由により、16世紀に入り国境線等の軍事的緊張が高まった結果、市瀬集落等を支配する在地土豪が築いた臨時城郭という推定を立てることが可能であろう。

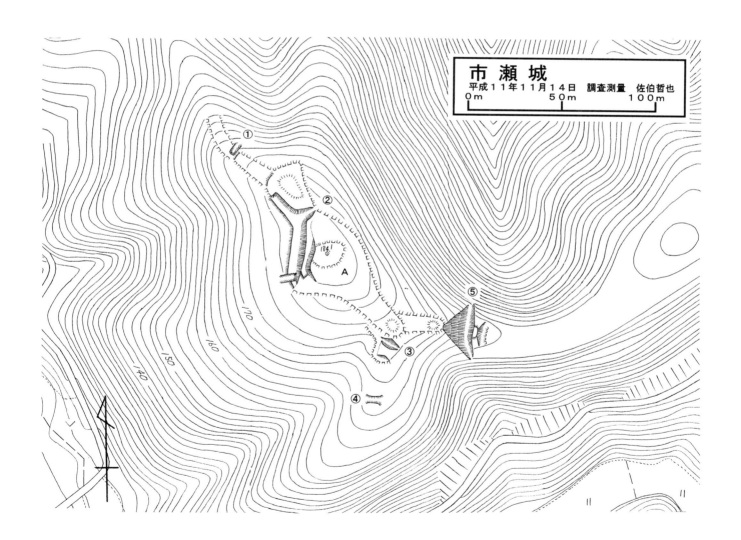

20. 柚木城（ゆのきじょう）

①金沢市柚木町　②－　③16世紀後半　④16世紀後半　⑤16世紀後半　⑥一向一揆？　⑦山城
⑧削平地・切岸・堀切・横堀・竪堀・土塁　⑨160m×180m　⑩標高198.2m　比高100m　⑪8

　城跡南西直下に、柚木集落から二俣本泉寺に向う二俣参り道が通る交通の要衝である。古記録に一切記載されず、昭和62年に発見されるまで未知の城であった。城跡はジョウノミネと呼ばれ、城の存在は地元では知られていたが、城主等一切の事跡は伝わっていない。
　主郭は城内最高所のA曲輪。二俣参り道側に櫓台①や塁線土塁を巡らし、二俣参り道を警戒している。柚木城が存在していた16世紀に二俣参り道が主要道路として使用され、城主が二俣参り道から敵軍が進攻してくることを想定していたことを物語っている。
　現在はナナマガリと呼ばれる坂道を登り、②地点の階段を上がっているが、勿論階段は公園道であり本来の城道ではない。本来はI曲輪に一旦入り、別添拡大図のように竪堀を渡って虎口⑫を矢印のように屈曲し、土塁上を通って主郭Aに入ったと考えられる。単純ではあるものの、計画的に設定された通路と言えよう。土塁通路を進攻する敵軍が主郭Aに直撃するのを防御するために、H曲輪を設けている。敵軍方向のみに土塁を設けているのは、H曲輪が課せられた役割を雄弁に物語っている。主郭Aから南東に延びた尾根には小曲輪が連なっているが、やはり尾根上の土塁通路で繋がっている。土塁通路で上下の曲輪を連絡させているのは、柚木城の特徴の一つである。
　北東側に続く尾根は、幅が広く緩やかに下っていくため、多くの防御施設や曲輪を設けている。まず最下段に堀切③を設け、上段に南北に広がる切岸④を設け、敵軍の攻撃を遮断している。しかしここは自然地形であり、曲輪ではない。形勢不利となれば早急にD曲輪に退却したと考えられる。⑤地点に若干の高まりがあり、ここに吊橋が掛かっていて城兵がD曲輪に逃げ込んだら切り落としたのであろう。敵兵は切岸が低くなった⑥地点あたりから堀底に降りたと思われるが、高さ3m以上の切岸に行く手を阻まれ、堀底内で右往左往したことであろう。勿論D曲輪の城兵達から弓矢が放たれ、敵軍は大損害を被ったことであろう。高切岸で曲輪を囲む縄張りは柚木城の特徴の一つで、腰曲輪E付近では8mもある。加賀では高尾城や堅田城といった一向一揆が関与した城郭に認められる。柚木城の築城者を推定する上での手掛かりの一つとなる。竪堀⑦を強引に降りたとしても、そこは横堀内であり、F曲輪から注がれる弓矢の餌食となるだけである。
　D曲輪とC曲輪を繋ぐ虎口は明確で、虎口⑧である。基本的には平虎口だが、敵軍は細長い土塁通路を通らなければならず、従って少人数（恐らく一列縦隊）しか進攻できず、しかも櫓台を設けて防御力を増強している。虎口⑧に入らない敵軍はD曲輪の北側に廻り込むことになるが、ここは櫓台からの横矢が効いている。枡形までに発達はしていないが、ある程度評価できる虎口と言えよう。
　B曲輪とC曲輪の間には不明瞭な段が残されている。一つの曲輪としてまとめるべきかもしれないが、一応B・C二つの曲輪とした。B曲輪から主郭Aに入る土橋付近に明確な虎口は認められない。しかし直進はできず、若干折れて入らなければならない。かつては枡形虎口が存在していた可能性も捨てきれない。
　B曲輪からF曲輪に降りるには、まず虎口⑨から小曲輪Gに下り、細長い⑩地点を通ってF曲輪に到達する。単純ではあるが計画的な通路設定と評価でき、虎口⑨に敵軍が直撃できないように小曲輪Gを置いていることにも注目したい。F曲輪からさらに下部の曲輪には、⑪地点を通って降りていったと考えられる。⑪地点も平虎口と評価できるが、他地点からの横矢は掛からない。柚木城に虎口は幾つか認められるが、明確に横矢が掛かるものはない。これも柚木城の特徴の一つである。
　以上柚木城の縄張りを述べた。虎口や通路設定はある程度の発達は認められるものの、枡形までに発達しておらず、明確な横矢折れも認められない。一向一揆城郭の特徴を持つことから、16世紀後半、上杉謙信との抗争において一向一揆が築城したものと推定したい。

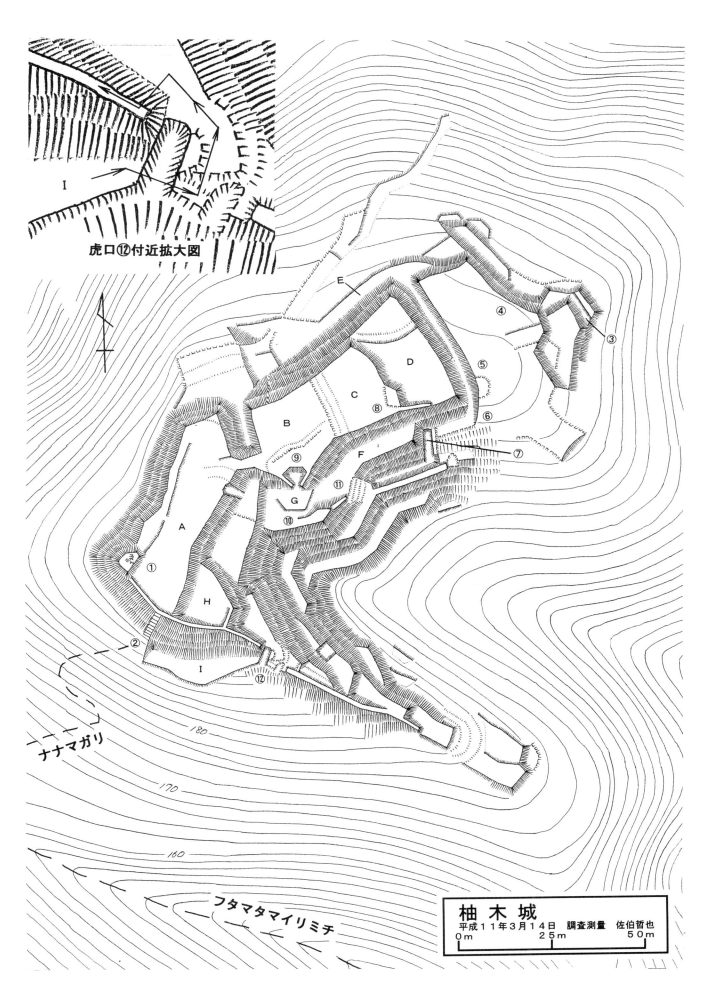

21. 堅田城（かただじょう）

①金沢市堅田町　②観法寺城・岩出城　③16世紀後半　④16世紀後半　⑤16世紀後半
⑥一向一揆？　⑦山城　⑧削平地・切岸・堀切・竪堀・土塁・畝状空堀群　⑨240m×260m
⑩標高113.3m　比高80m　⑪7

　城跡の山麓に北陸街道の脇道小原道（『加賀の道Ⅰ　歴史の道調査報告書第3集』石川県教育委員会 1996）が通る交通の要衝である。古記録は非常に乏しく、故墟考に「寿永の役木曽義仲の営跡と言ひ伝ふ」と記載するのみである。

　主郭は城内最高所のA曲輪。平坦面の北側に未整形部分が残っており、平坦面を削平しきっていない。また櫓台1にも未整形部分が残る。軍事的緊張が高まった結果築城・使用された臨時城郭だった可能性を示唆している。

　主郭Aから下部のB曲輪に降りる虎口は②・③地点で確認できる。いずれも単純な土塁通路だが、②は主郭Aから、③は櫓台④から横矢が掛かるように設定してある。C・D曲輪にも連絡用の土塁通路を設けている。いずれも2本設けており、上り下り専用通路だったのであろうか。E尾根上にも未整形ながら曲輪が構築されている。この曲輪に駐屯する城兵達の撤退用の通路として、腰曲輪⑤が設けられている。勿論敵軍が進攻してくる可能性もあるので、上部の主郭Aから長時間横矢が効くように設定している。

　このように単純ながら曲輪間の通路を設定しているのに、F曲輪だけは通路を確認できない。しっかり削平された重要な曲輪と推定されるのに、なぜ通路を設けていないのか、判然としない。

　堅田城で最も注目したいのは、主要曲輪群を取り巻く鋭角の高切岸と畝状空堀群である。高切岸は高い場所では14mもあり、木等につかまることにより漸く登ることが可能となる。当時は木は一本も生えていなかったと考えられ、切岸を登ることは不可能だったと考えられる。つまり敵軍の攻撃を完全に遮断しているのである。

　畝状空堀群（⑥・⑦）は地元では「ささら堀」と呼ばれている。切岸直下の全周に設けているのではなく、地形が穏やかで敵軍が移動しやすい北及び西直下のみ設けている。すなわち弱点部のみに畝状空堀群を設けているのである。高切岸により行く手を阻まれた敵軍は高切岸直下を横移動しようとするが、これも畝状空堀群によって阻止される。動きを完全に封じ込められた敵軍に対して城内から弓矢が放たれ、敵軍は大損害を被ったことであろう。敵軍との激闘が想定される畝状空堀群の高切岸は、城兵を保護するために、特に高くなっている。

　高切岸と畝状空堀群がセットになった防御施設は、同じく金沢市の高尾城でも見られ、やはり未整形部分を多く残しており、畝状空堀群も部分的に用いている。16世紀後半に一向一揆が構築したと考えられることから、堅田城も同時期に一向一揆が構築した臨時城郭と考えられよう。

　堅田城南山麓には、堅田B遺跡と呼ばれる中世の館跡が存在する（『市内城館跡調査報告書』金沢市埋蔵文化財センター2004）。館の規模は方一町（約100m）の正方形をしている。注目したいのは西堀で、明確な屈曲箇所が認められることである。しかし屈曲箇所に木橋等の出入口関連施設までは認められなかった。堀を最終的に廃棄した年代は14世紀後葉と考えられており、横矢が認められる室町初期の堀として注目したい。館は13世紀第2四半期に成立し、14世紀後葉に堀を埋めるなどして規模を縮小し、館としては15世紀前葉まで存続していたと考えられる。

　出土遺物は多く、食膳具としては土師器・陶磁器・漆器・木製品がある。調理具としては珠洲焼擂鉢・土製羽釜・鉄鍋等がある。貯蔵具としては珠洲焼や常滑焼等の壺・甕がある。暖房器具としては火鉢・火箸がある。武具・馬具としては乗馬鞍や鏑がある。履物としては草履・下駄がある。祭祀具・遊具としては巻数板（建長三年＝1251年及び弘長参年＝1263年の紀年銘）・卒塔婆・人形・舟形・独楽・将棋の駒・碁石等がある。

　このように豊富な種類・量が出土しており、地方の支配者の居館ということが推定される。しかし山頂の堅田城とは存続年代はラップせず、山頂の詰城・山麓の居館という図式は成立しなかった。両者は別々の年代における、別々の人物による遺跡といえよう。

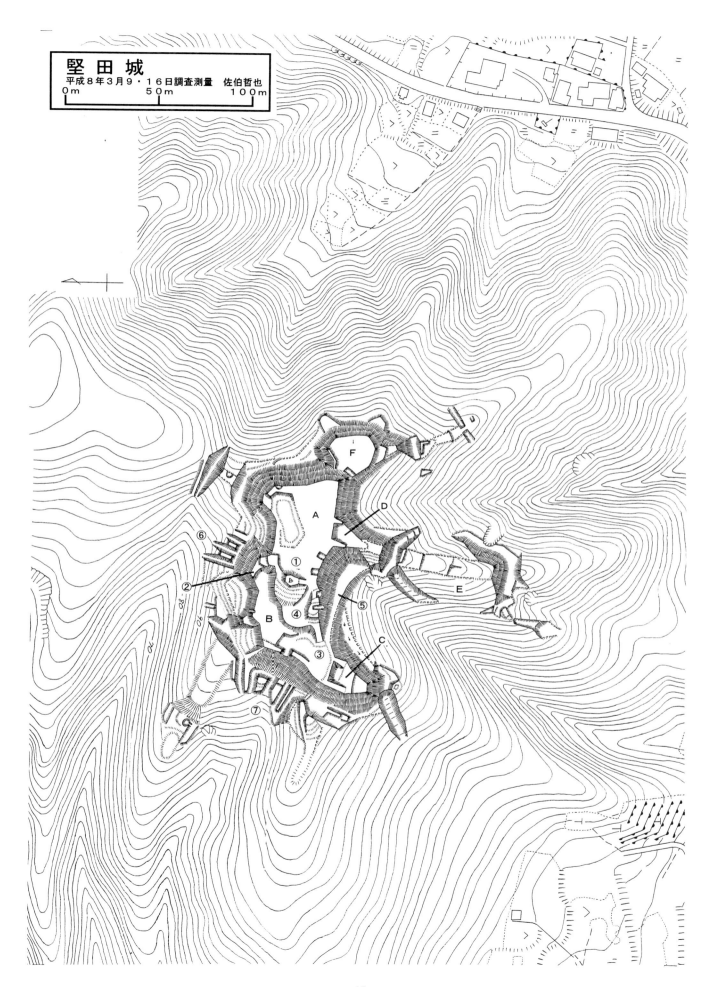

堅田城
平成8年3月9・16日調査測量 佐伯哲也

22. 梨木城（なしのきじょう）

①金沢市梨木町　②－　③16世紀　④16世紀後半　⑤16世紀後半　⑥奥（沖）氏
⑦台地城郭　⑧削平地・切岸・土塁　⑨90m×90m　⑩標高24.4m　比高12m　⑪7

　城主は沖近江守とされている。近江守は天正4年(1576)一向一揆の河北郡旗本として登場する奥近江守政堯（『金沢市史2』613・614・621）とされている。政堯は本願寺に敵対したのか、天正4年9月本願寺顕如から「悪逆人」とされ、「可加誅罰候」と申し下されてしまった（『金沢市史2』625）。しかし同年11月上杉謙信の仲裁により赦免されている（『金沢市史2』627）。ただしこれ以降政堯は史料上に登場せず、かわって天正7年9月に「奥彦四郎」が登場する（『金沢市史2』650）。隠居し、世代交代したのであろうか。いずれにせよ翌天正8年には柴田勝家軍により加賀一国が制圧されたため、奥氏も滅亡し、梨木城も廃城になったのであろう。

　かつては森本川が主郭A直下の東・南・西側の三方を流れ、天然の外堀としての役目を果たしていた。しかし現在は流路変更により北側を流れている。主郭は広大なA曲輪。「タチ」と呼ばれているように、城主の居住施設があったと推定される。北側は不明だが、恐らく周囲には塁線土塁が巡らされ、要所に櫓台が配置されていたと考えられる。中でも櫓台①は周囲に土塁を巡らした本格的なもので、しかも虎口②に対して強力な横矢を掛けている。それだけでなく、虎口②に付属する城道にまで横矢が掛かっており、敵軍は長時間櫓台①からの横矢攻撃に晒される。

　森本川対岸の③地点を「モンノウチ」と呼んでいるが、明瞭な城郭遺構は見当たらず、城外としたい。ただし、④は中世塚の可能性がある。

　櫓台①・虎口②とそれに付属する城道の設定は、明らかに天正期の遺構である。一向一揆旗本がハイレベルの技術を持っていた証拠になる。伝承通り奥氏の居城として良いであろう。

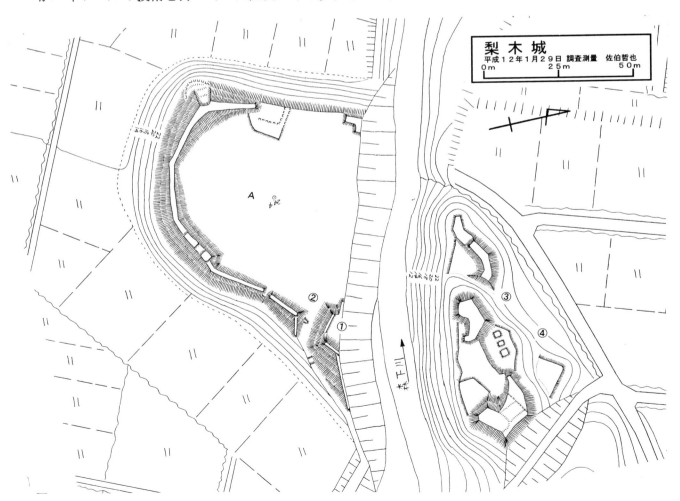

23. 上 野 館 (うえのやかた)

①金沢市薬師町　②－　③古代？　④16世紀後半　⑤16世紀後半　⑥上野氏　⑦平地館址
⑧削平地・切岸・土塁　⑨210m×90m　⑩標高－　比高－　⑪7

　地元の伝承では、「梨木城の家老上野某の居館」と伝わっている。梨木城とは僅か250mしか離れておらず、また両城とも城域が森本川と隣接していることから、両城の親密さを窺うことができる。伝承通り梨木城主奥氏関係の人物が在館していた可能性は高いと言える。
　館跡はほぼ畑として開墾され、遺構の残存状況は悪い。ほぼ中央に東西に走る土塁が残るが、これが館に伴う土塁なのか断定できない。畑の区画の土塁の可能性も否定できない。②・③・④地点に窪地が残るが、これも防御施設としての横堀の端部なのか、単なる自然崩壊なのか断定できない。
　このような不明瞭な遺構の中で、唯一注目したいのは、明確な内枡形虎口①である。特に⑤地点は切岸と土塁とに挟まれて、敵軍は著しく行動を制約されてしまう構造となっている。防御施設として捉えることも可能である。本拠の梨木城にもハイレベルな虎口を設けており、上野館にも内枡形虎口が存在していても、何等不自然さは無い。
　しかし技術的には何等問題はないのだが、あまりにも開放的な館の縄張りに対して、ここだけ頑丈な防御施設を設けるのは、多少の不自然さを感じる。館跡には現在「夕日寺跡」の木柱が立つ。いかなる根拠により、このような木柱が立つのか知らないが、日当たりのよさ、水運の利便性、そして古代～中世にかけての遺物が採取できることから、寺院が存在しても何等不自然さは無い。寺院にも宗教的理由により屈曲出入口が存在する。内枡形虎口①は、寺院の出入口として再検討すべき事例と言えよう。

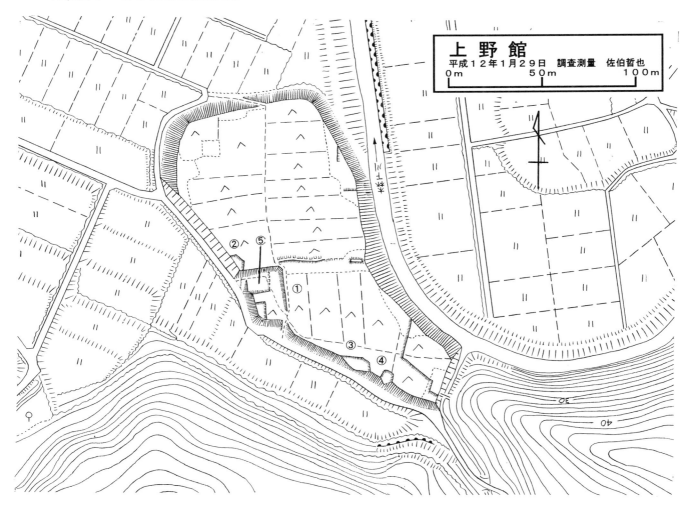

24. 鷹 之 巣 城 (たかのすじょう)

①金沢市瀬領町　②－　③16世紀後半　④16世紀末　⑤16世紀末　⑥佐久間盛政・前田利家
⑦山城　⑧削平地・切岸・竪堀・堀切・土塁・横堀　⑨280m × 260m
⑩標高242m　比高100m　⑪15

　鷹之巣城は、浅野川と犀川に挟まれた丘陵上に位置する。その丘陵は北西側に伸び、約9.6kmの地点に金沢城が位置する。つまり鷹之巣城は金沢城の南東側に位置することになり、故墟考は鷹之巣城のことを「南を正門として尾山（金沢城）の番城とす」と記載している。

　故墟考によれば、天正4年(1576)平野神右衛門が居城したという。天正8年佐久間盛政が尾山（金沢）城に居城すると、配下の柘植喜左衛門を置いたとしており、また一説として柴田勝家の部将拝郷家肌嘉を置いたともしている。天正13年3月佐々成政は鷹之巣城を襲撃し、付近の村々に放火するが、前田利家が金沢城から出撃してきたため、成政は越中へ退却している。これは利家の部将村井長頼が同年2月に越中蓮沼城付近で焼働きをしたことによる報復とされている。

　現在城跡を貫くようにして林道が造成され、一部遺構が破壊されているが、遺構の保存状態は概ね良好である。江戸末期に作成された絵図が三枚現存しており、その内文政4年(1821)河野通義が写した「鷹巣山城跡之図」（『金沢市鷹巣城址緊急調査報告書』金沢市教育委員会1980　以下、報告書と略す）が縄張図と酷似した平面形状を示している。従って破壊された遺構については、「鷹巣山城跡之図」（以下、絵図と略す）を参考に復元する。

　A曲輪には現在土塁の一部が残存しているにすぎない。しかし絵図では北・東・南側に塁線土塁を描き、B・E曲輪より上位の曲輪であることを示している。従ってA曲輪が主郭とすることができる。さらに①地点の土橋を描かず、C曲輪から直接主郭Aへ出入りできないような構造を描いている。つまりC曲輪からB曲輪を経由しなければ主郭Aに入れない構造となっている。土橋①は近代以降の土橋と考えられよう。絵図では②地点に土塁の開口部と土橋を描いている。恐らく②地点が主郭AとB曲輪を繋ぐ虎口だったのであろう。絵図では③地点に虎口を描く。現在でも横矢が掛かる構造となっているので、城外に通じる虎口が存在していたと考えられる。さらに⑫地点に馬出状の曲輪の存在の可能性を指摘できるが、判然としない。

　上記推定が正しければ、以下のルートが読み取れる。虎口③から入った敵軍は④地点から土塁通路上を通り馬出曲輪Cへ向かう。この間、B曲輪からの横矢攻撃に長時間晒され、切岸に取り付いた敵軍に対しても櫓台⑤から攻撃を受けてしまう。さらに土橋⑥では、B曲輪からの強力な横矢攻撃を受けることになる。現在馬出曲輪Cは南側に土塁と横堀を残しているに過ぎないが、かつては東・南側に土塁と横堀を巡らした馬出曲輪だったと考えられる。敵軍が馬出曲輪Cを占領したとしてもB曲輪から攻撃され、さらに土橋⑦を渡るとき、主郭Aからの強力な横矢攻撃を受けることになる。B曲輪内に小規模な横矢⑧が残っていることから、小規模な内枡形虎口と考えられる。そして虎口②から主郭Aに入ることになる。鉄壁の備えと言えよう。

　絵図には、⑪地点に城道、⑨・⑩地点に虎口を描く。すなわち敵軍は二本の堀切を越えて虎口⑩からF曲輪に入り、E曲輪・虎口⑨を経由して主郭Aに入ったと考えられる。F・E曲輪も土塁で区画されているものの、主郭Aの馬出曲輪としての役割を果たしていると言える。

　D曲輪は城内最大規模の外郭で、その外側には塁線土塁と横堀がセットになった長大な総堀ラインを持つ。緩斜面が広がっているため、各所に横矢折れや櫓台を設けて防御力を増強している。総堀ラインを設けることにより、主郭A～F曲輪を一体化させ、うまく敵軍を拡散させ、敵軍を主郭Aに近づかせないことに成功している。しかし総堀ラインは林道から下の曲輪まで及んでいない。さらに主郭Aからの求心力もほとんど及んでいない。明らかに異質な曲輪群である。虎口等も明確になっていないことから、古い時代の遺構、恐らく平野氏時代の遺構ではなかろうか。

　以上述べたように主要曲輪群は、機能分化の明確化・馬出曲輪の設置・総堀ラインの設置など織豊系城郭の特徴を示している。主要曲輪群は天正8年佐久間氏以降、特に前田利家により大改修されたと考えられよう。

鷹之巣城
平成5年3月6日調査測量　佐伯哲也
0m　50m　100m

25. 山川三河守砦 （やまごうみかわのかみとりで）

①金沢市山川町　②山川城　③15世紀　④16世紀後半　⑤16世紀後半　⑥山川三河守
⑦山城　⑧削平地・切岸・土塁・竪堀・横堀　⑨110m×60m　⑩標高162.5m　比高70m　⑪14

　犀川と内川の合流点に突き出た尾根の突端に位置する交通の要衝であるとともに、天然の要害でもある。『内川の郷土史』（内川村史発行委員会 1971）によれば、加賀守護富樫氏の家老にして守護代でもあった山川三河守の居城とされている。山川三河守高藤は、長享元年(1487)〜2年にかけて一次史料に登場しており、「鹿苑日録」長享元年閏11月24日条（『加能史料戦国Ⅱ』）には「守護代山川三川（河）守」と記載されている。翌長享2年富樫正親が加賀一向一揆に攻め滅ぼされると、三河守も討死したとされている。

　『内川の郷土史』によれば、城跡には僅かに礎石が残り、瓦片も散乱していたというが、現在は確認できない。城内最高所のA曲輪が主郭。周囲に低い塁線土塁が巡る。耕作による破壊を受けていると考えられるが、虎口は平虎口だったと考えられる。一段下に腰曲輪Bが巡る。主郭Aと腰曲輪Bを繋ぐ虎口は確認できない。しかし城外から腰曲輪Bに入る虎口①は、平虎口ながら腰曲輪Bから横矢が掛かっており、さらに直下に横堀②を巡らして防御力を増強している。

　注目すべきは、虎口①に敵軍が直撃しないように馬出③を設けている点である。織豊系城郭のようにハイレベルではないが、在地国人が設けた事例として貴重である。馬出③に入らず、斜面を迂回する敵軍を阻止するために、竪堀④を設けている。南側は急斜面なので竪堀を設ける必要が無かったのであろう。

　以上述べたように、虎口の明確化・馬出の設置は明らかに戦国期の遺構である。山川三河守が居城したとしても、現存遺構は16世紀後半に改修されたものと考えられよう。

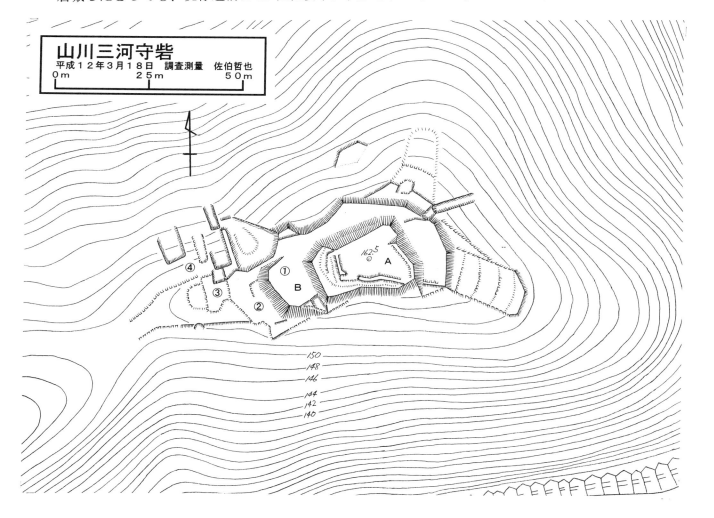

26. 福神山城 （ふくじんやまじょう）

①金沢市湯涌荒屋町　②－　③16世紀　④16世紀　⑤16世紀　⑥？　⑦山城
⑧削平地・切岸・堀切・竪堀　⑨240m×50m　⑩標高231.3m　比高70m　⑪16

　古記録及び伝承は残っていない。城内最高所のA地点が主郭推定地だが、全くの自然地形で人工的な造作の痕跡は認められない。自然地形ではあるものの、ほぼ平坦な地形のため、あえて削平する必要がなかったのであろう。これとは対照的に尾根の前後を堀切①・②及び両竪堀③で敵軍の攻撃を遮断しており、防御施設は完存している。
　北端のB地点には、きれいに削平された平坦面が残る。主郭でさえ自然地形なのに、ここだけ削平しているのは違和感が残る。近世～近代にかけての削平地の可能性が高い。
　以上が福神山城の縄張りの概要である。基本的には尾根上に堀切のみを設けた単純な構造といえる。城兵の駐屯地である平坦面を設けないこと、防御施設（堀切）は完備している、構造は単純、という点を考慮すれば軍事施設として築城された臨時城郭、いわゆる陣城と考えてほぼ間違いなかろう。伝承や古記録が残っていないことから、短期間の使用で廃城になり、記憶に残りにくかったことが考えられる。仮説の範疇であれば、天正13年(1585)佐々成政が鷹之巣城を攻めたとき、佐々軍の臨時的な拠点として築城されたとすることも許されるであろう。

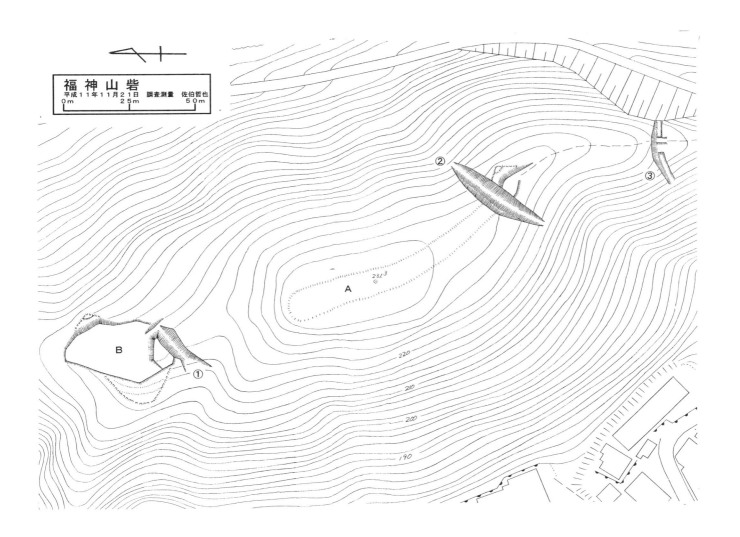

27. 高 尾 城（たかおじょう）

①金沢市高尾　②多胡城・富樫城　③室町時代？　④16世紀後半　⑤16世紀後半
⑥富樫氏・一向一揆？　⑦山城　⑧削平地・切岸・堀切・竪堀・畝状空堀群
⑨290m×140m　⑩標高191m　比高140m　⑪13

　「百姓ノ持タル国」誕生の舞台となった城として有名である。築城年代は富樫氏代々の居館である富樫氏館が14世紀頃構築されていることから、高尾城も同時期に富樫氏により築城されたのではないかと考えられている。

　15世紀末になると、加賀一向一揆は在地勢力に大きな影響力を持つようになる。この結果、守護権力の強力化を目指す加賀守護富樫政親と激突することになる。『官地論』（『加能史料戦国Ⅲ』）によれば、加賀一向一揆は政親の大叔父（政親の祖父の弟）の泰高を総大将として、長享2年（1488）6月7日未明より政親が籠城する高尾城を攻撃し、9日に高尾城は落城、政親は自害する。以後、百姓による共和国が誕生したように言われるが、一揆軍に推戴された泰高が守護となり、依然として守護体制が続いていく。

　高尾城の城域は、ジョウヤマ地区（Ⅰ）・コジョウ地区（Ⅱ）の他に、その周辺の広大な範囲にも及んでいるという考え方も存在する。筆者は全て調査したが、城郭遺構は確認できず、城域は従来通りジョウヤマ地区・コジョウ地区のみと考えた。以下、この考え方に則って述べる。

　高尾城は昭和45年の土砂採取により全壊したと思われていた。Ⅰはほぼ全壊しているが、Ⅱは遺構は完存している。Ⅱの主郭はA曲輪。南及び東側の尾根続きには堀切①・②を設け、完全に遮断している。しかしⅠに繋がる北側の尾根に堀切は設けず、さらに虎口③を開口している。従ってⅠとⅡは親密性の強さを物語る縄張りとなっている。

　虎口③（拡大図参照）は、矢印のように進んだと考えられ、少人数しか進むことができず、長時間城内の曲輪から横矢が掛かるように設計されている。明らかに城内の曲輪と虎口は機能的に連動しており、単なる平虎口より技術的に進歩した虎口と言えよう。

　注目したいのは畝状空堀群④で、虎口③に入らない敵軍が、北斜面を横移動するのを阻止するための防御施設と考えられる。進攻速度が鈍った敵軍に対して城内から弓矢等が浴びせられ、敵軍は多大な損害を被ったことであろう。西斜面に設けていないのは、急斜面で敵軍が移動する可能性が少ないと判断したからであろう。つまり虎口③と畝状空堀群④はセットでの防御施設と捉えることができ、両者は同年代に同一人物により構築された可能性を示唆することができる。

　主郭Aの周囲には雑然とした段を設けており、さらに自然地形も残っている。しかし急斜面である西側を除けば、北・東・南の三方に鋭角の高切岸が巡っており、防御設備は完成している。従って軍事的な目的で築城された臨時城郭の可能性が高いと言える。

　Ⅰは破壊がひどく詳細は不明。しかし周囲に高切岸を巡らせる点はⅡと同様である。さらに南側に両竪堀を設けるが、完全に尾根続きを遮断しておらず、これもⅡとの親密性を物語る縄張りとなっている。

　以上述べたようにⅡの縄張りは、計画的に構築された虎口③と同時期に構築された畝状空堀群④の存在から、16世紀末に軍事的緊張が高まった結果築城されたと考えられる。つまり長享2年の攻防戦のときは存在していなかったと考えられるのである。一つの可能性として、天正8年（1580）織田軍進攻にあたり、Ⅱは加賀一向一揆が急遽築城したという仮説も成り立つであろう。Ⅰの現存遺構は16世紀後半だが、14世紀頃から存在していた可能性は存在する。

　『金沢市史』資料編19考古（金沢市1999）では、ジョウヤマ・フッコジ・館・貞広・寺地地区で表面採取された弥生〜19世紀の遺物を紹介している。しかし、それはコジョウ地区で採取された遺物ではない。また発掘調査はフッコジ・館・貞広で実施され、ジョウヤマ・コジョウ地区では実施されていない。従って廃城時期を「遺構の現況や（中略）発掘調査で十四〜十五世紀の遺物が確認されていることから、富樫政親が自刃した長享二年（1488）の長享一揆までとしたい」（『野々市町史通史編』石川県野々市町2006）という考えには賛同できない。

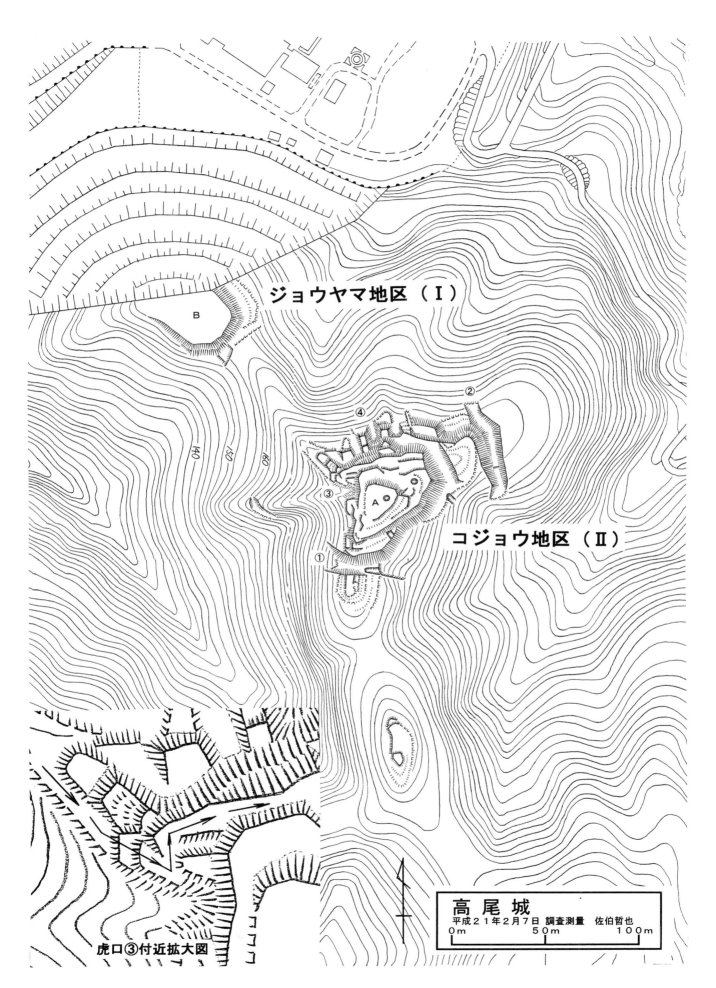

28. 金沢城（かなざわじょう）

①金沢市丸の内　②尾山城　③16世紀　④16世紀後半　⑤明治2年　⑥加賀一向一揆・佐久間盛政・前田氏　⑦台地城郭　⑧削平地・切岸・横堀・水堀・石垣・石川門・三十間長屋・鶴丸倉庫　⑨420m×380m　⑩標高59.5m　比高40m　⑪9

　加賀一向一揆の拠点・加賀百万石の居城として有名である。加賀一向一揆の拠点・金沢御堂が構築されたのは天文15年(1546)で、本願寺門徒だけでなく石川郡全体で費用負担したため「惣国普請」と呼ばれた。強大な軍事勢力へと発展した加賀一向一揆だが、天正8年(1580)柴田勝家軍の進攻により一向一揆は事実上滅亡する。金沢御堂陥落の時期は、勝家が閏3月24日金沢一城（恐らく金沢御堂）以外の加賀は平定したといっていること（『金沢市史2』664 柴田勝家書状）、金沢御堂家臣波々伯部秀次が6月23日の合戦で柴田軍のことを「御山（金沢城）之人数」（『金沢市史2』674 波々伯部秀次書状写）と述べていることから、4月頃陥落したと考えられる。天正8年からは佐久間盛政が尾山城主となるが、所領は北加賀（河北・石川郡）で、南加賀（能美・江沼郡）は柴田勝家が支配していた（『よみがえる金沢城1』石川県教育委員会 2006、以降、『金沢城1』と略す）。

　天正11年4月賤ヶ嶽合戦の後、河北・石川二郡を加増された前田利家は金沢城に居城を移す。利家時代の金沢城に天守閣が存在していたのは確実で、(天正14年)6月7日前田利家朱印状（『七尾市史武士編第一章 323』）に「去年かい置候くろかね、如日起下候へく候、天守をたて候ニ付て入申候」とあり、天守閣建設のための鉄を購入していることが判明する。翌天正15年に天守閣は完成したらしく、同年4月に東北南部氏の使者として金沢を訪問した北信愛は、天守閣の「くりん」（最上階）でもてなしを受けたと回想している（『金沢城1』）。しかし天守閣の形状・位置等は不明である。天守閣は慶長7年(1602)落雷で焼失し、以降三階櫓が天守閣の代用となった。金箔瓦も使用されており、平成8年大手堀外側の城下町より金箔押軒丸瓦が出土している。報告書では慶長年間所産としている（『金沢市前田氏（長種系屋敷跡）』石川県教育委員会 2002）。平成12年旧いもり堀から金箔鯱瓦・金箔軒平瓦が出土している。旧いもり堀の埋立ては慶長期中頃以前と推定されるため、金箔瓦もそれ以前と推定される（『いもり堀第3次調査の概要』現地説明会資料　(財)石川県埋蔵文化財センター 2000）。

　現存する最古の石垣は文禄元年(1592)のもので、本丸丑寅櫓台①から辰巳櫓台②の東面に残る。隅角は算木積みを指向しながらも長単の比率が一定化されていない未発達のもので、また矢穴石も一面に数個しか見られない。慶長年間の石垣は、金沢城大手門である尾坂門④付近、本丸辰巳櫓台②から③地点の南面に残る。尾坂門の石垣は、巨石（鏡石）を用いており、大手口に相応しい石垣になっている（『金沢城を探る』金沢城研究調査室 2005）。

　金沢城の主要曲輪群は、大手堀⑤・白鳥堀⑥・百間堀⑦・いもり堀⑧が防御している。発掘調査等の結果、百間堀⑦が文禄元年までに構築され、大手堀⑤と白鳥堀⑥が慶長初期に構築され、いもり堀（旧いもり堀）が文禄年間から存在していたことが判明している（『金沢城1』）。従って金沢城の主要曲輪群の原形は、慶長初年頃に完成したと考えられよう。

　金沢城及び城下町を包み込む惣構は、内惣構（⑨～⑫）が慶長4年(1599)、外惣構は慶長15年に構築されたと考えられる。発掘調査の結果、外惣構の幅は、Ⅰ期は約14m、Ⅱ期は恐らく17世紀末頃に幅を10～12mに縮小して再構築していることが判明した（『西外惣構跡発掘調査現地見学会資料』金沢市埋蔵文化財センター 2005）。堀の内側には土塁が想定され、土塁の幅は約6mと推定される。また石垣は用いられていないことが判明した。

　金沢城の特徴の一つとして鉛瓦がある。一般には戦いの際、鉛瓦を溶かして弾丸にするため、と言われているが、不純物が多く弾丸にはならないそうである。雪国ゆえ瓦破損防止のため、そして美観のために、鉛瓦を使用したと考えられよう。

　金沢城は寛永の大火(1631)以降の大改修により、創建当時の姿の特定はほぼ不可能となっている。現在も進行中の発掘調査により、利家期の姿がよみがえるよう期待してやまない。

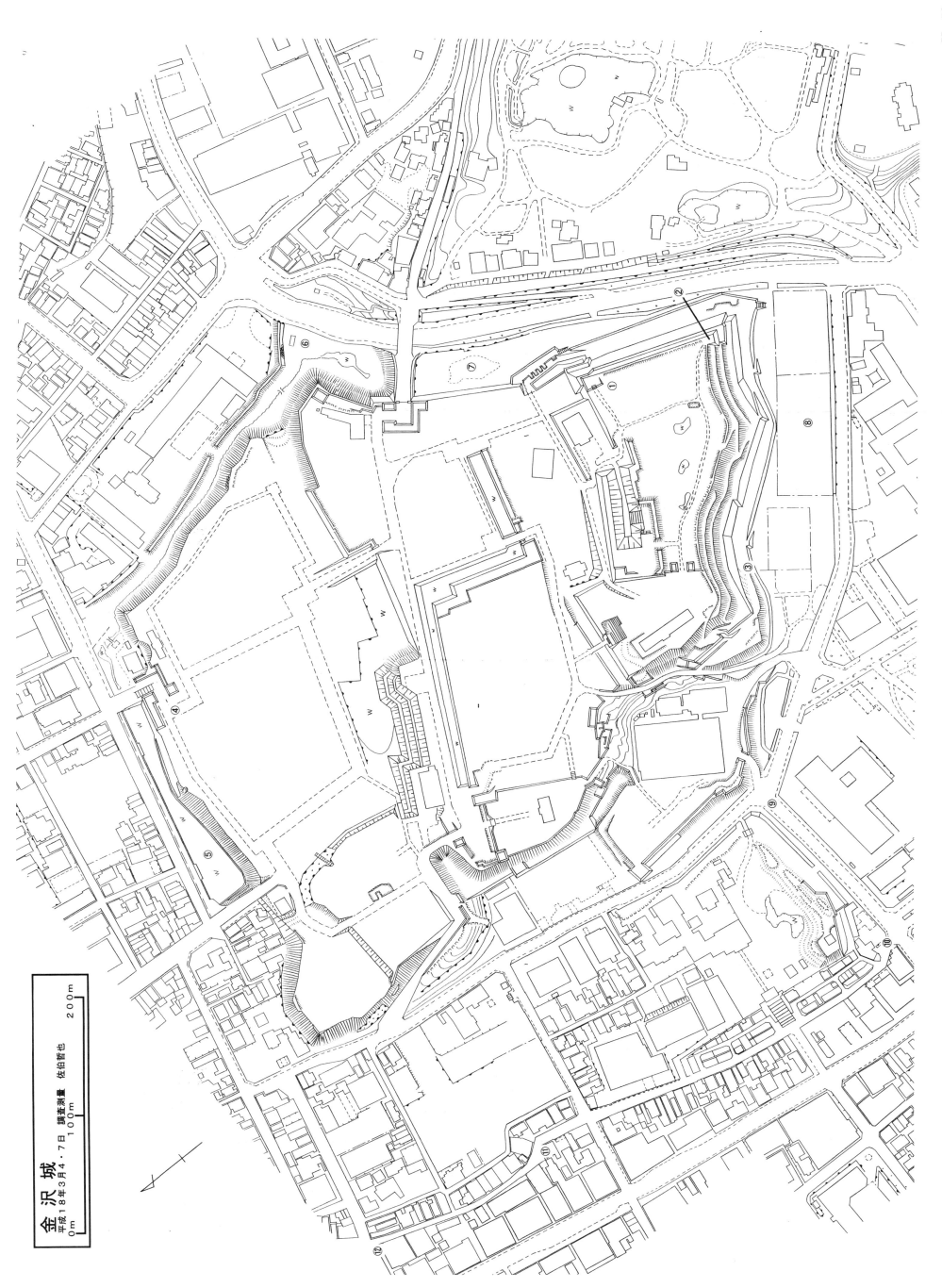

29. 田上館 （たがみやかた）

①金沢市田上町　②－　③室町時代　④室町時代　⑤室町時代　⑥田上氏？　⑦居館
⑧削平地・切岸・横堀・土塁　⑨70m×65m　⑩－　⑪10

　田上集落鎮守の神明社境内に遺構が残る。東側には横堀と土塁の痕跡が残る。南及び西側には切岸のみ残っている。北側は後世の破壊がひどく、城域の確定は困難である。かつては四方に横堀と土塁を巡らした方形館だったと推定される。
　館主として『石川県中世城館跡調査報告書Ⅰ（加賀Ⅰ・能登Ⅱ）』（石川県教育委員会 2002）では室町期の人物として、田上入道・金子田上入道・田上ノ了宗を推定している。しかし同報告書でも述べているように根拠に欠く。発掘調査による時代決定が必要であろう。

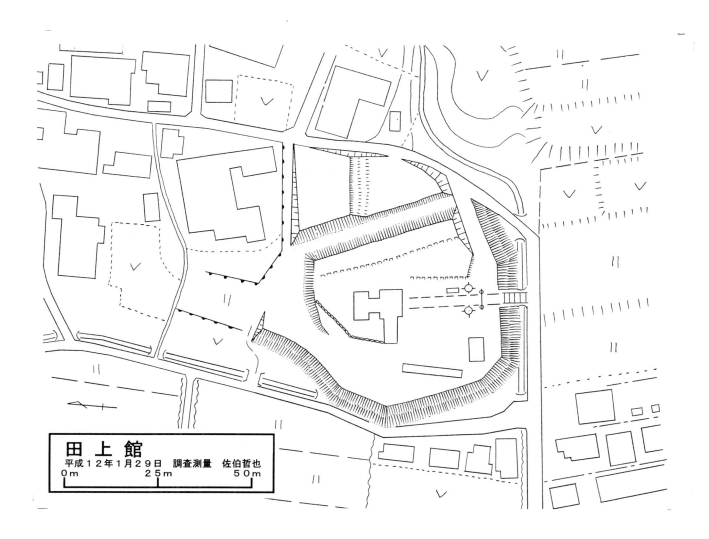

田上館
平成12年1月29日　調査測量　佐伯哲也

30. 伝燈寺城（でんとうじじょう）

①金沢市伝燈寺町　②−　③16世紀　④16世紀　⑤16世紀　⑥富樫氏？　⑦山城
⑧削平地・切岸・堀切・土塁・竪堀　⑨390m×260m　⑩標高140.3m　比高90m　⑪11

　背後の尾根に、加越を繋ぐ北陸脇道の一つ、三ノ坂道（『柚木城と三ノ坂道』金沢市教育委員会 1996）が通る交通の要衝である。伝燈寺城そのものを記載した古記録は残っていない。しかし、元亀元年（1570）5月足利義昭の命に従い富樫晴貞（晴泰）は織田信長方に同調したため加賀一向一揆に攻められ、長江谷伝燈寺で討死したという伝承（『野々市町史通史編』石川県野々市町 2006）から、このとき晴貞が築城したのではないかと推定されている（宮本哲郎「伝燈寺城跡の紹介」『越中の中世城郭第4号』北陸城郭研究会 1994）。

　主郭は城内最高所のA曲輪。背後（三ノ坂道方向）には低土塁を巡らし、さらに尾根続きを警戒し、両竪堀①・堀切②で敵軍の攻撃を遮断している。南側の尾根続きにも堀切③が残る。

　城郭遺構と断定できるのはこれだけであり、尾根B・Dに残る大小様々な平坦面は、いつ・どのような目的で構築されたのか、詳らかにすることはできない。明確に尾根通りを遮断していないことから、防御施設とは考えにくい。墓地あるいは耕作地と推定することも可能である。尾根B先端の東西に細長い平坦面Cは耕作地であろう。主郭A西側の溝④は道跡と考えられる。主郭Aに簡単に入れる道は、廃城後につけられたものであろう。とすれば、廃城後に多数の人間が出入したことになる。主郭Aに供養塔・墓地が存在していたのであろうか。この推定が正しければ、背後の低土塁は結界としての土塁となる。

　伝燈寺城は、非常に単純で臨時性の強い城郭と言える。その意味で元亀元年富樫晴貞が急遽築城したという伝承は、信憑性があると言えよう。

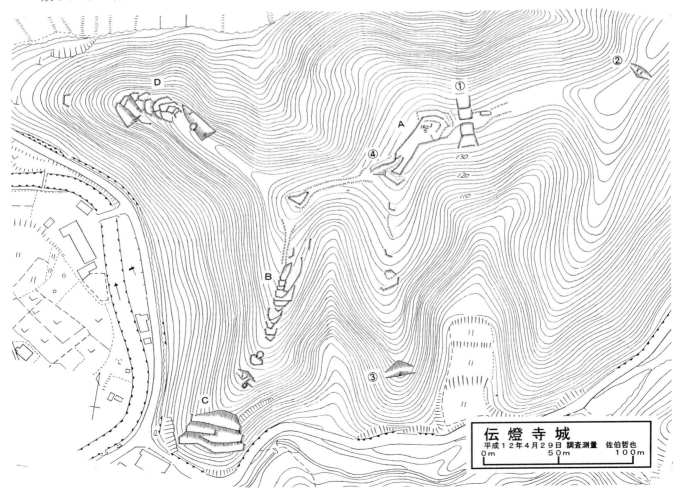

伝燈寺城　平成12年4月29日　調査測量　佐伯哲也

31. 水淵城（みずぶちじょう）

①金沢市水淵町　②－　③15世紀後半　④16世紀後半　⑤16世紀後半　⑥山川三河守
⑦山城　⑧削平地・切岸・横堀・土塁　⑨100m×90m　⑩標高262.1m　比高140m　⑪15

　城跡はシロノミネと呼ばれている。城跡に立てば犀川沿いの集落を一望することができ、さらに尾根通りの街道が城域に接する交通の要衝である。

　『加越能三州地理志稿』の「山河城」の項に、「水淵古塁在其東。長享中富樫家老山河三河守堡障也」とあり、富樫氏の家老山河氏の城としている。山河氏は1.9km離れた山川三河守砦に居城していたと伝えており、本城・出城の関係にあったことが推定される。

　城跡は、北側が林道造設により破壊されている以外は、よく遺構を残している。A曲輪が主郭。①は主郭虎口。内枡形虎口なのか、平虎口なのか判断に苦しむが、明確な虎口であり、入るときに横矢が掛かることは確実である。さらに②地点にも横矢を設けて、虎口に侵入する敵軍を攻撃している。主郭Aから北側にB・C・D曲輪と続き、E曲輪との連絡施設として、土塁通路③を設ける。曲輪の周囲に塁線土塁を多用している点も、特徴の一つである。

　E曲輪の東端に櫓台④を設けている。林道で破壊されてしまったが、縄張りから推定するとここが尾根の突端で、尾根の突端に櫓台④を設け、尾根続きを堀切⑤で遮断していたのであろう。⑥は尾根道と考えられるが、横堀としての機能も有していたと考えられる。城域に尾根道を接することにより、尾根道を完全に掌握している。水淵城の大きな特徴の一つである。

　以上述べたように、虎口が明確なこと、塁線土塁を多用していること、この2点から現存遺構は16世紀後半と考えられる。山川三河守砦の現存遺構も16世紀後半と考えられることから、戦国期に同一勢力により改修された可能性を指摘できよう。

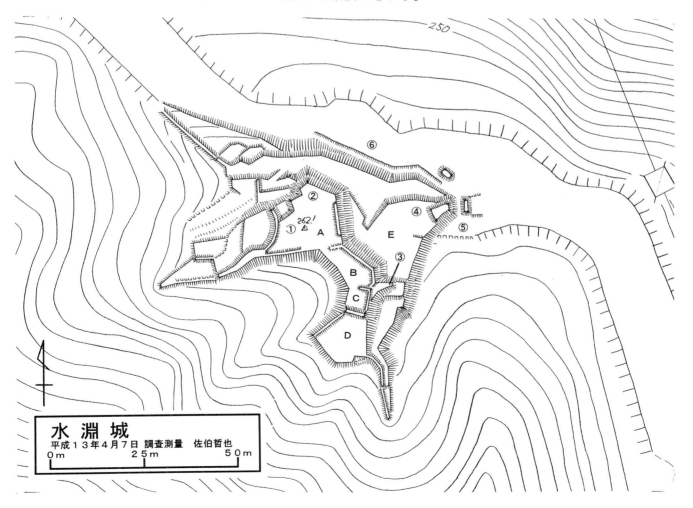

32. 若松本泉寺（わかまつほんせんじ）

①金沢市若松町　②－　③長享２年（1488）　④１５世紀末　⑤享禄４年（1531）　⑥若松本泉寺
⑦寺院城郭　⑧土塁　⑨67m×63m　⑩標高－　比高－　⑪10

　若松本泉寺は、北加賀一向一揆にの政治的拠点であった寺院である。『平成３年度金沢市埋蔵文化財調査年報』（金沢市教育委員会 1992、以下、年報と略す）によれば、現在の地に若松本泉寺が建立されたのは長享２年（1488）。そして享禄の錯乱で本泉寺は焼失し、住職の蓮悟が加賀を去るのが享禄４年（1531）のため、現存遺構の構築及び使用年代は、その間の４４年間に限定できる、極めて重要な遺構といわねばならない。

　若松本泉寺跡Ａは、現在専徳寺墓地となり、遺構は土塁しか残らない。それでも下幅８〜18ｍ、高さが 3.5 〜 5.5 ｍもある巨大な土塁である。寺院の境内に中世であっても、結界あるいは格式を高めるために土塁を巡らすことは珍しいことではない。肝心なのは防御施設として設けたかどうか、である。ちなみに隣接するＢ地点をオヤシキ（御屋敷）と呼んでいる。

　筆者が調査した平成 12 年は既に改変が著しく、このため平成２年に作成された前述の年報を基に土塁を復元する。ケバを用いていないのが復元した土塁である。道路で削られてしまったが③地点あたりに土塁が存在していたと考えられ、これが正しければ、多少歪な形をしているが、土塁内はほぼ正方形をしていることが判明する。

　筆者が注目したいのは、コナーに設けられた櫓台①と虎口②である。年報では虎口②を後世の開削も否定できないとしているが、櫓台①からは横矢が掛かっており、中世に遡る可能性を十分持っている。そして虎口に対して横矢が掛かるということは軍事的に構築された防御施設と言える。従って若松本泉寺は寺院城郭として良いであろう。

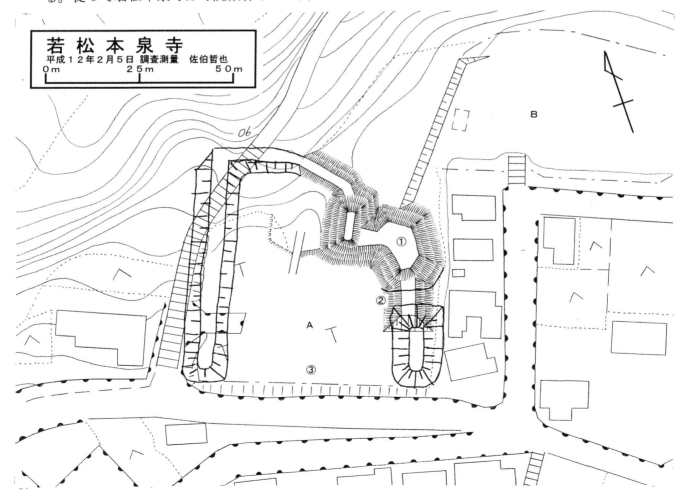

33. 末松館（すえまつやかた）

① 野々市市末松　②－　③中世？　④中世？　⑤中世？　⑥栗山氏　⑦平城
⑧削平地・土塁　⑨40m×33m　⑩標高－　比高－　⑪19

　『富奥郷土史』（富奥公民館 1975）所収「皇国地誌」及び「石川郡誌」によれば、末松神社（大兄八幡神社）の境内に栗山某古宅跡があり、東西二十間・南北二十間五尺の土塁が残っていると述べている。そして土塁の形は口字形をしているとも述べている。
　現在大兄八幡神社に土塁が残っており、東西約４０ｍ、南北約３３ｍとなっており、皇国地誌の数値とほぼ一致する。恐らくこの土塁が皇国地誌が述べる栗山某古宅跡と断定して良いであろう。さらに土塁の周囲には水路が巡っており、仮にこれがかつての水堀跡だとすれば、５０ｍ×４３ｍとなり、ほぼ半町四方となる。中世における在地領主居館の標準的な大きさとなるため、在地領主（栗山氏か）の居館跡と推定されよう。
　なお地元では、現存する土塁は元は古墳の墳丘で、末松神社建設にあたり墳丘を削平したという伝承が根強く残っている。このため石川県遺跡地図では「末松古墳」と表記されている。

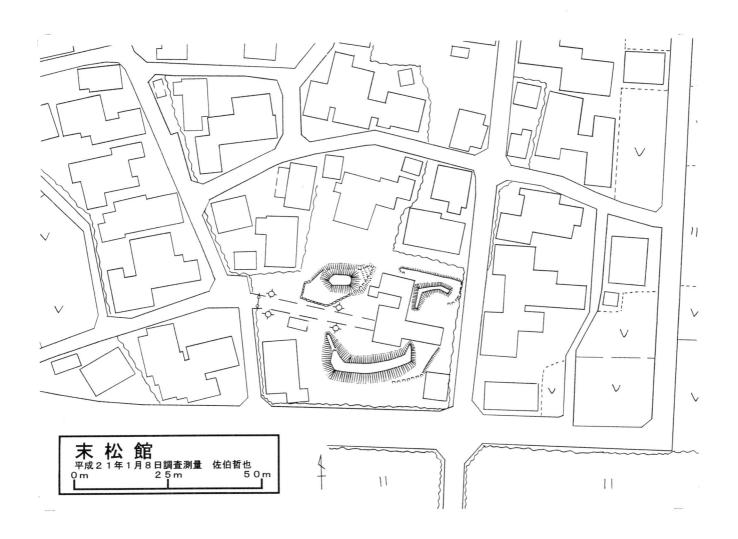

末松館　平成２１年１月８日調査測量　佐伯哲也

34. 槻橋城（つきはしじょう）

①白山市月橋町　②－　③１５世紀　④１６世紀後半　⑤１６世紀後半　⑥槻橋氏・一向一揆？
⑦山城　⑧削平地・切岸・土塁・堀切・井戸・礫列　⑨ 200m × 160m
⑩標高 225.5 m　比高 140 m　⑪23

　白山市（旧鶴来町）月橋集落に本拠を置く槻橋氏代々の居城とされている。槻橋氏は加賀守護冨樫政親の有力家臣で、文明6年(1474)12月に槻橋兵庫允は政親より能美郡上土室（能美郡川北町土室）及び河北郡指江（河北郡宇ノ気町指江）を安堵されている（『加能史料戦国Ⅰ』）。槻橋一族は長享2年(1488)6月9日、高尾城（金沢市）が落城し政親が自刃すると悉く殉じたらしく、「官地論」（『加能史料戦国Ⅲ』）は、槻橋豊前守等6人の武将が政親に殉じて切腹したとしている。恐らくこれをもって槻橋城は一旦廃城になったのであろう。
　槻橋城は月橋集落を見下ろす御蔵（倉）山山頂に位置する。『蔵山郷土誌』（蔵山公民館 1979）によれば、槻橋城には三位という家老がいて、冨樫氏の兵糧を保管していたので、御蔵山と呼ぶようになったと言う。このためか、城跡には現在でも焼米が大量に現存しているという。さらに『蔵山郷土誌』は、本願寺門徒一類が槻橋城に在城していたが、天正年間に柴田勝家軍に攻略されたとしている。
　城跡からの眺望は素晴らしく、手取川下流の集落や道等を広く見渡すことができる。主郭は塁線土塁で囲まれたＡ曲輪で、尾根続きを堀切①で遮断する。土塁の上幅は広く、2～4mもある。従って城兵は土塁上を歩行することができたと考えられる。②と③は平虎口だが、土塁で構築された明確な虎口で、しかも土塁を食い違い状に配置して、土塁上から横矢が掛かる構造にまで発達させている。虎口②の直下には城道が通っている。この城道は二股に分かれた城域を繋ぐ重要な城道であり、このため虎口②からは城道に対しても横矢が効くように設定されている。城道は山麓部、さらに尾根上へと城域外にも延びているため、中世における山街道として利用されていた可能性を指摘でき、槻橋城は山街道を城域内に取り込んでいるのである。
　虎口③は、前面に虎口受けを設けて敵軍の直撃を避けており、北側から切岸と土塁の間を通って入ったと考えられる。やはり虎口はある程度の技術的進歩を指摘することができる。Ｂ曲輪からは階段状に小曲輪を設け、城域南端のＣ曲輪へと続く。穴④は井戸跡と考えられる。そして沢を堰き止めるように礫列⑤が残っており、これも飲料水設備と考えられよう。このように飲料水設備を確保している点が槻橋城の特徴の一つであり、多くの城兵が籠城していたことが推定される。虎口②から南側は、土塁囲みのＤ曲輪を設けているものの、明瞭な城郭遺構は見られない。
　以上述べたように槻橋城は虎口が発達しており、伝承通り天正年間に再利用された可能性が高い。多数の一向一揆が籠城して、飲料水設備を確保し、虎口を改修したと考えられよう。
　Ｅ地区には城道の両側に階段状の平坦面が構築され、そして問題となる方形の穴、いわゆる箱型阻塞がびっしりと設けられている。これを落とし穴とみなし、城郭遺構とする考え方も存在する。しかし城道そのものに落とし穴を設ければ最も効果的なのに、なぜかそうしていない。また平面的に隙間が残る落とし穴群よりも、塹壕を二重・三重に設ければ線的に完全に敵軍の進攻を完全に阻止できたのに、なぜかそうしていない。一方落とし穴ではなく、城兵が潜む伏兵穴と見る考えも存在する。しかしそうだとしても、一穴につき1～2人しか潜めず、各個撃破されてしまい、かえって城兵は危険に晒される。このような考えにより、城郭遺構とは考えにくい。
　方形穴の特徴として、a)山頂に設けられていないこと。b)一ヶ所に集中していること。c)方形をしていること。があげられる。方形穴の集合体は全国的に見られ、商売用にならない枝を、家庭で使用する炭を作るための穴として用いられるケースが多いようである。まず火を用いるため、使用場所は風の強い山頂は避ける。また火を用いるため集落で使用箇所を限定し、飛び火しないように周囲の木を刈り払った。そしてより多くの枝が入りやすいように方形にした。という理由があったという。槻橋城の場合、これに見事に該当し、方形穴は家庭用（商売用にならない）炭作りの穴と考え、城郭遺構ではないと考えたい。

槻橋城
平成9年4月12日 調査測量 佐伯哲也

35. 坊の館 （ぼうのやかた）

①白山市福留町　②－　③中世？　④中世？　⑤中世？　⑥親王（真応）寺？　⑦平城
⑧削平地・土塁　⑨63m×58m　⑩標高－　比高－　⑪18

　『石川村の歴史』（石川公民館 1957）によれば、味知郷神社の境内に「坊の館」と呼ばれている所があり、かつて親王寺の塔頭の館跡と伝えられている。またこれとは別に福留には称仏寺があり、『石川村の歴史』によれば、初めは真応寺と称していたが享禄年間の兵火により焼失して廃寺となり、貞享２年（1685）現在の地に再建されている。仮に親王寺と真応寺が同寺であれば、現存する土塁は享禄年間以前に構築されたことになる。享禄年間の兵火とは、享禄４年（1531）の錯乱のことであろうか。
　味知郷神社の境内に土塁が残る。最大底幅７m、最大高さ 2.5 mもある巨大なものである。現存の大きさは63m×58mだが、仮に点線のような推定が可能であれば、63m×63mの正方形となる。となれば、土塁①・②は間仕切り土塁となり、内部は２室構造となる。土塁の外側には、西側から北側にかけて水路が巡っており、水堀の跡と推定される。
　『石川村の歴史』によれば、真応寺は初めは真言宗だったが、後に浄土真宗に改宗したという。浄土真宗の寺院が境内に土塁を巡らす事例として、若松本泉寺がある。真応寺も若松本泉寺と同じく享禄４年の錯乱で焼失したのであれば、両寺の因果関係も指摘できそうである。そしてほぼ同年代のことから、浄土真宗寺院が構築した16世紀代の土塁として注目したい。

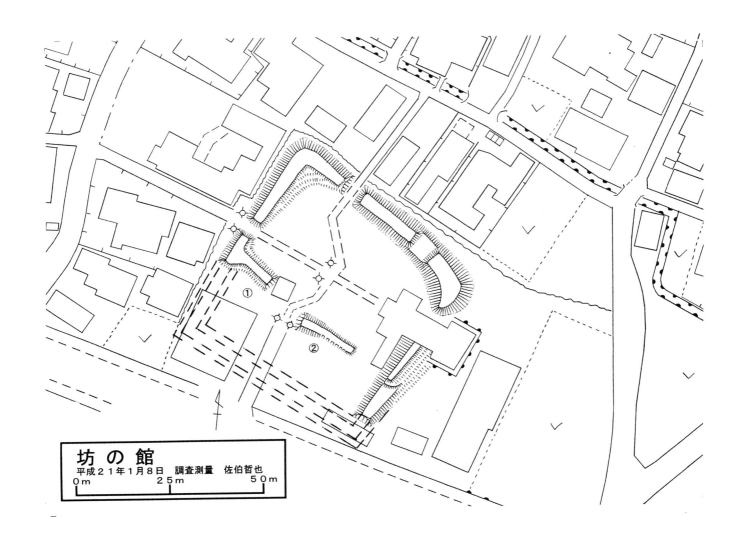

36. 舟岡山城（ふなおかやまじょう）

①白山市八幡町　②劔（剣）城　③１５世紀？　④16世紀末期　⑤元和元年(1615)？
⑥若林長門守・高畠定吉　⑦山城　⑧削平地・切岸・土塁・堀切・横堀・石垣　⑨390m×250m
⑩標高186.2m　比高50m　⑪23

　舟岡山と呼ばれるなだらかな独立丘陵に位置する。西側に石川郡と能美郡との郡境である手取川が流れている。そして強力の一向一揆集団が形成されていた白山山内の出入口に位置する交通の要衝でもあった。

　築城年代及び築城者は詳らかにできない。故墟考によれば長享年間（15世紀末）に坪坂平九郎が居たとしているが確証は無い。白山市教育委員会文化財保存課執筆「舟岡山城の様相」（『金沢城関連城郭等の初期の様相』石川県金沢城調査研究所 2015）では、天正元〜3年まで丹羽長重の部将拝郷五佐衛門がいたとしている。しかし金沢御堂健在時にあって舟岡山城に織田政権が入り込むということは考えられず、この説には賛同しかねる。恐らく本願寺顕如が派遣した内衆の若林長門守が舟岡山城主となったのであろう。天正8年(1580)6月28日、白山山内衆が「山内之口」において柴田勝家軍370余人を討ち取り勝利を収めている（波々伯部秀次書状『金沢市史2』674）。「山内之口」とあることから、槻橋城から舟岡山城辺りで合戦があったと推定され、もしかしたら若林長門も参戦していたかもしれない。

　しかし『信長公記』によれば、天正8年(1580)11月17日柴田勝家が謀殺した加賀一向一揆の首謀者の首が安土城に届けられており、その中に若林長門と子の雅楽助・甚八郎の名が見えている。恐らくこの時柴田軍の攻撃を受け、舟岡山城も落城したのであろう。

　天正11年加賀国河北・石川二郡が前田利家領となると、利家家臣の高畠定吉が城主となる。定吉は利家の妹・昌を妻とする前田一族でもあった。そして文禄3年(1592)石見守に叙任し、慶長4年(1599)2月利家より白山村・劔村・槻橋村を含む約15000石の領地を賜っている（慶長4年2月前田利家知行所付状『鶴来町史歴史編　近世・近代』鶴来町 1997、定吉の最終的な石高は17000石と言われている）。舟岡山城周辺の集落を重点的に賜っていることから、定吉が舟岡山城主だった可能性は高いと言えよう。

　舟岡山城の廃城時期は明確ではない。定吉は慶長5年関ヶ原合戦で豊臣方に付くことを進言したため前田利長と対立し、慶長6年剃髪隠居して京都に向い、翌7年に死去する。恐らくこの頃から使用されなくなり、元和元年一国一城令で完全に廃城になったと考えられよう。

　主郭は中心のA曲輪であろう。両側にB・C・D曲輪を付属させている。明治5年の舟岡山地籍図（『舟岡山城跡』舟岡山城跡区域検討懇話会 2004）によれば、①・②にかつて土塁が存在していたことが判明する。相対する曲輪側に土塁を設けているのはA曲輪だけであり、これからもA曲輪が主郭であることが判明する。このほか、③・⑫地点にも土塁が存在していた。従って敵軍の攻撃を受ける側には、全て塁線土塁を設けていたのである。

　広大な山頂部全てを主要曲輪群にしてしまうと守備しにくくなるため、惣堀ラインを⑭〜⑧〜⑨〜⑬〜⑩と巡らして、コンパクトに主要曲輪群をまとめている。大手虎口は⑧であろう。虎口⑧は平虎口だが、東側の土塁から強力な横矢が掛かる。そして虎口⑧を突破すると、正面から櫓台⑦の攻撃を受けてしまう。櫓台⑦は6m×10mの城内最大の櫓台であり、さらに城内最高の高さ10mの高石垣が構築されていた。主郭を守備する鉄壁な備えであるとともに、高さ10mの石垣に、登城してきた武士達は驚嘆したことであろう。城主権力を誇示する大手周辺の演出と言える。虎口⑧からは⑨に直進し、そこから右折して⑬・⑩と進み、さらに左折して⑰からB曲輪の内枡形虎口⑪に入ったと考えられる。この間全て主郭A・B曲輪からの横矢に晒されている。ちなみに⑩から⑯に向い、F曲輪に入ったとする説もあるが、それでは石垣で固めた櫓台⑮の機能が半減する。恐らく⑰地点に城門が存在し、城門⑰の防御力を増強するための機能も櫓台⑮は保持していたと考えられる。筆者は⑰から⑪に向ったと考える。

　⑧から⑱に向った敵軍もいたであろう。ここからもD曲輪の横矢に晒されながら虎口④に向う。

虎口④を突破しても、正面から主郭Aの櫓台⑥からの攻撃を受けてしまい、さらに虎口⑤に入るときも、櫓台⑥からの横矢攻撃を受けてしまう。勿論C曲輪からの横矢も効いている。

このように、どのルートを通っても主要曲輪群からの横矢攻撃をうけてしまう。虎口の構造そのものは単純な平虎口が多いが、櫓台で武装され、曲輪からの横矢が効いて、極めて防御力の高い虎口となっている。また主郭Aから、B・C・D・E曲輪は丸見えであり、従郭に対する主郭からの求心力が強くなっている。城主が強い権力をもっている証拠である。さらに惣堀ラインで城域をコンパクトにまとめている点にも注目したい。どれをとっても織豊系城郭の特徴であり、現存遺構の構築は天正11年高畠定吉入城以降としたい。

舟岡山城の特徴の一つとして、石垣を多用している点にある。主郭A・B・C・D曲輪に広く分布している。これほど広範囲に分布しているのは、石川県内の中世城郭では七尾城のみであり、この点だけでも高く評価できよう。

F曲輪にも石垣は存在する。しかしF曲輪は縄張りの面からは、枡形虎口や塁線土塁・櫓台といった織豊系城郭の特徴は見られず、従って石垣もそういった織豊系城郭のパーツに用いられていない。現存する石垣は、切岸を補強する石垣として用いられる。このようにF曲輪は縄張り的にも石垣的にも、A～Dの主要曲輪群とは違った様相を呈している。

石垣の特徴は、a)現存する石垣のほぼ全域に裏込石を使用。b)部分的に1mを越える巨石を使用。c)隅角は算木積みだが長単の比率がそろわない初原的なもの。d)矢穴は無い。e)最高高さは10mにも及ぶ。f)A～E曲輪には五輪塔等の転用石が見られるが、F曲輪には見られない。g)角度は約70度前後。といった特徴が見られる。なお前述の「舟岡山城の様相」では、タイプⅠ（大型の石材、詰石があるもの）・タイプⅡ（細長い石材、詰石が少ない）・タイプⅢ（河原石を中心に石塁状に積み上げたもの）の3タイプに分類している。タイプⅢは存在するが、タイプⅠとⅡは明確に分類できる状況の石垣は存在していないように思える。そもそもなにをもって大きいとしているのか、また1m大の大きめ石と細長い石が混在する石垣（つまりタイプⅠとⅡが混在）も存在している。従ってこの分類には賛同できない。

天正8年以前における一向一揆段階の石垣とほぼ断定してよい事例として、虚空蔵山城（旧辰口町）の石垣がある。石材は30～50cm、裏込石は用いておらず、推定高さも2.5mとなっている。このような状況と酷似しているのが波佐谷城（小松市）と赤岩城（加賀市）であり、両城も一向一揆段階の石垣である可能性が高い。つまり高さが10mで裏込石を用いている舟岡山城の石垣は一向一揆段階以降の織豊政権時代の可能性が高いことになる。

織豊系城郭であっても、天正9年前田利家による七尾城（七尾市）、天正3年佐々成政による小丸城（福井市）、そして天正8年以降織田政権部将により積まれたと推定される鳥越城の石垣は、裏込石を用いているものの、高さは4m以下でしかない。従って舟岡山城の石垣の構築年代は天正10年以降となる。

豊臣秀吉の直臣クラスの大名の石垣は、天正10年以降に飛躍的に発達している。恐らく天正11年から始まった大阪城築城が大きな影響を及ぼしているのであろう。このような考えから筆者は、舟岡山城の現存石垣の構築年代は、天正11年以降前田利家により構築されたと考える。

金沢城最古の石垣は、文禄元年（1592）であり、石垣一面につき、数個の矢穴が残っている。しかし舟岡山城の石垣に矢穴は残っていない。従って舟岡山城の石垣の構築年代の下限を、天正20年としたい。

天正11～20年に前田利家が舟岡山城を大改修した理由として、第一に白山山内衆に対する備えだったと考えられる。隠然たる実力を保持していたと推定される白山山内衆を押さえるために、石垣で固めた大城郭が必要だったのであろう。

第二に領地境固めだったと推定される。舟岡山城は丹羽長重との領地境に位置する。利家は天正13年佐々成政との領地境に大峪城（富山城の主要曲輪群にも匹敵する大城郭）を築城し、重臣の片山延高（伊賀守、最終石高10000石）を置いている。天正11～13年といえばまだ戦国期である。たとえ隣が同じ豊臣政権大名だとしても、大城郭を築城し、重臣を入城させることは必要不可欠なことだったのであろう。

船岡山城は、縄張り的に見ても、あるいは石垣的にみても天正11～20年に絞れそうである。さらに遺構も完存している。今後もごく自然な形で保存されていくことを希望する。

37. 鳥越城（とりごえじょう）

①白山市三坂町　②－　③16世紀　④16世紀末　⑤16世紀末　⑥加賀一向一揆・柴田勝家軍
⑦山城　⑧切岸・削平地・横堀・土塁・竪堀・堀切・石垣・礎石　⑨440m×130m
⑩標高313m　比高120m　⑪26

　加賀一向一揆終焉の地としてあまりにも有名である。鳥越城は石山本願寺顕如の命令により鈴木出羽守が築いたとされている。築城時期は『鳥越城跡発掘調査概報』（鳥越村教育委員会1979）では元亀元年（1570）としているが、確証はない。鈴木出羽守の名は天正4年（1576）9月8日七里頼周書状（『金沢市史2』622）に、既に白山山内の支配者として見える。出羽守及び白山山内衆は石山本願寺に忠誠を尽くしており、また顕如も「山内之儀者とりわけ毎度粉骨有難候、弥可然様たのミ入候外無他候」（天正6年4月12日本願寺顕如消息『金沢市史2』644）と、出羽守と山内衆に絶大な信頼を寄せている。白山山内衆は天正8年6月28日柴田勝家軍に勝利しているが（『金沢市史2』674）、同年11月17日勝家は謀略を用いて一揆軍の主だった首謀者を謀殺する。謀殺された首謀者の中に、鈴木出羽守及び子の右京進・次郎右衛門・太郎、そして鈴木采女の名が入っており（『金沢市史2』674）、鳥越城も織田方の手に落ちたのであろう。
　山内衆の反撃はすさまじく、天正9年3月柴田勝家や佐久間盛政が馬揃に状況している隙を突き鳥越城を猛攻する。『信長公記』（『金沢市史2』694）によれば、勝家軍300人が常駐している「ふとうけ」城に3月9日攻め、300人全て討ち果たし、鳥越城奪取に成功する。「ふとうけ」城とは、鳥越・二曲両城のことを指していると考えられる。しかし佐久間盛政は急遽帰国して鳥越城を攻め、取り戻している。
　山内衆は天正10年2月、最後の抵抗を試み、鳥越城を奪取する。しかしこれも柴田軍の攻撃に敗れ、3月1日鳥越城は落城、生け捕りにされた山内衆数百人が磔にされている（『金沢市史2』697）。これにより加賀一向一揆及び白山山内衆は完全に滅亡したと考えられる。
　その後鳥越城がどうなったか詳らかにできない。しかし天正11年白山山内の監視・掌握といった機能が舟岡山城に移ったことを考えれば、天正10年3月陥落からさほど遠くない時期に廃城になったと考えられよう。
　鳥越城の現況図を図1に示す。鳥越城は林道により一部破壊されているため、図2に推定復元図を示した。以下、図2を基に説明する。
　主郭はA曲輪。北側に横堀を隔ててB曲輪を設け、主郭Aを防御している。南側に石垣で固めた外枡形虎口①を設ける。外枡形虎口①は、空堀と推定される首切り谷②を埋めて構築されていることが、発掘調査で判明している（西野秀和「鳥越城の発掘調査」『北陸中世城郭の整備と活用』鳥越村教育委員会2003）。その反対側の③地点を見れば、林道の断面や斜面に微かに空堀や竪堀の痕跡が残っている。従っ②～③地点には、かつて尾根を断ち切る堀切が存在していたと考えられ、外枡形虎口①を構築するにあたり、堀切を埋めたと考えられよう。
　この考え方を基に改めて縄張りを見直すと、主郭AとB曲輪・C曲輪・D曲輪とE曲輪・F曲輪が尾根上に並んでおり、それぞれの間に堀切や横堀を設けて遮断していたことになる。すなわち各々の曲輪は独立性が強く、従郭に対する主郭からの求心力は弱かった縄張りとなる。外枡形虎口①が織田政権が構築したとすれば、それ以前の縄張り、すなわち独立色の強い縄張りは鈴木出羽守時代の縄張りと推定されよう。
　城域内に入る虎口、即ち大手口は④地点と考えられる。敵軍が廻り込めなくするために、B曲輪の斜面に竪堀を設けている。虎口④は、B・C曲輪に挟まれており、虎口地点としては最適の場所なのだが、虎口に対してB・C曲輪からあまり横矢が掛からない。これは虎口④が後付で構築されたことを推定させる。つまり当初はB曲輪の横堀を隔てた北側に、独立性の強いC曲輪が存在していた。しかしこれでは合戦時C曲輪が孤立してしまう恐れがあるため、C曲輪の北～東側に横堀を巡らせてB曲輪に連結させ、C曲輪を城域内に取り組むことに成功した、という推定である。虎口④を出れば、そのまま尾根伝いへと続く。尾根先端のG地点（図1参照）には雑多

な削平地群があり、虎口④と削平地群を繋ぐ城道が存在していたことを推定させる。その城道はそのまま麓へ下っていたのであろう。Ｃ曲輪の北〜東側に巡る横堀を設けた理由の一つとして、城道を攻め上る敵軍を想定し、敵軍の攻撃に対処するためとも考えられよう。

⑥地点は「あやめヶ池」と呼ばれ、現在でも豊富な湧水が認められる。当時の飲料水施設の存在が指摘でき、さらに横堀は一部水堀だった可能性も指摘できる。

城道を攻め上ってきた敵軍は、虎口④を突破する部隊と、Ｂ・Ｃ曲輪の両方に分散する部隊とがあったと推定される。しかしどちらに分散しても横堀あるいは高さ 10 ｍの高切岸のため曲輪内に進入できず、Ｂ・Ｃ曲輪から長時間横矢攻撃を浴びせられ、多大な犠牲を被ったことであろう。ただし、Ｂ曲輪方向に廻り込んだ敵軍の中に幸運な部隊がいて、空堀（首切り谷）②を攻め上ろうとしたかもしれない。これに対処するために櫓台⑦を設けて敵軍に強力な横矢を効かせ、高さ約４ｍの石垣を構築し空堀②を完全に遮断し、さらに外枡形虎口①の石塁が空堀②を狙っている。敵軍の進攻を許してしまえば心臓部である外枡形虎口①まで敵軍が進んでしまうため、鉄壁の守りとなっている。

Ｃ曲輪をはじめとして多くの曲輪の周囲には、高さ 10 ｍにも及ぶ鋭角の高切岸を設けており、これも鳥越城の特徴の一つである。高切岸を持つ城郭は、高尾城や堅田城に見られ、いずれも金沢御堂の周辺である。一向一揆城郭の特徴と言えよう。

虎口④を突破した敵軍は、Ｂ・Ｃ曲輪からの両横矢攻撃を受けながら南進し、竪堀⑧の直前で左折し、石垣で固めた土橋⑤を渡り、Ｈ曲輪に入ったと考えられる。Ｈ曲輪からは幾度か屈曲して外枡形虎口①に入ったと考えられる。勿論外枡形虎口①に入らずＤ曲輪に進んだ敵軍もいたであろう。その敵軍はＤ曲輪内の広い平坦面内で分散してしまう。またＥ曲輪方向から攻めてきた敵軍もＤ曲輪内で分散して外枡形虎口①に取り付いてしまう。その結果、城兵は攻撃の焦点を絞ることができなくなる。これは虎口に通路を付属させなかったために発生したミスであり、天正８年当時における織田政権城郭の技術の限界でもあった。また櫓台⑦は空堀②を攻め上ってきた敵軍に対しては強力な横矢が効いているが、外枡形虎口①内の敵軍に対してはあまり横矢がきいていない。これもミスといえばミスである。

腰曲輪Ｉは前後に竪堀⑧・堀切⑩に防御された平坦面で、城兵等の居住施設が建っていたと推定される。Ｄ曲輪とは、櫓台を備えた虎口⑨や昇降用の城道を設けて密接につながっていることからも、この推定が正しいことを物語っている。これとは対照的なのがＢ〜Ｅ曲輪の東直下に設けられた通称「馬駆け場」と呼ばれる腰曲輪Ｋである。尾根伝いから攻めてきた敵軍の一部は腰曲輪Ｋに入ったことであろう。入ったら最後、Ｂ・Ａ・Ｄ・Ｅ曲輪からの長時間の横矢攻撃に晒され、最後はＦ曲輪北側切岸（堀切⑩）で行き止まりとなり、敵軍は大混乱に陥ったことであろう。勿論虎口⑨のように、上部曲輪と繋ぐ虎口は存在しない。つまり腰曲輪Ｋは上部曲輪群とは切り離された存在であり、敵軍を殲滅させる防御施設だったのである。

Ｆ曲輪の堀切⑫が鳥越城の城域の南限である。尾根伝いから進攻する敵軍に備えるため、堀切⑫の他に、Ｌ字形の堀切⑪を付属させ、堀切内や切岸に取り付く敵軍に対して横矢を掛けている。堀切⑪と⑫に挟まれたＪ地点には土塁が残っているため、小曲輪として使用されたことは確実である。恐らく別途拡大図のように木橋等を架けて、小曲輪ＪからＦ曲輪に入ったと考えられる。こうすれば木橋に対してＦ曲輪からの横矢が効く。

なお、堀切⑫の南側の尾根続きにも遺構が存在するのか確認すべく詳細に調査した。その結果遺構は存在せず、やはり城域の南限は堀切⑫としてよい。

以上、鳥越城の縄張りを述べた。鈴木出羽守以前は、独立性の強い縄張りだったと考えられる。天正８年鳥越城を奪取した柴田勝家軍は独立した曲輪群をまとめるため、空堀②〜③を埋立てて外枡形虎口①を構築し、そしてＣ曲輪の周囲に横堀を巡らして城域をまとめた。在地勢力城郭を織田政権が改修した好例と言えよう。

鳥越城は昭和 52 年〜平成 14 年にかけて発掘調査が実施された（『第２回鳥越城跡環境整備基本計画策定委員会協議用資料』鳥越村 1996）。出土遺物として明時代の青花（盃、水差し等）や天目茶碗・茶入れ等がある。中でもほぼ純金の金片は一向一揆の軍資金として注目されたが、土層から織田時代のものと推定された（『鳥越城跡環境整備関連発掘調査概要』鳥越村教育委員会 1994）。その他、武具類と日常生活用具（陶磁器・工具・盤上遊戯具・化粧道具）も出土してお

り、後者は 16 世紀末葉期に限定される山城出土の一括資料として貴重なものである。焼土層は２層確認されている。注目したいのは一向一揆はほぼ同一の場所に３回以上に互って掘建柱建物を建て替えており、これに対して柴田勝家軍は奪取の度に礎石建物を建てている。両者が固執した建物には明確な差があったことが判明し、縄張りは勿論のこと、使用した建物にも機能差を指摘することができよう。

　鳥越城の代名詞とも言える外枡形虎口①は、現存の石垣高さは 2.3 m、推定高さは 3.7 mだった。裏込石を用いており、また間隔を置いて大形の石（鏡石）を用いて主郭虎口の権威を高めている。また空堀②を埋めた石垣も高さは４mしかない。高さが４mを越えるのは天正 11 年舟岡山城以降であるから、このことからも外枡形虎口①の石垣は天正８〜 10 年の間に柴田軍が構築したことが推定される。注目したいのは現存石垣の内側から旧の石垣が２〜３段確認されたことである。同様の石積みだったので、同じ陣営による作り変えと推定された（西野秀和「鳥越城の発掘調査」『北陸中世城郭の整備と活用』鳥越村教育委員会 2003）。足掛け３年という短期間で柴田軍は石垣を作り直していたのである。櫓台⑦も当初は櫓台上に柵列を設けていたものを、後に礎石を設けて望楼を構築していたことが判明している（『鳥越城跡環境整備関連発掘調査概要』鳥越村教育委員会 1995）。柴田軍も生き残りをかけて必死に改修していたのである。

　このように一向一揆は勿論のこと柴田軍の改修の跡も明確に読み取ることができる。天正８〜 10 年の限定された年代の一向一揆・柴田軍の遺構が残る貴重な城郭と言えよう。

　なお、堀切⑫の南東の尾根続きにも遺構が残存しているとの教示を得て再調査を実施したが、遺構は確認できなかった。やはり城域の南限は堀切⑫までとしたい。

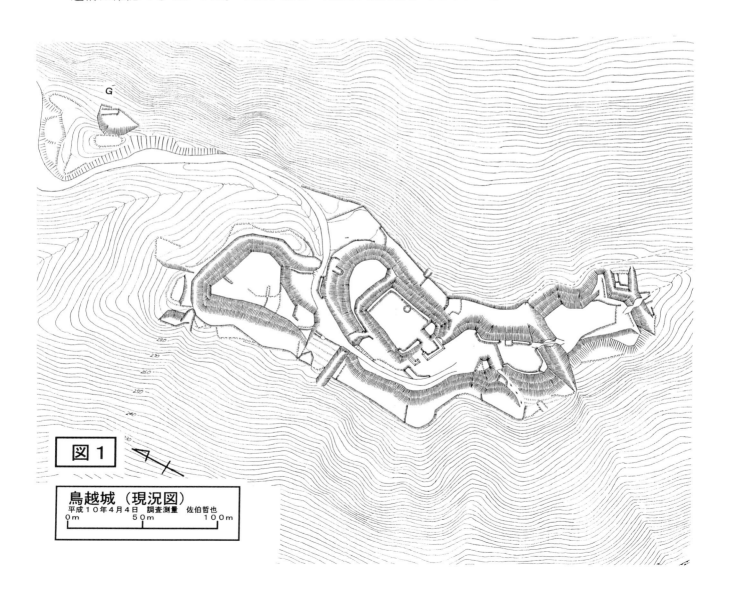

図1　鳥越城（現況図）
平成10年4月4日　調査測量　佐伯哲也

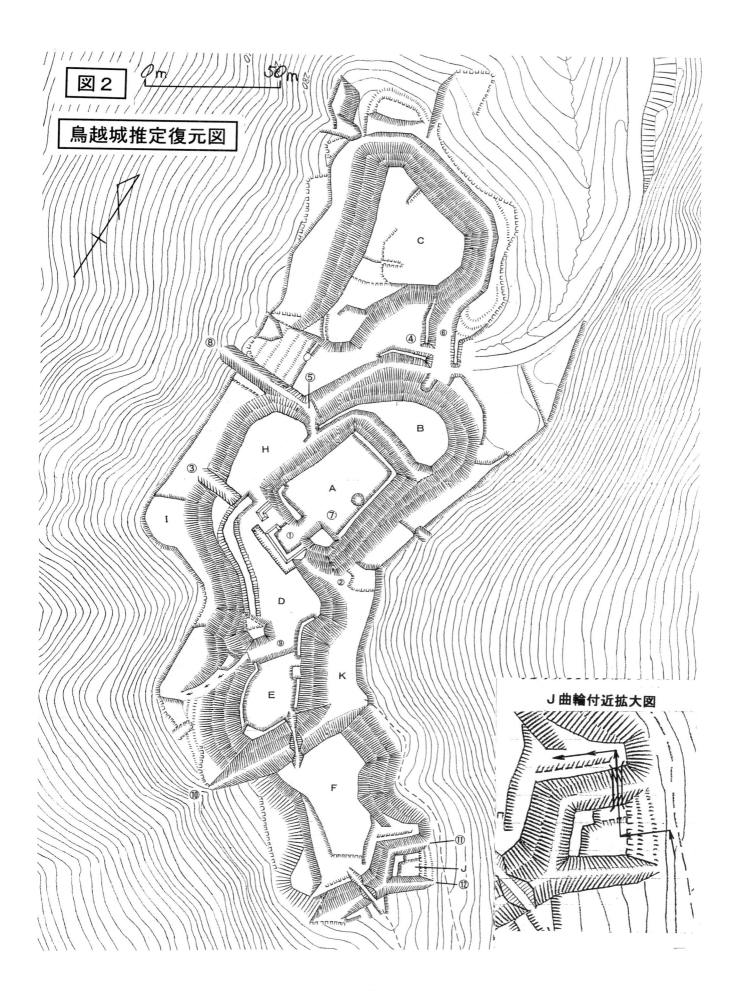

図2 鳥越城推定復元図

J曲輪付近拡大図

38. 二曲城（ふとげじょう）

①白山市出合町　②－　③16世紀　④16世紀末　⑤16世紀末　⑥二曲右京進・柴田勝家軍
⑦山城　⑧削平地・切岸・堀切・竪堀・土塁　⑨190m×150m　⑩標高268.1m　比高90m　⑪26

　通称サンカクヤマ（三角山）の頂上に位置する。『第2回鳥越城跡環境整備基本計画策定委員会協議用資料』（鳥越村1996）によれば、在地土豪で一向一揆門徒の二曲右京進がいたとしているが、築城時期等明確になっていない。　その後白山山内の統括者として石山本願寺から鈴木出羽守が派遣され、元亀元年（1570）鳥越城を築城し、二曲城を改修したという（『鳥越城跡発掘調査概報』鳥越村教育委員会1979）。しかし天正8年（1580）11月出羽守が柴田勝家に謀殺されると、鳥越・二曲両城も柴田軍の手に落ちる（『金沢市史2』674）。
　山内衆の反撃はすさまじく、天正9年3月柴田勝家や佐久間盛政が馬揃に状況している隙を突き鳥越城を猛攻する。『信長公記』（『金沢市史2』694）によれば、勝家軍300人が常駐している「ふとうけ」城に3月9日攻め、300人全て討ち果たし、鳥越城奪取に成功する。「ふとうけ」城とは、鳥越・二曲両城のことを指していると考えられる。しかし佐久間盛政は急遽帰国して鳥越・二曲両城を攻め、取り戻している。山内衆は天正10年2月、最後の抵抗を試み、鳥越・二曲両城を奪取する。しかしこれも柴田軍の攻撃に敗れ、3月1日鳥越・二曲両城は落城、生け捕りにされた山内衆数百人が磔にされている（『金沢市史2』697）。これにより加賀一向一揆及び白山山内衆は完全に滅亡し、二曲城も廃城になったのであろう。
　城内最高所のA曲輪が主郭。北側の段①は「ダンギリ（段切り）」と呼ばれ、緩斜面に段を設けることにより雪崩を防止したもので、城郭施設ではない。発掘調査から②地点に石敷路跡が検出され、下段の外枡形虎口③に繋がっていることが判明した。つまり外枡形虎口③が考古学的見地からも虎口であることが判明したのである。下段にはB曲輪を設けて外枡形虎口③が敵軍に直撃されるのを防いでいる。
　主郭Aから尾根上に小平坦面を階段状に設けている。尾根の先端には堀切④・竪堀⑤を設けて遮断している。竪堀⑤は谷底にまで伸ばし、さらに土塁まで設けて完全に谷を遮断し、谷底を進攻しようとする敵軍を強制的に内枡形虎口⑥に入れている。谷底を進攻すれば主郭Aの背後に出てしまうので、強制的に内枡形虎口⑤に敵軍を入れる必要性があったのであろう。内枡形虎口⑥と竪堀⑤は見事に連動しており、この辺りは柴田勝家軍の改修と推定されよう。谷を遮断する土塁が⑦地点にも見られる。竪堀⑧が付属していることから、城郭遺構としての遮断設備と判断できよう。⑨は採石跡だが、かつては竪堀だったと推定される。
　対岸の尾根上にもD曲輪や小平坦面が残る。虎口等の遺構が残っていないことから鈴木出羽守時代の遺構と推定される。⑩・⑪地点も採石跡である。
　以上、二曲城の縄張りを述べた。縄張りからも鈴木出羽守時代の城郭を柴田勝家軍が改修していることが判明した。今後は石敷路跡の構築者を判明することが重要な課題の一つであろう。
　主郭Aでは平成16・17年に発掘調査が実施された（西野秀和「二曲城と殿様屋敷の発掘」『一向一揆歴史館セミナー資料』一向一揆歴史館2005）。出土遺物は、越前焼・擂鉢・土師器皿・硯等で、16世紀主体となっている。遺構は、5間×2間の掘立柱建物を確認し、中央に石組み炉や地下式カマドを備えていた。寒冷地のため暖房施設が必要だったのであろう。地域色が出ていて興味深い。
　なお二曲城から北西約400mの地点に「トノサマヤシキ（殿様屋敷）」と呼ばれる平坦面が残っており、二曲右京進の屋敷跡と伝わっている。現存する平坦面や土塁は、八幡神社や墓地を造成したときのものと思われる。平成14・15年に発掘調査が実施され、戦国期の遺構・遺物が検出された（西野秀和「二曲城と殿様屋敷の発掘」『一向一揆歴史館セミナー資料』一向一揆歴史館2005）。遺物は16世紀代の土師器皿・越前焼・中国製白磁・染付皿・石製行火が出土しており、生活道具が主体である。遺構は貯蔵穴を有した掘立柱建物等が確認されている。伝承通り右京進等支配者クラスの居館と考えられよう。

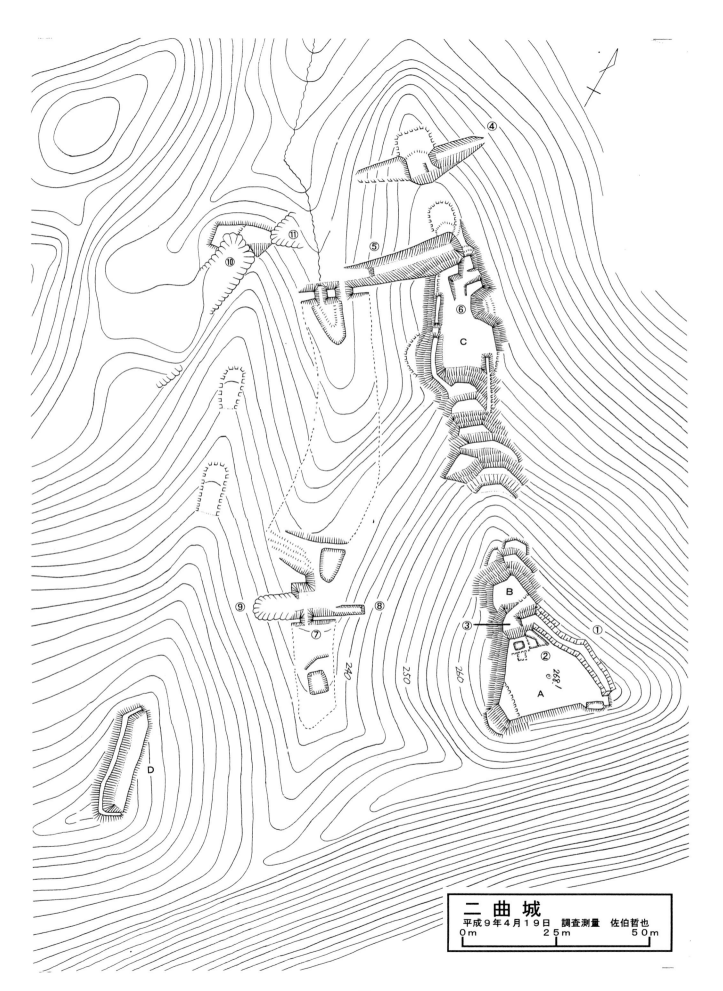

39. 三 坂 峠 城 (みさかとうげじょう)

①白山市三坂　②－　③16世紀後半　④16世紀後半　⑤16世紀後半　⑥白山山内衆？
⑦山城　⑧削平地・切岸・堀切・土塁　⑨110m×40m　⑩標高349m　比高160m　⑪26

　城域の北超過に三坂峠道が通る交通の要衝である。三坂峠道は古代において加賀国府と白山加賀馬場を繋ぐ信仰の道として重要視され、さらに戦国期において能美平野と白山山内を繋ぐ軍事道路として重要視された。三坂峠に城郭が築かれたのも当然の成り行きであろう。

　三坂峠城に関する古記録伝承は皆無である。三坂峠①を挟んだ南側の平坦面②は茶屋の跡だという。とすればその背後の切岸は茶屋を建てたときの切岸であり、城郭遺構ではない。峠の北側にも切岸や削平地が残っているが、城郭遺構なのか判然としない。

　明確な城郭遺構は、食い違い堅堀③からである。ここからはC曲輪の横矢攻撃を受けながら南進し、B曲輪切岸を迂回して④地点に入ったと考えられる。④地点は虎口と考えられ、本来は枡形虎口が存在していてもおかしくはないのだが、判然としない。また切岸を迂回させているが、B・C曲輪から積極的な横矢は掛かっていない。築城者の技術水準を示す重要箇所である。さらにB曲輪からは、堅堀で途中通路を狭くしているが、ストレートに主郭Aに到達することができる。主郭Aの南側は堀切⑤を設けて尾根続きを遮断している。

　以上、三坂峠城の縄張りを述べた。B・C曲輪はあまり連動しておらず、さらに通路や虎口の設定も未熟といわざるをえない。削平地の一部に未整形部分が残っているため、短期間の使用で廃城になったと考えられる。三坂峠は白山山内にとって重要防衛箇所であり、築城者は白山山内衆と推定して良いであろう。とすれば16世紀後半における山内衆の築城技術を推定する上で重要な指標となる城郭と言えよう。

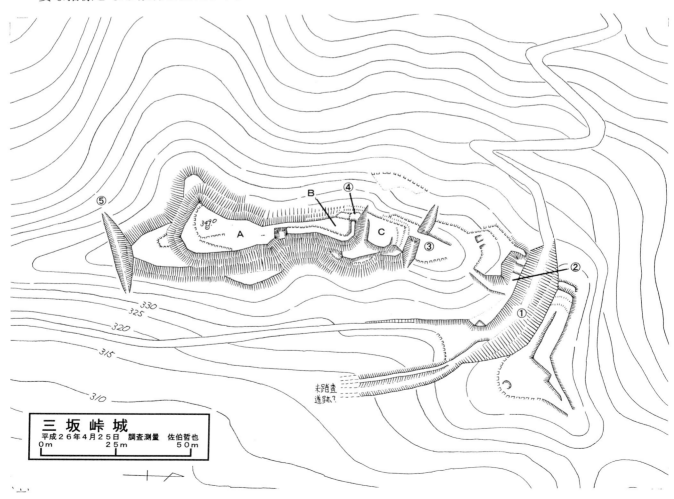

三坂峠城　平成26年4月25日　調査測量　佐伯哲也

40. 瀬戸丸山城 (せとまるやまじょう)

①白山市瀬戸　②－　③16世紀後半　④16世紀後半　⑤16世紀後半　⑥白山山内衆？
⑦山城　⑧削平地・切岸・横堀　⑨210m×120m　⑩標高296m　比高50m　⑪30

　手取川と尾添川が合流する河岸段丘上に位置する。背後には手取谷を南北に貫く勝山街道が走る交通の要衝でもある。城地は砂礫土のため大変脆く、各地で崩壊している。
　主郭はA曲輪（通称シロヤシキ）で、先端に櫓台①を設けている。主郭Aの北側には一見空堀に見える大溝④や土塁状の高まりが残っている。砂礫質の脆い地盤ということを考慮して、大溝④や土塁状の高まりは雨水等により浸食された自然地形と考えたい。かつて台地の東側には横堀が存在していたと考えられ、現在その両端②・③が僅かに残る。かつては点線のようにほぼ中央で屈曲していた横堀と考えられ、屈曲部には虎口が存在していたのであろう。
　昭和58年尾口村教育委員会により発掘調査が実施された（『瀬戸丸山城跡発掘調査概報』尾口村教育委員会）。残念ながら遺構や遺物は検出されなかった。しかし⑤地点のトレンチから、主郭A東辺には小規模な空堀が巡っていた可能性が指摘された。
　以上が瀬戸丸山城の縄張りである。単純ながらも広大な城域を持っていることに驚かされる。特に副郭のB曲輪には大量の城兵を収容することができそうである。このことは、一般農民を含んだ白山山内衆を多数籠城させる、いわゆる避難所として築城されたという仮説を提唱することができる。柴田勝家軍との抗争が激化した16世紀後半に白山山内衆が築城したという仮説を提唱したい。

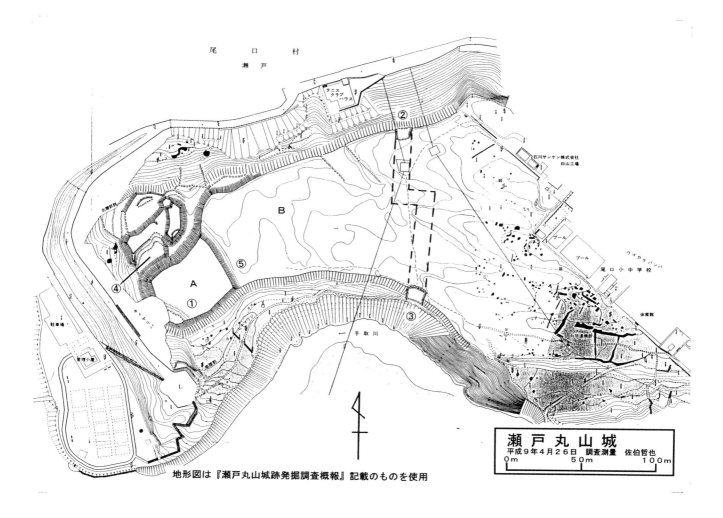

地形図は『瀬戸丸山城跡発掘調査概報』記載のものを使用

41. 和田山城（わだやまじょう）

①能美市和田町　②－　③16世紀初期　④16世紀後半　⑤16世紀後半　⑥超勝寺・安井左近
⑦山城　⑧削平地・切岸・土塁・横堀　⑨190m×100m　⑩標高36m　比高30m　⑪21

　国指定史跡和田山・末寺山古墳群に築城された城郭である。『寺井町史第一巻歴史編』（寺井町 1992）によれば、永正3年(1506)越前朝倉氏に追われ、加賀国に亡命してきた和田坊超勝寺によって築城されたとしている。また、『寺井野町史』（寺井野町 1956）によれば、柴田勝家の家臣安井左近の居城だったとしている。しかしいずれも確証はない。

　低丘陵の先端に和田山城は築かれている。先端のA曲輪が主郭。本丸と呼ばれている。ほぼ中央に9号墳を利用した櫓台①が残る。象徴的な大型の櫓が建っていたと推定される。櫓台①から東と南西側に土塁が伸びて主郭Aの一画を区切っていて、いわゆる天守曲輪Bを構成している。天守曲輪は、天正年間以降に築城された織豊系城郭に見られる。事例としては天正18年(1590)に蒲生氏郷によって大改修された会津若松城（福島県）が挙げられる。虎口②は平虎口だが、虎口③を攻める敵軍に対して横矢が掛かり、虎口③から直角に右折しなければ虎口②に入れないような配置になっている。巧妙な構造と言えよう。

　和田山城は尾根の先端に位置しているため、弱点部の尾根続きに防御施設を集中させている。横堀④により尾根続きを遮断し、東側に土塁道⑥を回して長時間櫓台⑤から横矢が掛かるように設定している。櫓台⑤は8号墳を利用した櫓台で、櫓台⑤を含めたC曲輪は二の丸と呼ばれている。それでも不安だったのであろうか、櫓台⑤の尾根続き側に土塁を設けている。西側の腰曲輪Dへ進攻した敵軍に対処するために、外枡形虎口⑧の張り出しから横矢が効いている。しかもC曲輪西面は高さ8mの切岸で遮断しており、C曲輪内に入ることはできない。外枡形虎口⑧は主郭A・C曲輪の西面の出入口であり、搦手口となっている。

　和田山城で注目したい点の一つとして、横堀④を設けることにより計画的な城道（土塁道⑥）を設定し、敵軍をC曲輪東側に引導することに成功していることである。その結果、攻撃の焦点を東側に集中することができている。攻撃の焦点を集中できるということは、少人数での籠城が可能になるということである。

　土塁道⑧を多大な犠牲を払って進攻してきた敵軍だが、外枡形虎口⑦で行き止まりとなっている。通常時は梯子等を設置して虎口内に入っていたが、合戦時は撤去したと考えられる。その結果敵軍は土塁道⑥内で孤立し、C曲輪からの横矢攻撃によりさらに被害は拡大したことであろう。C曲輪も敵軍からの必死の攻撃を受けるため、東側は土塁で武装している。

　大手虎口の外枡形虎口⑦は、土塁で構築された明確な虎口。敵軍の直撃を受けない場所に構築されていると同時に、横堀④・⑩のほぼ中央に設けられている。この横堀④・⑩は主郭A・C・E曲輪を包み込む惣堀でもある。惣堀は天正年間以降に築城された織豊系城郭によく見られる遺構であり、合戦時孤立しがちな各曲輪を一つにまとめている。さらに惣堀側に土塁を設けて防御力を増強させている。しかし明確な横矢掛け箇所は見られず、初原的な惣堀といえる。外枡形虎口⑦に入らない敵軍は、土塁と横堀⑩とに挟まれた細長い平坦面を南下することになる。当然城内からは長時間横矢攻撃に晒され、甚大な被害を被ったことであろう。

　外枡形虎口⑦から敵軍はE曲輪に入るが、正面には櫓台⑨が狙っており、さらに虎口③を入る時、主郭Aからの横矢攻撃を受けることになる。現在虎口③は幅が広くなっているが、かつてはもっと狭かったと考えられる。このように外枡形虎口⑦～虎口③の間も計画的に設定された防御施設を設けており、敵軍は多大な犠牲を強いられるようになっているのである。

　以上述べたように、和田山城には織豊系城郭の特徴が随所に見られ、現存する遺構は天正年間（恐らく天正8年）安井左近によって構築されたと考えてよい。織田政権が構築した初原的な惣堀が残る事例として、貴重な城郭と評価できよう。なお古墳の調査に並行して昭和54年に城跡の発掘調査も実施されたが、城郭に関する遺物は出土しなかった（『国指定史跡和田山末寺山古墳群環境整備事業報告書』寺井町教育委員会 1983）。

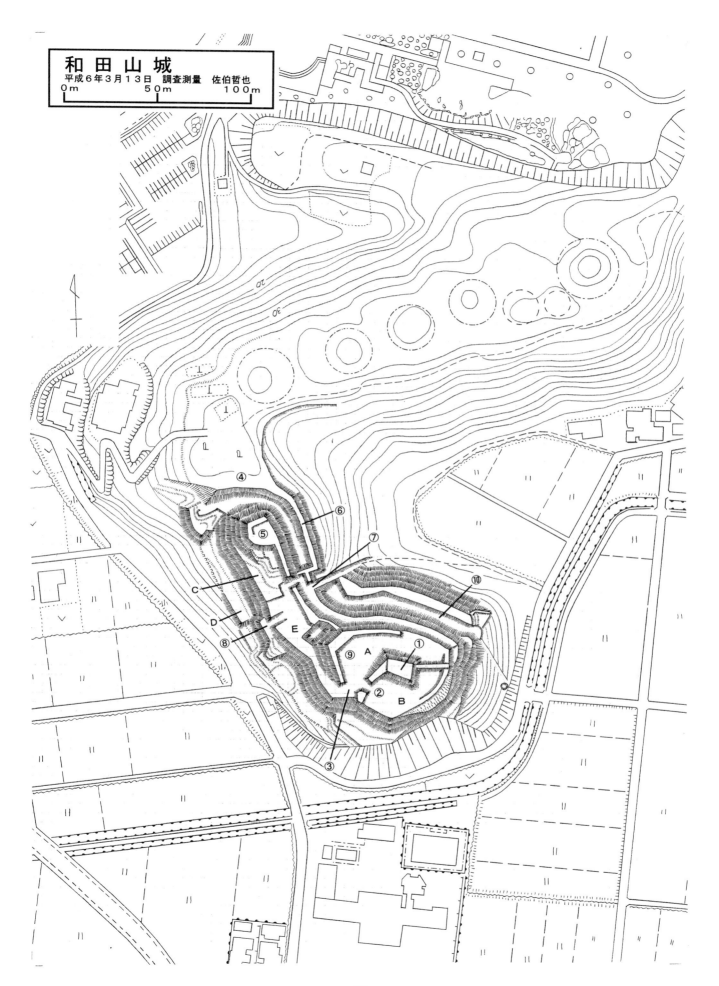

42. 西山砦（にしやまとりで）

①能美市高座　②－　③16世紀後半　④16世紀後半　⑤16世紀後半　⑥織田政権　⑦山城
⑧削平地・切岸・土塁　⑨40m×30m　⑩標高37m　比高20m　⑪21

　平成19年の西山古墳群南尾根調査により発見された砦跡である（『西山古墳群』能美市教育委員会2011）。和田山城とは1.4kmしか離れていない。
　城内最高所のA曲輪が主郭。西側の尾根続きは弱点部となるため、櫓台①・土塁②を設置して主郭Aを防御し、その先端にB曲輪を置く。尾根を東進する敵軍は、B曲輪の存在により、北進・南進するものに分かれたはずであり、分かれた敵軍に対してB曲輪から横矢が掛かる。北進した敵軍に対しては、さらに長時間主郭Aからの横矢が掛かる。
　南進した敵軍は、大手虎口③に入ったと考えられる。その結果、B曲輪や櫓台①から長時間横矢攻撃を受けてしまう。虎口③は平虎口だが、櫓台を備えて防御力を増強させ、B曲輪と櫓台①からの横矢攻撃を受けてから虎口③に到達するように設定されている。つまり敵軍は城内からの攻撃により弱体化した後に虎口に到達するのである。一方、東端の虎口④は内枡形虎口の様相を呈しているが、明確ではない。
　このように単純な縄張りでありながら、非常に効果的な虎口の使い方をしている。臨時的な城郭として、天正8年和田山城の支城として織田政権が築城したという仮説を提唱することができよう。なお平成19年の発掘調査により、土塁の内部よりかわらけの細片8000点と珠洲焼片や川原石片が出土した。いずれも原位置ではなかった。遺物の年代は13世紀を中心として12～14世紀代と考えられ、砦が構築される以前に中世墓が存在していた可能性が指摘された。砦に関する遺物・遺構は検出されず、その点からも臨時城郭だった可能性が高いと言えよう。

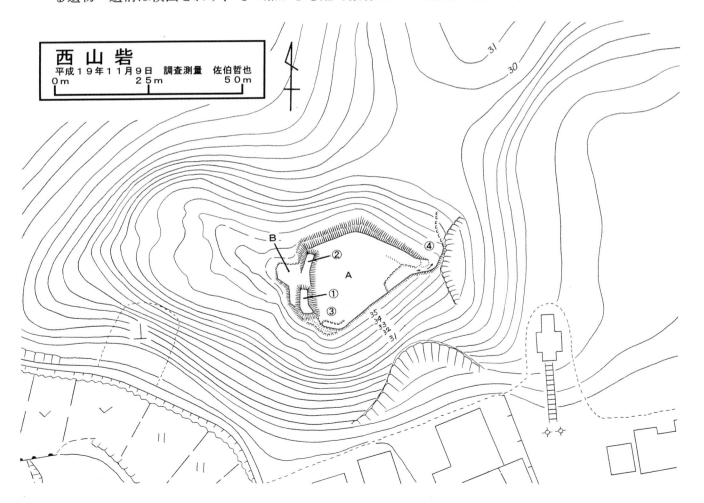

43. 鍋 谷 砦（なべたにとりで）

①能美市鍋谷町　②−　③16世紀後半　④16世紀後半　⑤16世紀後半　⑥一向一揆？
⑦山城　⑧削平地・切岸・土塁・堀切　⑨170m×90m　⑩標高172m　比高110m　⑪22

　『辰口町虚空蔵山城跡』（辰口町教育委員会 1988）に所収された鍋谷地区の伝承によれば、天正3年(1575)佐久間盛政の攻撃により虚空蔵山城が陥落すると、生き残った一揆軍は鍋谷砦に逃げ込んだ。しかし佐久間軍は攻撃の手を緩めず、鍋谷砦も落城してしまったと伝えている。鍋谷砦と虚空蔵山城とは1.5kmしか離れていない。
　通称城ヶ山（ジョウガヤマ）山頂に鍋谷砦は存在する。山頂部に主郭Aは存在するものの、圧倒的な存在感を示しているわけではなく、規模も小さく、輪郭もはっきりしていない。また尾根上には小規模な平坦面が並ぶが、主郭Aとの間には自然地形が存在し、主郭からの求心力はあまり感じられない。上下の身分差があまり無い（主従関係を結んでいない）集団が急遽籠城したことを推定させる縄張りである。
　これに対して堀切①は大規模で、完全に尾根続きを遮断している。両端を竪堀状にして斜面に落としていることから、主郭Aは勿論のこと、斜面を迂回して尾根上平坦面を攻める敵軍も、遮断できそうである。同じく尾根続きを大規模な堀切で遮断する事例として、一向一揆が籠城した山中城（加賀市）がある。
　以上の点を考慮すれば、鍋谷砦は虚空蔵山城の支城として急遽築城された可能性は高い。籠城した一揆軍の実態は、一般の民百姓を含んだ群衆だったと考えられ、それが縄張りに反映した縄張りになっていると言えよう。

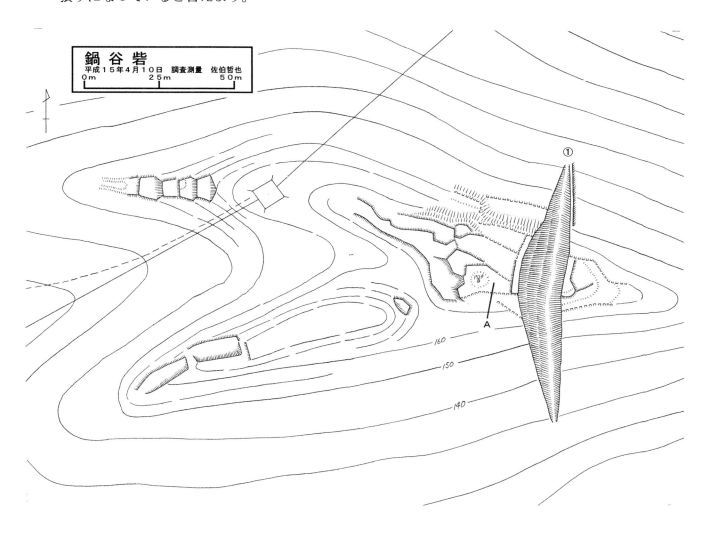

44. 虚空蔵山城（こくぞうやまじょう）

①能美市下舘町　②和気山城　③15世紀後半　④16世紀後半　⑤16世紀後半　⑥富樫幸千代・荒川市介　⑦山城　⑧削平地・切岸・土塁・石垣・横堀・井戸　⑨360m×240m　⑩標高137.7m　比高100m　⑪22

　虚空蔵山山頂に位置する。古代山岳信仰の山として使用され、修験者が修行した巨石・黒岩が存在する。『辰口町虚空蔵山城跡』（辰口町教育委員会 1988、以下、報告書と略す）によれば、加賀守護富樫政親の弟幸千代の居城だったが、幸千代は兄政親と守護職闘争に敗れ、虚空蔵山城は文明6年（1474）落城したという。その後一向一揆が使用するが、天正3年（1575）佐久間盛政の攻撃により落城。天正8年再度一揆方の長山九郎兵衛・荒川市介が籠城するが、柴田勝家に謀殺され、首は安土城下に晒されている（『信長公記』）。恐らく虚空蔵山城も落城したのであろう。
　小学校の裏から登る遊歩道が大手道と推定され、通称大手門①に到達する。大手道の西側を土塁状に構築し、山麓部からは大手道を通らなければ大手門①に到達できなくしている。報告書では大手道西側に石垣の存在を指摘しているが、調査の結果、石垣は確認できなかった。大手門①は平虎口で、切岸により谷を遮断し、中央に城道を通している。大手門①を通って通称二の丸B・本丸Aに到達しているため、文字通り大手門があったと推定される。大手門①の切岸の西側は石垣で固めているが、東側に石垣は存在していない。
　B曲輪は通称二の丸。ほぼ全周に塁線土塁と横堀を巡らしている。虎口②は土塁で構築された平虎口で、櫓台を設けて防御力を増強している。櫓台下に石垣を設けている。注目したいのは大手道①からの城道は、虎口②前を通過しているが、B曲輪内を通らずに主郭Aに到達しているということである。つまり主郭Aの防御施設としてB曲輪はあまり機能を発揮していないということである。また、主郭AとB曲輪の間には一部自然地形が残っており、A・B曲輪を繋ぐ明確な曲輪は存在しない。この結果B曲輪に対する主郭Aからの求心力は及びにくくなっており、B曲輪は独立色の強い曲輪となっている。
　主郭はA曲輪で本丸と呼ばれている。虎口③は両側を櫓台で固め、不明瞭ながらも外枡形虎口となっている。東半分に塁線土塁を巡らし、東端に櫓台を設けている。虎口④を通ってC曲輪と連絡していたと推定されるが、城道を明確に確認することはできない。
C曲輪は通称馬場（ババ）。尾根続きを堀切⑤で遮断し、城内側に櫓台を設けて防御力を増強している。東半分に塁線土塁を巡らし、単純ながらも平虎口⑥を設けている。E曲輪に井戸⑦が残る。東端に土塁を設けて敵軍の攻撃を遮断し、さらにB・D曲輪がE曲輪を監視している。
　以上虚空蔵山城の縄張りを述べた。曲輪単位で見るならば、枡形虎口・石垣・塁線土塁・横堀・櫓台を設けており、高い技術力を保有していたことが判明する。現存する遺構は天正年間における一向一揆によって構築されたと考えて良い。しかしB曲輪は主郭Aの前面に位置していながら、主郭Aの防御施設としての機能をあまり発揮しておらず、さらに独立色の強い曲輪となっている。これは城主とほとんど身分差がない曲輪主がB曲輪に居住していたことを物語っている。天正8年一向一揆の首謀者だった長山九郎兵衛・荒川市介が籠城した状況を如実に表した縄張りと評価でき、天正8年当時の一向一揆の状況を知る貴重な城郭と言えよう。
　大手門及び二の丸に残る石垣は、推定高さが1.3〜2.5m、50cm内外の自然石を使用し、裏込石は使用していなかった。天正8年落城以後使用されていないことから、これが一向一揆が使用した石垣の標準タイプと言えよう。
　昭和56〜58年にかけて大手門・B曲輪・主郭Aの発掘調査が実施された（報告書）。二の丸横堀から灰や炭を含んだ層が2〜3層検出され、2回以上焼失（天正3・8年の落城か）していることが判明した。柱穴は検出されたが、規模までは判明しなかった。遺物は染付皿（碗）・須恵器・天目茶碗・灰釉・砥石・白磁・中世陶磁（加賀の壺の胴部下半）が出土し、須恵器を除けば、13〜16世紀代の所産と推定された。特に加賀の壺は13〜14世紀と推定され、築城以前の施設（宗教施設）関連遺物として注目したい。

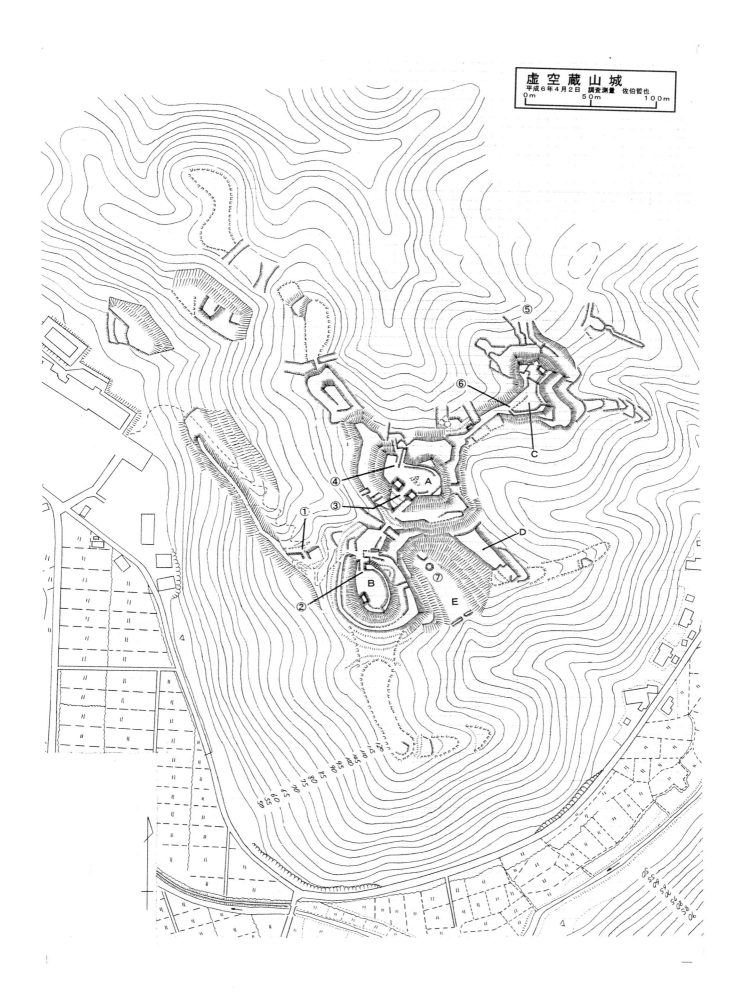

45. 山崎城（やまざきじょう）

①小松市大杉本町　②－　③１６世紀　④１６世紀後半　⑤１６世紀後末　⑥？　⑦山城
⑧削平地・切岸・堀切・土塁　⑨90m×30m　⑩標高389.5ｍ　比高240ｍ　⑪38

　『大杉地区全図』（大西久良 1997）によれば、城跡は通称城山（シロヤマ）と呼ばれている。北麓に大杉谷街道が通る交通の要衝でもある。太平洋戦争中城跡に航空監視所（『大杉地区全図』による）が建てられ、そのときのものと思われるコンクリート基礎や瓦片が散乱している。
　山頂のＡ曲輪が主郭。きれいに削平されているが、これが城郭本来の遺構なのか、あるいは監視所が建設された結果きれいに削平されたのか、判然としない。従って南側に残る土塁も城郭遺構として良いのか判断に苦しむ。北端には堀切②、南端には堀切③を設けて尾根続きを遮断している。勿論これらは城郭遺構だが、堀切③の土橋に用いられている石垣、あるいは虎口①付近に残る石垣が城郭遺構としての石垣なのか、これも判然としない。監視所としての石垣の可能性も捨てきれない。『大杉地区全図』の山崎城跡の説明文にも「近くに石垣あり」と説明しており、石垣の存在は知られていたようである。主郭Ａにも礎石と推定される石も多数存在している。散乱している瓦は近代の瓦と推定されることから、礎石は監視哨としての礎石であり、その上に監視哨としての瓦葺建物が建っていたのであろう。
　注目したいのは虎口①で、多少食い違っており、若干横矢が掛かる構造となっている。枡形にまで発達していないことから、大杉谷を支配する在地土豪が１６世紀後半に築城したという仮説を提唱することができよう。なお『大杉地区全図』にはこの他に「砦跡」・「奥城山」と記載された場所があり、現地調査を実施した。しかし遺構は確認できなかった。

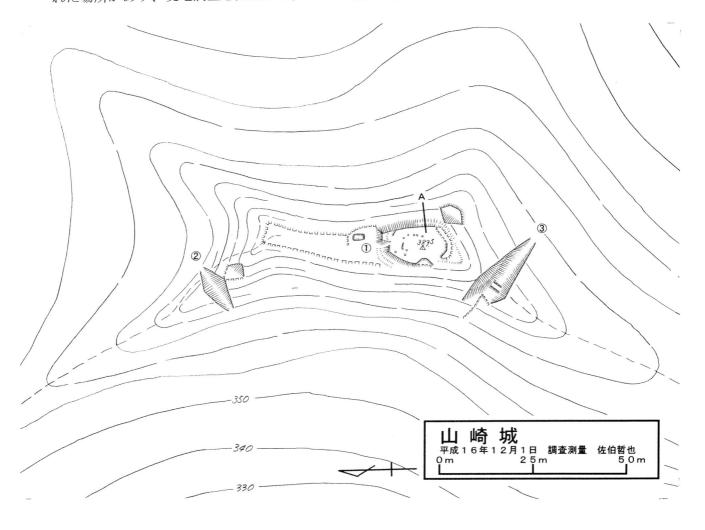

山崎城
平成１６年１２月１日　調査測量　佐伯哲也
0m　　25m　　50m

46. 林 館 (はやしやかた)

①小松市林町　②－　③中世　④中世　⑤中世　⑥林六郎　⑦環濠集落？　⑧土塁・横堀
⑨190m×45m　⑩標高－　比高－　⑪27

　小松市林集落全体が「林六郎」の館跡と伝わっている。『江沼郡古城跡図』の中の「林ノ六郎古城跡之図」(『加賀市史通史上巻』加賀市 1978、以下、絵図と略す)は、文化～嘉永年間にかけて大聖寺藩士駒澤十蔵・宮永理兵衛・奥村永世等が調査・作図したもので、当時の館跡をよく描いている。

　絵図によれば、林集落の南側に土塁を伴った巨大な横堀が存在し、長さは百間余(約180 m)、そして土橋の長さは十間(18 m)となっている。つまり横堀の幅は18 mということになる。現在も長さは約190 m、幅は20 mもあり、絵図作成時の状況と近似した値となっている。横堀の両端は開発行為により消滅してしまったが、現在林会館が建っている②地点は、現在も若干窪んでいるため、ここにも横堀が延びていたと推定される。絵図には横堀の両端に、かつて横堀だったと思われる堀状の水田を描いている。このことから横堀は集落全体を包み、背後の日用川に繋がっていたのであろう。

　絵図では①地点を「御馬出」と呼び、「大手先」だったとしている。大手だったかは現在確認できないが、虎口だったことは確かである。現在直進して集落内に入る単純な構造となっているが、絵図も同様の構造を描いている。城郭の虎口とは違った思想で構築されているようである。ただし土塁の上幅は12 mもあり、土塁上から十分横矢が掛かる構造になっている。

　以上が館跡の概要である。林六郎や館跡については不明な部分が多すぎる。恐らく環濠集落で集落の支配者が林氏だったと考えられるが、今後は発掘調査による成果に期待したい。

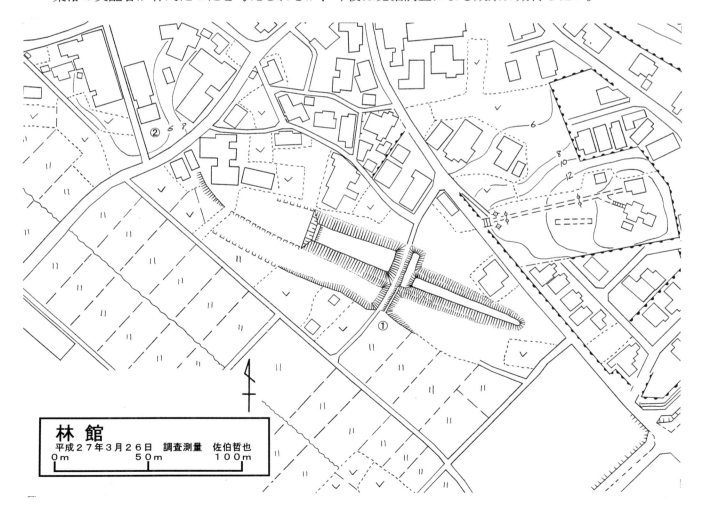

林 館
平成27年3月26日　調査測量　佐伯哲也
0m　　　50m　　　100m

47. 波佐谷城（はさたにじょう）

①小松市波佐谷町　②－　③13～14世紀？　④16世紀後半　⑤慶長3年(1598)？
⑥宇津呂丹波・村上勝左衛門　⑦山城　⑧削平地・切岸・土塁・堀切・竪堀・畝状空堀群
⑨400m×160m　⑩標高102m　比高60m　⑪28

1．歴史

　「加賀三山の大坊主」の一つ、波佐谷松岡寺の跡とされている。松岡寺は長享の一揆（長享2年＝1488年）で加賀守護富樫政親を滅ぼしたあと、加賀を支配した加賀三山の一つであり、本願寺八世蓮如の三男蓮綱によって創建された寺院である。松岡寺は享禄の錯乱（享禄4年＝1531年）に焼失する。
　松岡寺移転のあと、当地に城郭を構えたのが一向一揆の部将（能美郡旗本）宇津呂丹波とされている。加賀一向一揆の拠点・金沢御堂が天正8年(1580)4月頃陥落すると、一揆軍の部将達は各城塞に立て籠もって抵抗する。しかし『信長公記』によれば、天正8年(1580)11月17日柴田勝家が謀殺した加賀一向一揆の首謀者の首が安土城に届けられており、その中に宇津呂丹波・藤六父子の名も見えていることから、波佐谷城も柴田軍の攻撃を受けて落城したのであろう。
　天正11年小松城に村上頼勝が入城すると、波佐谷城にはその家臣の村上左衛門が入ったという。廃城は村上氏が越後に転封となった慶長3年(1598)と推定される。

2．縄張りの紹介
(1) 全体（図1）
　城域は4区に大別される。まず蕪城山あるいは出丸と称される（『波佐谷町史　～百戸の町の風と土～』小松市波佐谷町内会 2011、以下、町史と略す）B曲輪。本丸と称される（町史）A曲輪。松岡寺跡と伝える（町史）C地区。C地区は上畑とも称されている（町史）。土塁が残るD地区。以上4区に大別できる。

(2) B曲輪（図2）
　B曲輪は上下二段の平坦面から構成され、北側に腰曲輪が巡る。西・南・東側に土塁が巡り、南側に堀切①を設けて尾根続きを遮断している。逆に北側に土塁を巡らさず、あまり警戒していない。B曲輪の場合、尾根続き方向が弱点部となるため、土塁・堀切といった防御施設を集中させたのであろう。
　注目したいのは土塁の開口部②である。入るとき③地点から横矢が掛かり、虎口としては最適の場所である。しかし送電鉄塔を建設したときの破壊出入り口という話もあり、城郭としての虎口として良いのか、判断に苦しむ。どちらが正しいのか、これを推定する一つの手掛かりとして『波佐谷町史』（波佐谷公民館 1969）所収「波佐谷古城之図」がある。同図には「十村文兵エ屋敷」という記述があるので江戸末期の作成と考えられる。同図には虎口②が明確に描かれており、多少原形は変化しているかもしれないが、虎口②は城郭の虎口として良いことが判明する。同図では「御屋敷」と記載された⑥地点（図1）からムジナ谷⑤を遡り、虎口②に入る山道を描いている。ムジナ谷を遡る山道はA曲輪にも繋がっており、こちらが大手方向と推定される。町史もムジナ谷を大手と述べている。ムジナ谷に大手道を通せば、B曲輪の土塁④から長時間横矢が掛かる。細長い谷を遡るため、敵軍には逃げ場が無い。理想的な大手道の設定といえる。
　「波佐谷古城之図」によれば、前述の通り⑥地点が「御屋敷」と呼ばれている。大手道と直結し、城跡の真下に位置していることから城主居館跡と推定されるが、詳細は不明。⑥地点付近の谷はかなり重要な場所だったと考えられ、「波佐谷古城之図」は⑥地点に隣接して「禅宗聖興寺跡」・「泉水庭ツクリノアト」と記述し、さらに⑦地点（図1）も「愛モ寺跡カト云々」と記述

している。寺や屋敷を構える重要な場所だったことに間違いなく、波佐谷集落を支配する在地領主の居館地だった可能性は高い。十村文兵エが当地を避けて屋敷を構えているのは、当地が神聖な場所だったことを物語っているのではなかろうか。

（3）A曲輪（図3）

　A曲輪はB曲輪を見下ろす地点にあり、両曲輪は約190m離れている。伝承では本丸となっているが、位置、構造からいっても主郭（＝本丸）として良いであろう。しかし両曲輪の間には、両曲輪を繋ぐ施設（曲輪等）は全く設けられておらず、自然地形が広がるのみである。従って両曲輪は繋がっておらず、全く連動していない。極めて独立色の強い曲輪となっている。このような縄張りになると、従郭（B曲輪）に対する主郭（A曲輪）からの求心力は弱くなり、また両曲輪の間に敵軍が進攻してしまえば、両曲輪は孤立してしまう。合戦時は極めて不利な縄張りと言えよう。

　ただし、主郭AはB曲輪方向に堀切を設けておらず連絡性を保っており、また、城道もB曲輪方向に向けている。恐らくムジナ谷⑤（図1）を登って尾根に取り付きA曲輪に入ったと考えられるが、当然のことながらムジナ谷⑤通行時は、B曲輪南直下を通行することになる。このときB曲輪から監視、あるいは保護（援護）されながら通行することになり、若干ながら両曲輪の連動性を窺うことができる。独立性は高いものの、対立関係にはなかったと言える。対立関係にあったのなら、同一の尾根上に曲輪を構築しないであろう。

　主郭Aは全周に上幅の広い低土塁を巡らしており、この点を取り上げてもB曲輪との違いを指摘できる。西・北・東側に腰曲輪を巡らせ、敵軍の攻撃をダイレクトに受ける北側には土塁を設けて防御力を増強している。尾根から腰曲輪に入る虎口は虎口⑧だが、虎口に入る前から竪堀・土塁道を用いて、虎口には少人数の敵軍しか到達できないようにしている。虎口⑧に入らず東側に迂回する敵軍を阻止するために、竪堀と土塁がセットになった⑨を設けている。また東側の尾根から攻め上がり主郭Aの南側に廻り込む敵軍を阻止するために、畝状空堀群⑩を設けている。畝状空堀群は天正年間に構築された加賀一向一揆城郭に多く見られる防御施設のひとつである。主郭Aの南側はほとんど防御施設を設けず無防備状態となっているので、敵軍が南側に廻り込ませないための防御施設を多く設けている。

　虎口⑧からは長時間A曲輪からの横矢攻撃を受けながら、虎口⑪に入る。虎口⑪そのものは平虎口だが、石垣で固めた櫓台⑫からの横矢が掛かる虎口であり、虎口⑧から90度大曲りしなければ到達できない位置に設置されている。すなわち虎口⑧を突破した敵軍から直撃されない位置に設けられているのである。形式だけを見ればB曲輪の虎口②と同じだが、縄張りの使い方に技術の進歩を認めることができる。

　主郭Aの西側には、自然の谷を利用した竪堀⑯・⑰（図1）を設けて西側からの攻撃を遮断している。これによって西側からの敵軍の攻撃は遮断できるが、松岡寺跡とされているC地区との連絡性も完全に遮断されている。逆に竪堀⑯・⑰を繋げることにより防御ラインを構築し、主郭AのみならずB曲輪も防御している。このことから若干ながらも主郭A・B曲輪の連動性を窺うことができよう。竪堀⑯は主郭Aの西側を遮断し、さらに腰曲輪側に土塁を構築しており、明らかに一体化している。このような理由により、主郭Aを構築すると同時に竪堀⑯を構築したことが推定され、さらに防御ラインを構築していることを考慮すれば、竪堀⑰も同時に構築していることが推定できるのである。

　⑬地点と⑭地点に石垣が残っており、櫓台⑫を固めるための石垣と推定される。現況高さは約1.0m、推定高さは1.3〜1.7m、石材の大きさは50cm弱で、自然石を加工せずそのまま用いている。裏込石は用いていない。これを類型別にすれば、a)高さは4m以下、b)裏込石は使用していない、c)自然石をそのまま使用、d)石材の大きさは1m以下、ということになる。これは虚空蔵山城の石垣と、同類型の石垣となる。

（4）C地区（図1）

　松岡寺の跡とされ、上畑と称されている。しかし昭和30年頃まで畑として耕していた（町史）ためか、寺院跡を推定させるような遺構は残っていない。さらに町史によれば、地元に残る松岡

寺跡の伝承地はＣ地区ではなく、Ｂ曲輪の北方奥谷川を隔てた対岸の御城町（ウシロマチ）と呼ばれている場所とする伝承も残る。松岡寺跡を本当にＣ地区として良いのか、再度現地聞き取りを行い確認したい。土塁囲みの方形の竪穴⑱は氷室跡と伝わっており、寺院遺構ではない。

仮に松岡寺跡がＣ地区だとしても、東側に竪堀⑯・⑰の防御ラインが存在しているため、主郭Ａ・Ｂ曲輪との親密性は全く窺えず、さらに防御ラインの外側に位置しているため、主郭Ａ・Ｂ曲輪から切り捨てられたような状態となっている。

Ｃ地区とＢ曲輪は200ｍしか離れておらず、このような至近距離に位置していることから、全く違った勢力が同時に構築したとは考えられない。時期差を考慮する必要があろう。

（５）Ｄ地区（図１）

平坦な自然地形に、土塁と切岸がライン状に構築されている。一部堀切状の地形も見られるが、はたしてこれがどのような性格の遺構なのか不明とせざるをえない。主郭Ａ・Ｂ曲輪やＣ地区と全く連動していないため、全く性格の異なった遺構と考えられる。広大な範囲で土塁と切岸がライン状に巡っているため、牧場の可能性も指摘できよう。

３．考　察
（１）主郭ＡとＢ曲輪の構造の違い

まずＡ曲輪を主郭、Ｂ曲輪を従郭としてよいのという疑問がある。主郭ＡとＢ曲輪は独立性が強いものの、同じ大手道を使用していることから、対立状況になかったことは明白である。また、同じ防御ライン（竪堀⑯・⑰）を用いて敵軍の攻撃を遮断しているため、主郭Ａ・Ｂ曲輪は同一の勢力が籠城していたことも判明する。それは同時期に両曲輪が存在していたことも物語っている。そして主郭Ａに登る武士が大手道であるムジナ谷を通過するとき、Ｂ曲輪から援護射撃をもらうことができ、わずかながら主郭Ａ・Ｂ曲輪が連動していることを指摘できる。さらに援護射撃をもらえることが、主郭ＡがＢ曲輪より上位の曲輪（すなわち主郭＝本丸）であることを物語っている。主郭ＡがＢ曲輪より比高が30ｍ高いことも主郭であることを物語っている。従ってＡ曲輪を主郭、Ｂ曲輪を従郭としてよい。

主郭ＡとＢ曲輪構造が大きく違っている。主郭Ａの虎口は平虎口だが石垣で固めた櫓台を併設し、横矢を掛けている。また虎口に計画的に設定された通路を付属させ、虎口に到達する前から長時間敵軍に対して横矢攻撃ができるように設定されている。この結果、虎口は敵軍の攻撃をダイレクトに受けずにすみ、敵軍は虎口に到達するときはかなり弱体化していたと考えられる。城郭の弱点部の一つである虎口を効果的に保護しているのである。そして虎口⑧・⑪と二段構えにしていることにも注目したい。また敵軍を分散させないように（主郭Ａの南側に廻り込まないように）竪堀・土塁・畝状空堀群を効果的に配置している。縄張り技術が進歩していることを物語っている。

Ｂ曲輪も虎口に横矢を駆けているが、計画的な通路は付属させておらず、その結果虎口は敵軍の攻撃をダイレクトに受けてしまい、そして虎口が突破されれば直接敵軍は曲輪内に侵入してしまう。Ｂ曲輪の構造は、主郭Ａとはまるで違っているのである。

（２）既刊報告書の記述について

それではなぜ主郭ＡとＢ曲輪の構造が大きく違っているのであろうか。『小松市内遺跡発掘調査報告書Ⅴ』（小松市教育委員会 2009、以下、報告書と略す）では、Ｂ曲輪の方が曲輪の面積が広く、そして遺物の出土様相の違いから、主郭Ａが「純然たる軍事施設」、Ｂ曲輪が「居住性をある程度考慮したもの」という可能性を示している。しかしＢ曲輪からの出土遺物は居住性を指摘するほど種類・量は多くない。また城郭として存在していた１６世紀代の遺物はほとんどが日常雑器であり、純軍事施設の城郭からも出土している。筆者は平常時における日常品である遊具・文具・化粧道具が出土しなければ居住性は問えないと考えている。従って出土品からはＢ曲輪は「居住性をある程度考慮したもの」という考えには賛同できない。籠城に必要最小限の生活用具だが、主郭Ａに比べて長期間使用されたため、持ち込まれた器具類も多少多かったと評価すべ

きであろう。また両曲輪の独立性は高く、合戦時孤立してしまう恐れがある。つまりお互いに相手の曲輪の機能を頼りにできるような縄張りではなく、主郭AとB曲輪は、自曲輪のみで軍事性・居住性の両方の機能を発揮して籠城しなければならなかったのである。さらに主郭Aから見れば、あと80m降りれば平地に辿り着くのに、なぜあえて不便な山上のB曲輪に居住地を求めたのか全く説明はつかない。従って筆者は主郭Aは軍事施設、B曲輪は居住性という機能差の可能性を示す報告書の説には賛同できない。

さらに「波佐谷古城之図」には主郭A・B曲輪共に井戸を描いている。主郭Aには井戸と考えられる窪地⑮が存在するが、報告書では水がしみこんでいくことから井戸とは考えにくいと述べている。しかし内側に油紙や木枠をはめていた可能性もあり、完全に否定することはできない。B曲輪にも井戸を推定させる窪地があることから、両曲輪共に、長期籠城戦に耐える機能を備えていたということが言えよう。

各地の城郭には、井戸あるいは飲料水用の池と称する窪地が残っているケースがある。しかしほとんどは水が溜まっていない。これは地下水位が低下したのも原因の一つだが、そのほとんどは湧水ではなく、他から水を汲んできて溜めた貯水池だったと考えている。当然水は地中に浸み込んでいくため、その対策として内側に粘土の遮水層を設けていたと考える。400年以上経過した今日、粘土層は風化して確認できず、水が地中に浸み込んでいき、水が溜まらない「窪地」になってしまったのであろう。窪地⑮もその可能性が高い。

報告書は主郭Aを「広さを犠牲にして三角形状という防御しなければならない面を減らす構造であるから、いよいよという時に籠城するための郭とみて、機能差と説明することができる」と述べる。しかし主郭Aが三角形状なのは、地形図から見て山容が三角形だったからであり、防御しやすいために、あえて三角形状にしたのではないと推定している。三角形状の山容を必要最小限の土木量で構築すれば、三角形の曲輪になるのは当然である。主郭Aが三角形なのは、機能差ではなく、単に山容が三角形だったからという単純な解答なのである。それが証拠に主郭Aの周囲に、幅がほぼ同一の腰曲輪が巡っている。それは三角形の山容を均一に三角形に加工したことを物語っている。三角形でなければ、幅が不揃いの腰曲輪ができたであろう。

たしかに報告書が述べるように敵軍の攻撃を受ける面積をできるだけ狭くすることも必要である。この場合、面の数を減らすのではなく、敵軍の攻撃を受ける面積を考えなければならない。すなわち主郭Aの外周面積を考えなければならない。現在の主郭Aの外周面積は約2590㎡、これをあえて四角形にした場合の外周面積は約2730㎡となる。従って四角形を三角形にしても、わずか5％しか外周面積は減らず、防御しやすいために三角形状にしたという報告書の説には、この点からも賛同はできない。

報告書は「独立性の高い郭配置をとる城郭は他の一揆の城郭にもみられるが、これを一揆の組織内の内部対立の縄張りへの影響と見る解釈については、慎重を期さなければならない。組織内の合議制で意思決定していた一揆勢にとって、城郭の縄張りに内部抗争を反映させる意味を説明せねばならないだろう」と述べる。つまり一揆勢が内部抗争していたから独立性の高い縄張りとなった、と解釈した報告書の存在を示唆している。しかし、そのような解釈をした報告書がどれなのか、具体名を記述していない。ちなみに筆者は「加賀一向一揆の城郭について」（『石川考古学研究会々誌』石川考古学研究会1997）や「波佐谷城跡」（『石川県中世城館跡調査報告書Ⅲ』石川県教育委員会 2006）で、「独立性が高い」・「内部構造の脆さ」とは述べたが、一揆内部で抗争が発生していたとは述べていない。

しかし加賀一向一揆の中枢部とも言うべき金沢御堂では、内部抗争が発生していたことは事実である。東四柳史明氏は『鶴来町史歴史編』（鶴来町 1989）の中で、「織田の来攻を目前に控えながらも、一揆側の軍司令部である金沢御坊では、本願寺派遣の御堂衆間の対立や地元の門徒武士である旗本衆と御堂衆の抗争が表面化しており、著しい内部矛盾に陥っていた」と述べている。さらに天正8年6月加賀・越中一向一揆衰退の打開策として本願寺教如は内衆の寺内織部佑・井上善五郎を派遣（本願寺教如消息『金沢市史2』673）するが、同年8月両人が「狼藉之働前代未聞、曲事次第候間、速可令成敗事」と述べる（本願寺顕如消息案『金沢市史2』677）。つまり折角派遣した本願寺内衆二人が狼藉を働いたため、わずか二ヶ月で成敗するハメになったのである。金沢御堂陥落以降、加賀一向一揆の上層部に内部抗争が発生していた動かぬ証拠である。加

賀一向一揆の上層部が司令塔としての機能を果たさなくなった結果、在地領主達は組織としての動きもできなくなり、それぞれ独自の動きを始めた。その結果、独立性の高い縄張りを持つ城郭が出現した、という仮説も当然成立するのではなかろうか。

（3）なぜ主郭ＡとＢ曲輪の構造は違うのか

　それではなぜ主郭ＡとＢ曲輪の構造は違うのか。筆者は大きな理由として、時代差があったと考える。石垣や櫓台の有無は、主郭と従郭という「格の違い」から生じたとも言える。しかし、虎口に計画的な通路を付属させ、敵軍に長時間横矢攻撃を掛けて、虎口に到達する前に敵軍を弱体化させており、主郭Ａの効果的な曲輪・通路の設定は、技術的な進歩を認めて良いであろう。

　主郭Ａの築城年代を決定する一つの根拠として、石垣が挙げられる。櫓台⑫に残る石垣は、虚空蔵山城に残る石垣と同類型の石垣である。虚空蔵山城の廃城年代が天正８年と考えるため、波佐谷城の石垣も天正８年に一揆方の宇津呂丹波・藤六父子によって構築されたと推定することができる。ほぼ同年代に柴田軍に構築された鳥越城の石垣には裏込石が用いられていることからも、この推定は妥当と考えられる。なお報告書は石垣⑬が目地が通らず、石垣⑭が目地が通るとして、構築の年代差を指摘している。しかし石垣⑬は立木によりわかりにくくなっているが、目地は通ると推定されるため、同時期に構築されたと考えたい。

　主郭Ａの平坦面には自然地形が残っていることから、長期間使用されたとは考えにくい。これに対してＢ曲輪の平坦面はきれいに削平されている。

（4）主郭ＡとＢ曲輪の成立順序

　以上の理由により、以下のような成立順序と推定する。まずＢ曲輪が築城される。初原的ではあるものの、横矢が掛かる虎口を構築していることから、城郭として築城されたのは１６世紀後半まで下るであろう。城地選定にあたり、平地居館と推定される御屋敷と密接に繋がるために、御屋敷直上の現位置に選地されたと考えられる。平地居館との繋がりを指摘できるため、当初は在地領主の城郭として築城されたのかもしれない。Ｂ曲輪築城期に主郭Ａは存在していないため、堀切①で完全に尾根を遮断したと考えられる。またＣ地区に松岡寺が存在していたとしても、享禄４年（1531）に焼失しているので、Ｂ曲輪構築時には既に存在していなかったと考えられる。

　主郭Ａが築城されたのは、短期間しか使用されていないことを考慮すれば、天正８年頃であろう。築城者は宇津呂丹波・藤六父子が推定される。恐らく金沢御堂が陥落した４月頃築城され、11月の落城と同時に廃城になったのであろう。主郭Ａの防御力を増強するために防御ライン（竪堀⑯・⑰）を構築し、Ｂ曲輪を城域内に取り組む。このとき松岡寺は存在していないため切り捨てられ、城域外となる。しかし一向一揆は既に組織としての行動ができず、独自の行動を開始しており、Ｂ曲輪と密接に繋がるような縄張りに大改修できなかった。主郭Ａの城主はＢ曲輪の曲輪主より上位者ではあるものの、主従関係を結ぶような間柄ではなかった（同じく一揆勢力ではあるが）ために、現存のような独立性の高い縄張りになったのであろう。

　主郭Ａの縄張り技術は非常に高く、それはそのまま天正８当時における一向一揆の縄張り技術が高かったことも物語っている。しかし虎口は枡形にまで発達していないという技術的な限界も露呈している。同じく天正８年に一揆方の長山九郎兵衛・荒川市介が改修した虚空蔵山城にも平虎口は残るが、枡形にまで発達していない。恐らく天正８年当時の一向一揆には、虎口を枡形にまで発達させる縄張り技術を保有していなかったのであろう。

　一方天正８年に柴田勝家の家臣・安井左近が改修した和田山城には、惣堀と見事に連動した枡形虎口が残っており、波佐谷城・虚空蔵山城とは対照的な縄張りとなっている。このようなことを考慮すれば、波佐谷城の大々的な改修（あるいは築城）は天正８年宇津呂丹波・藤六父子段階で終了したと考えて良かろう。

　問題となるのは、天正11～慶長３年までの間、村上氏によって使用されたのかどうかである。村上氏によって改修されていないのは確実だが、使用されているかどうかの判定まではできない。使用していても、宇津呂丹波・藤六父子段階の縄張りをそのまま利用しての使用と考えられよう。

４．まとめ

以上、縄張り研究を主体として長々と述べてきた。まとめると以下のようになる。
（１）Ｃ地区に長享２年(1488)～享禄４年(1531)に松岡寺があった可能性がある。ただし伝承では、Ｃ地区ではなく、波佐谷城北側の通称御城町（ウシロマチ）にあった可能性もある。
（２）１６世紀後半に、在地領主の城郭としてＢ曲輪が構築される。通称御屋敷（オヤシキ）⑥に城主居館があった可能性がある。
（３）天正８年(1580)宇津呂丹波・藤六父子により主郭Ａが構築される。主郭Ａの防御力を増強するために防御ライン（堅堀⑯・⑰）を構築し、Ｂ曲輪を城域内に取り組む。同じ防御ライン・大手道を使用していることから、主郭Ａ・Ｂ曲輪は同じ一揆方だったと考えられる。しかし一向一揆は既に組織としての行動ができず、Ｂ曲輪と密接に繋がるような縄張りに大改修できなかった。主郭Ａの城主はＢ曲輪の曲輪主より上位者ではあるものの、主従関係を結ぶような間柄ではなかったために、現存のような独立性の高い縄張りになったのであろう。
（４）天正11～慶長３年までの間、村上氏によって使用されたのか、そこまでは判断できない。使用していても、宇津呂丹波・藤六父子段階の縄張りをそのまま利用しての使用と考えられよう。

５．発掘調査の成果

小松市教育委員会により、平成１４～１５年にかけて発掘調査が実施された（『小松市内遺跡発掘調査報告書Ⅴ』小松市教育委員会2009、以下、報告書と略す）。

（１）Ｂ曲輪

復元可能な建物遺構は検出されなかった。礎石と推定される石が一個検出されている。出土遺物は、中世土師器皿・備前（あるいは作見）瓶子・磁器染付小碗・瀬戸大窯稜皿・加賀甕・越前擂鉢・瀬戸系（？）擂鉢・磁器染付碗がある。全体的には１５～１６世紀の遺物で、なかでも中世土師器は1560～80年代と推定され、一向一揆段階に使用された物証となった。瀬戸大窯稜皿は１６世紀中～後半頃、越前擂鉢は１５世紀後半～１６世紀前半の所産のため、現存遺構に先行する施設が存在していたことになる。それが城郭なのか、別の施設なのか不明。

加賀甕は、生産年代の下限が１５世紀初頭となる（『波佐谷城跡確認現地説明会資料』小松市教育委員会埋蔵文化財調査室2002）ため、１３～１４世紀に何らかの施設の存在が指摘された。加賀甕は虚空蔵山城でも出土していることから、山岳宗教施設から出土する遺物として捉えることも可能となる。備前（あるいは作見）瓶子は１６世紀末～１７世紀初頭の所産と考えられるため、村上氏時代の遺物となる。あまりにも少量のため断定はできないが、一揆滅亡後、波佐谷城を村上氏が使用（単なる管理にすぎない使用）していた物証となるかもしれない。

（２）Ａ曲輪

柱穴と推定されるピットはいくつか確認されたが、建物を復元するまでには至らなかった。出土遺物は、越前甕・青磁碗・白磁皿・磁器染付碗・土師質土製品がある。１５～１６世紀という大雑把な時期しか判明しないが、城郭遺構の時代とラップする。ただし青磁碗はそれより時代が上がる可能性がある。

（３）Ｃ地区

中世の遺構・遺物は出土しなかった。従って当地区が松岡寺跡だということを、考古学的に証明することはできなかった。

（４）まとめ

主郭Ａ・Ｂ曲輪から１５～１６世紀の遺物が出土していることから、一向一揆・村上氏時代に波佐谷城が存在していたことが考古学的に証明された。しかし主郭Ａ・Ｂ曲輪どちらが先に構築したかまでは判明しなかった。ただし、主郭Ａと比較してＢ曲輪から出土した遺物が圧倒的に多いため、主郭Ａは短期間の使用で廃絶し、Ｂ曲輪は長期間使用されたことが推定できる。Ｂ曲輪

から出土した遺物量は多いが、居住性を特定できる遺物は出土していない。使用期間が長いため、籠城の度に持ち込んだ遺物量が多くなったと解釈すべきである。

今後の課題としては、御屋敷⑥を考古学的に調査することである。城主居館と推定されるため、質・量ともに豊富な遺物が出土するものと思われる。より正確な波佐谷城の実態が把握できるであろう。

6. 御城町出土の遺物

明治34年に、B曲輪の北方約400mの位置、通称御城町（ウシロマチ）と呼ばれる畑より陶磁器類が出土した。発見当時の状況を記した覚書には「信楽焼ニ類スル大壺一個ヲ発掘ス。此壺中ニ銅製花瓶・香炉・陶磁製香炉・食器等ノ類数十点埋蔵シアリ」とある。（橋本澄夫「波佐谷城」『日本城郭大系7』新人物往来社1980）。出土遺物は現在東京国立博物館に保管されており、陶磁器は、瀬戸美濃天目茶碗1点、青磁碗2点、青磁香炉2点、白磁皿4点がある。陶磁器類は15世紀後半～16世紀初頭が主体となっている。

注目したいのは「銅製花瓶」で、恐らく本堂の仏前に安置する花瓶のことであろう。波佐谷城周辺には地下式坑5基と中世横穴13基が存在する（波佐谷中世遺跡）。しかし波佐谷中世遺跡も含めて南加賀の地下式坑と中世横穴から「銅製花瓶」が出土した事例はなく（宮下幸夫「南加賀における地下式坑と中世横穴」『小松市立博物館紀要第43号』小松市立博物館 2007、以下、宮下論文と略す）、地下式坑・中世横穴の副葬品として埋納された可能性は薄い。「食器等ノ類数十点埋蔵」とあることから、花瓶や陶磁器類が雑多な感じで信楽焼の大壺に入れられて埋納されていたと推定される。覚書の記述が正しければ、有力寺院が戦乱を避けるために一時的に埋納したと考えるのが、最も素直な解釈であろう。

報告書では「場内（波佐谷中世遺跡）に多数存在する横穴・地下式坑とその造成主体との関連性も考えられる」としている。「造成主体」は「数十点埋蔵」した有力寺院であろう。宮下論文では江崎武氏の論文を引用して、地下式坑は「禅宗系ならびに種々の面で禅宗葬法に近似する内容をもつ真言宗の寺院境内に立地していると思われる」としている。残念ながら松岡寺は浄土真宗である。

そこで注目したいのは、B曲輪直下の「禅宗聖興寺跡」である。「波佐谷古城之図」が正しければ聖興寺は禅宗であり、地下式坑は聖興寺が造成し、「数十点埋蔵」したのは聖興寺の可能性も出てくる。聖興寺は松岡寺に先行する寺院と考えられており、松岡寺は長享の一揆（長享2年＝1488年）後に建立されたと考えられるため、聖興寺は少なくとも15世紀末には廃絶していたことになる。しかし陶磁器類の年代は15世紀後半～16世紀初頭であり、若干年代が合致しなくなる。ただし下限が16世紀初頭とされた瀬戸美濃天目茶碗1点、白磁皿1点の上限は15世紀末であり、上限を採用すれば聖興寺の存続年代と一致する。

しかし陶磁器類は伝世品の可能性もあり、また地下式坑の造成主体と、陶磁器類の埋蔵者を必ずしも一致させる必要はない。従って聖興寺廃絶後に建立された松岡寺が、戦乱（享禄の錯乱等）を避けるために一時的に埋納したとする考え方も成立する。ここでは結論を出さず、両方の可能性を模索していきたい。いずれにせよ、筆者は有力寺院が戦乱を避けるために一時的に埋納した可能性が一番高いと考えている。

なお町史によれば、地元では御城町を松岡寺跡とする考えも多く存在しているようである。「銅製花瓶」が出土いていたのなら、松岡寺が存在していた可能性は高いと言わねばなるまい。

図1 波佐谷城
平成7年3月21・26日調査測量 佐伯哲也

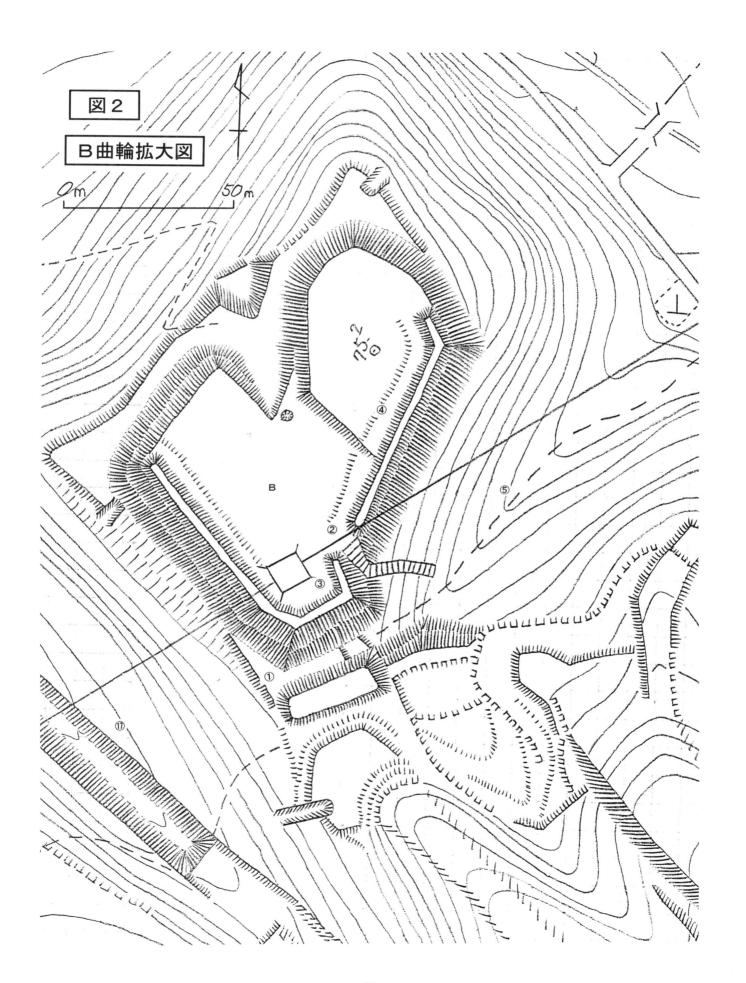

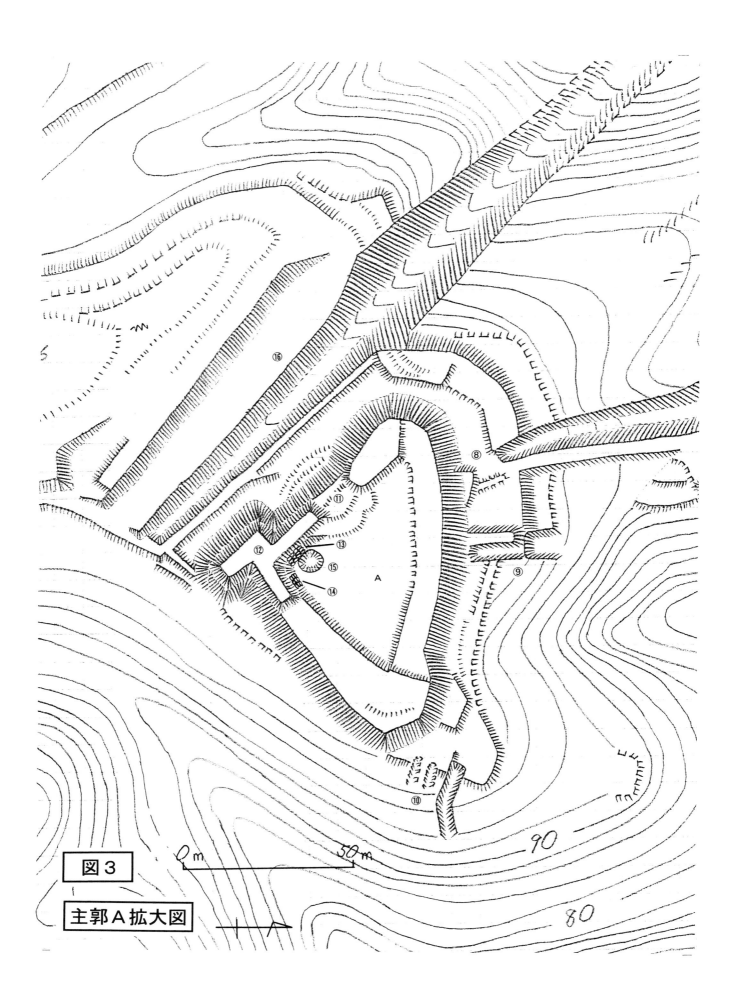

図3 主郭A拡大図

48. 霧籠城 （きりごめじょう）

①小松市滝ヶ原町　②－　③１６世紀　④１６世紀　⑤１６世紀　⑥青木一矩？　⑦山城
⑧削平地・切岸・土塁　⑨240m×100m　⑩標高125.8ｍ　比高80ｍ　⑪32

　動橋川から大杉谷へ抜ける街道沿いに位置する交通の要衝でもある。宇谷川と街道を見下ろす最高地点に主郭Aを設け、それに続く尾根上に曲輪を配置している。きれいに削平された平坦面と切岸は多く見られるものの、敵軍の攻撃を遮断する堀切等は設けられていない。切岸も防御施設として設けられたものではなく、平坦面を設けた結果、必然的に発生した切岸と考えられる。さらにその平坦面も尾根頂部ではなく、両斜面に多く設けられている。植林による平坦面は、細長く一列に設けられているが、霧籠城の場合はきれいに削平され、一ヶ所毎に区切られて設けられているので、城郭遺構としての平坦面の可能性が高い。山頂の主郭Aと尾根中央のB曲輪、北端のC曲輪は比較的大規模だが、それ以外の曲輪は小規模で、雑然と配置されている。ただし尾根上の通行性を考慮してか、尾根と直交するような切岸の用法は避けている箇所が多い。

　霧籠城は『小松市滝ヶ原史』（中川富士郎 1971）によれば、青木紀伊守一矩（一矩は慶長4（1599）～5年に越前北之庄城に居城し、２０万石を領有している）が居城したとしている。しかし慶長年間に使用された形跡は全く認められない。きちんとした平坦面の多さと、その雑然とした配置、従郭に対する主郭からの求心力の弱さは、むしろ村人達が戦乱を避けて一時的に非難した「村の城」の可能性が高い。通行性を重視した点からも、一般的な城郭と違った性格を有しているといえる。

　いずれにせよ顕著な遺構が存在せず、平坦面のみの城郭がどのような性格を有しているのか、今後の調査を行う上でも、霧籠城は貴重な事例と言えよう。

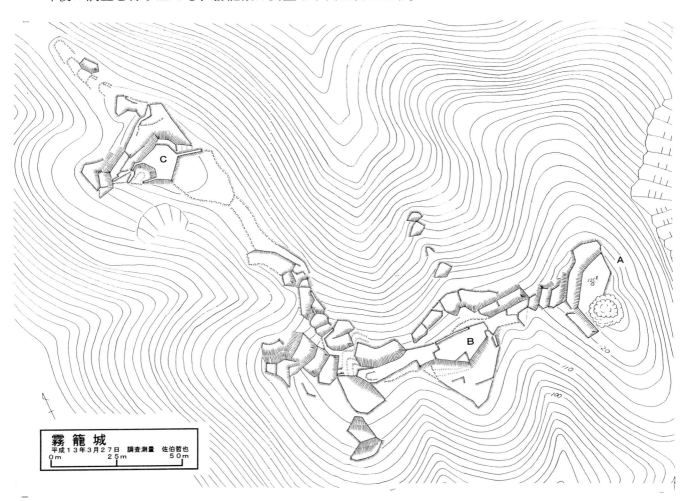

49. 児 城 (こじょう)

①小松市滝ヶ原町　②－　③古代?　④１６世紀　⑤１６世紀　⑥江沼財氏?・山本（財町）円正
⑦山城　⑧削平地・切岸・堀切　⑨80m×50m　⑩標高80m　比高30m　⑪32

　滝ヶ原町の南端に位置し、集落との比高は約30ｍしかないため、集落と密接に繋がっていたことが推定される。
　縄張りは単純で、尾根の北端に堀切を設けて集落方向からの攻撃を遮断し、堀切の内側（南側）に平坦面（曲輪）を設けている。しかし児城の堀切の堀底は幅が広く、城郭の堀切としては異質である。堀底が広いと敵軍は自由に行動でき、その分だけ城兵は攻撃の焦点が定まらず不利となる。また堀切の南側は階段状となっており、これも異質である。一般的に鋭角の切岸を設けることにより、堀底の敵軍を登らせにくくするのだが、これでは敵軍は楽々と城内に侵入してしまう。周辺に採石場の跡が多く残っていることを考慮すれば、かつての堀切は堀底も狭かったが、後世の採石により改変を受けていることが推定される。
　南側の平坦面には、段や溝が残っているが、性格は不明である。城跡の周辺には入定窟と推定される窪地が残っていることから、これらに関する遺構（宗教施設としての小堂の跡）の可能性も指摘したい。
　児城は『小松市滝ヶ原史』（中川富士郎1971）によれば、古代に江沼財氏が居館として築城し、一向一揆時代に山本（財町）円正が居城したとしている。残念ながら確証はない。また、西側の民家の屋号がオモテなのは、オオテ（大手）が変化したとも述べている。
　以上が児城の縄張り・歴史である。長期間使用された形跡がないことから、滝ヶ原町を支配する土豪が短期間使用する城郭として築城したのではなかろうか。

50. 江 指 城（えさしじょう）

①小松市江指町　②－　③１６世紀　④１６世紀　⑤１６世紀　⑥宇津呂丹波　⑦山城
⑧削平地・土塁・竪堀　⑨130m×20m　⑩標高61.0ｍ　比高30ｍ　⑪28

　通称城山山頂に築かれている。大杉谷川と郷谷川の合流点に位置する天然の要害でもある。故墟考では「宇津呂丹波別砦地也」と簡単に記述している。同じく宇津呂丹波が籠城した波佐谷城が大杉谷川の上流約2.1 kmの地点に存在しているので、大杉谷川の入口を固めるために宇津呂丹波が天正８年(1580)に使用したことは十分考えられる。

　縄張りは単純で、入口に竪堀①・③と土塁②を設けて虎口を固め、尾根上に平坦面Ａ・Ｂを設けているのみである。土塁②は若干崩れているが、虎口を固める櫓台だったと考えられる。櫓台を設けた虎口だが、平虎口である。この構造は波佐谷城や虚空蔵山城にも見られる。主郭Ａは細長い平坦面で、先端に一段下がったＢ曲輪を設けている。主郭Ａの周囲に土塁上の高まりも見られるが、自然地形と判断して記載しなかった。臨時的な砦と考えられよう。

　なお、主郭Ａに石塔や手水鉢（旗立石？）が現存しており、江戸期以降に再利用されていることは確実である。現在城跡を「山神さん」と呼ばれているのは、山岳宗教遺跡として再利用されたことを物語っていよう。

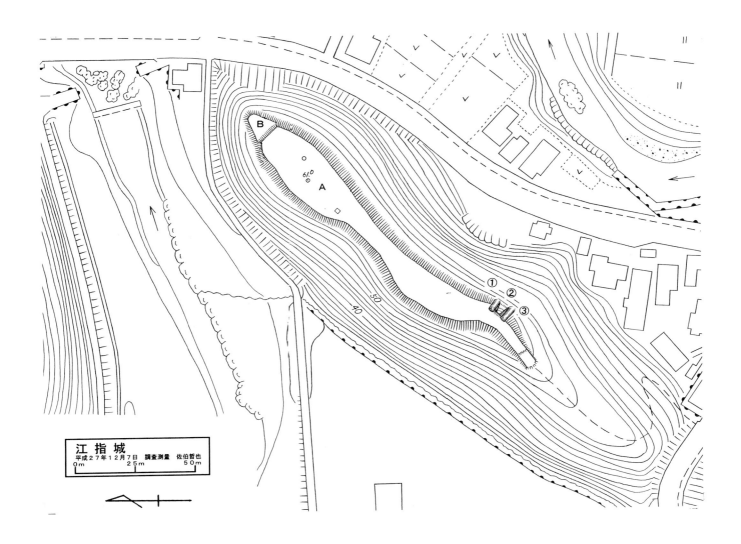

51. 岩 淵 城 (いわぶちじょう)

①小松市岩淵町　②－　③16世紀後半　④16世紀末　⑤16世紀末　⑥徳田志摩・織田政権
⑦山城　⑧削平地・切岸・土塁・堀切・竪堀　⑨330m×160m　⑩標高120.5m　比高90m　⑪25

　通称城山（シロヤマ）山頂に位置する。城跡西麓には三坂越の街道が通る交通の要衝でもある。三坂越えは、小松方面の加賀平野と鳥越城を繋ぐ最短コースとして、鳥越城にとって重要なルートだったと考えられる。三坂越えの街道が平野部から山麓部にさしかかった狭隘部に岩淵城が築かれており、三坂越えの物資・人馬の往来を監視・掌握することができたであろう。

　主郭はY字形のA曲輪。主郭Aのほぼ全周に横堀を伴わない塁線土塁が巡っている。このパターンは同じく三坂越え沿いに位置する岩倉城と同じだが、波佐谷城や虚空蔵山城とは別パターンである。東側の尾根続きを堀切①で遮断し、堀切①を乗り越えてきた敵軍の横移動を鈍らすために②地点に土塁を4本並べている。主郭A直下に平虎口③を設けている。搦手虎口で平虎口だが、主郭Aから強力な横矢が掛かる。

　C曲輪からの尾根続きが大手となるため、この方面が最も多くの防御施設を集中させている。まず尾根続きを遮断するため、堀切④を設けている。堀切④を越えた敵軍は、矢印のように（別添拡大図参照）内枡形虎口⑤に入ったと考えられる。内枡形虎口⑤は土塁と櫓台を兼ね備えた虎口で、敵軍を強制的に入らすために竪堀⑥まで設けている。勿論入る前から敵軍に対して城内から横矢が効いており、敵軍は弱体化しながら虎口に到達することになる。さらに虎口を突破したあとは、坂道を駆け上がらなければ主郭Aに入ることができない。自然地形までも生かしきった見事な虎口である。

　B曲輪の目的は、虎口⑤を攻める敵軍を側面から攻めることにあったと推定される。すなわちB曲輪に駐屯する城兵が虎口⑦から出撃し、帯曲輪を通ってB曲輪西面に移動して敵軍に横矢攻撃を仕掛けたのであろう。現在帯曲輪は⑧地点までしか確認できないが、かつてはB曲輪西面まで延びていたと推定される。敵軍は竪堀⑥があるため南下できず、仮に南下したとしてもB曲輪からの横矢攻撃を受けて城兵を追うことは不可能だったと推定される。こちらも見事な防御態勢と言える。

　このように防御施設は完成しており、虎口には櫓台・計画的な通路を付属させ、内枡形にまで発達させている。さらに主郭と従郭の強力に繋がっており、従郭に対する主郭からの求心力は強い。さらに主郭虎口を従郭が防御しており、両曲輪の連動性は高い。これらの点は波佐谷城・虚空蔵山城には無かった点であり、織豊系城郭の特徴を強く示している。鳥越城を攻める織田（柴田）軍の駐屯地とすることが、仮説の範疇なら許されるであろう。一方、曲輪には自然地形が多く残り、また不必要な段も多く残っており、臨時的な城郭だったことを物語る。軍事的緊張が高まった結果急遽築城されたことを物語っており、鳥越城攻めの緊張感が漂ってくる。

　C曲輪は低土塁・切岸が巡る平坦面で、ほぼ防御機能ゼロの曲輪である。恐らく下級城兵の駐屯地だったと考えられる。通常下級城兵は城内に収納しきれないため、山麓に駐屯していたと考えられる。しかし二度の落城悲劇を経験した織田鳥越城攻城軍にとって、ゲリラ戦の怖さを身にしみており、臨戦体制化にあって下級城兵を山麓に駐屯させる不利を悟っていたのであろう。これを克服するために、常時下級城兵も主要曲輪群の付近に駐屯させ、駐屯させた曲輪がC曲輪と推定される。このような曲輪は同じ三坂越え沿いの岩倉城にも見られる。C曲輪の存在は岩淵城が織田政権によって構築された傍証になる。

　故墟考は城主を「徳田志摩」としている。徳田志摩は天正4年(1576)5月28日付加賀四郡旗本衆連署状案（『金沢市史2』614）に見える「徳田志摩守重清」と考えられる。徳田志摩は岩淵城と4km離れた千代城主としても名が伝わっている。しかし岩淵城には違う時代の遺構がラップしている箇所は見られない。また岩淵城は臨時城郭であり、長期間使用された形跡もない。恐らく岩淵城は千代城と鳥越城を繋ぐ城として徳田志摩に築城されたあと、天正8～10年の間に織田政権により大改修されたと考えられよう。

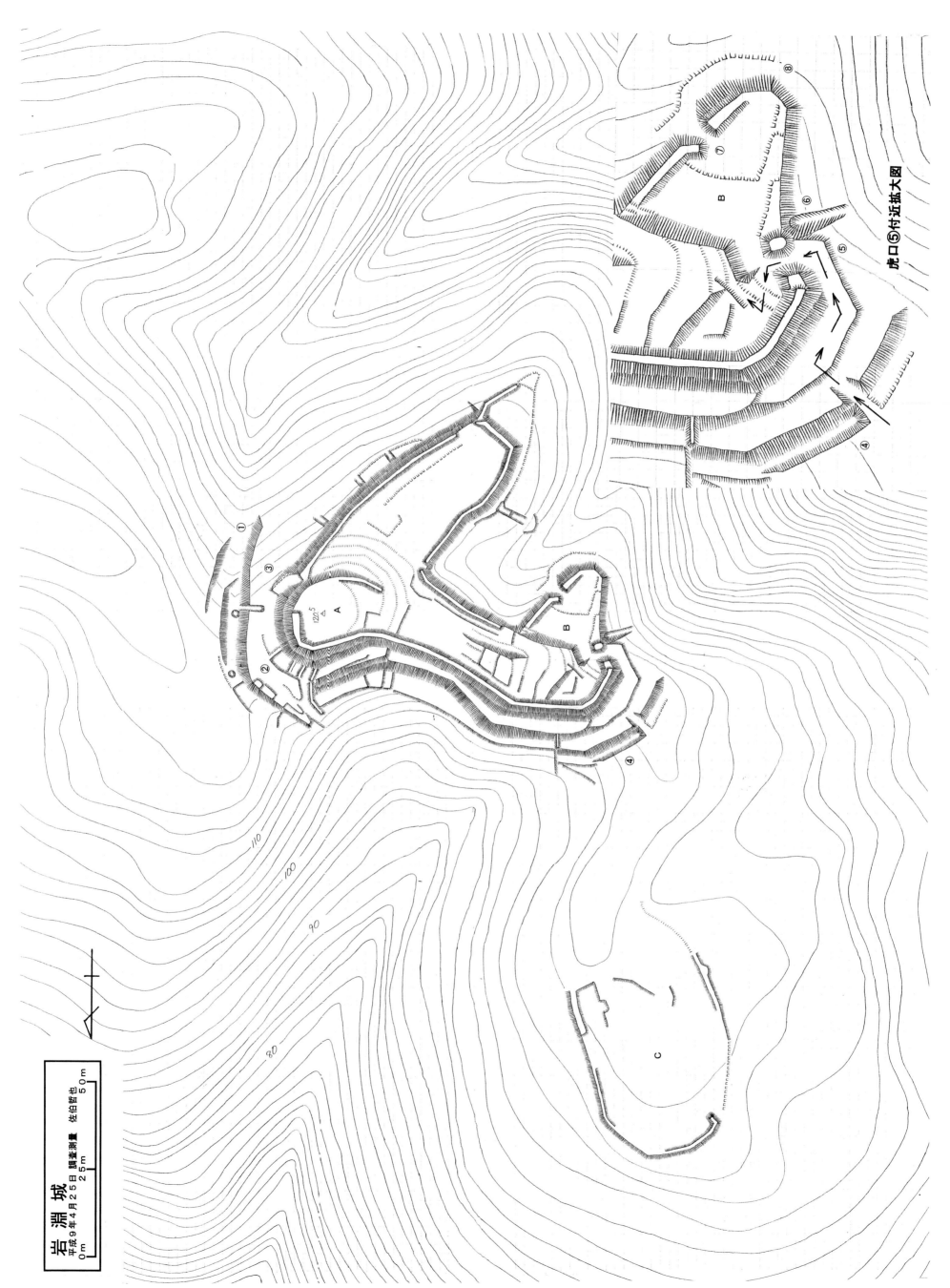

52. 小山城（こやまじょう）

①小松市原町　②－　③１６世紀末　④１６世紀末　⑤１６世紀末　⑥織田政権　⑦山城
⑧削平地・切岸・土塁・堀切・竪堀　⑨120m×80m　⑩標高71m　比高40m　⑪25

　岩淵城より一段下がった尾根の突端に築かれており、さらに岩淵城と250mしか離れていないため、岩淵城の別曲輪という見方も可能である。単郭の城郭で、主郭はA曲輪。平坦面に自然地形や不必要な段も多く残っており、完全に削平されていない。主郭Aの全周には横堀を伴わない塁線土塁を巡らせている。このパターンは岩倉・岩淵城等織田政権城郭に見られる特徴である。岩淵城と繋がる尾根を堀切①で遮断しているが、中央に土橋を設け、連絡性は残している。岩淵城との親密性を物語っている。しかし尾根続きは弱点部であることに変わりはなく、堀切①を越えず、両者面を横移動する敵軍の動きを鈍くするために竪堀を設けている。
　虎口②は櫓台を付属させた内枡形虎口であり、さらに内側に土塁を設けて二段構えの虎口となっている。防御は完璧と言える。残念ながら虎口の先端は土砂採取により破壊されていて明確にできない。恐らく虎口②が大手方向と考えられる。
　尾根の先端に開口している虎口③は、正面に切岸を設けて敵軍が直進できなくしているが、一旦虎口内部に入ってしまえば簡単に主郭に突入することができる。虎口③の突端は急斜面のため敵軍の進攻は考えられず、従って単純な構造で良かったのであろうか。
　以上述べたとおり一部不自然な点もあるが、織豊系城郭の特徴を示している。織田政権が天正8～10年に岩淵城を改修したときに、岩淵城の別曲輪として築城されたと推定される。平坦面が未整形のため、岩淵城と同じく臨時城郭だったと考えられる。なお小山城を仏ヶ原城とする説も存在するが、筆者は故墟考説（仏ヶ原城は岩倉城の別名）を採用したい。

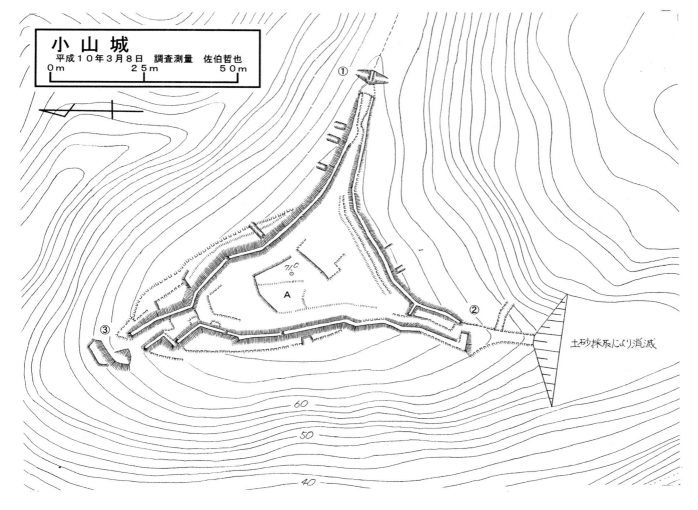

53. 岩倉城（いわくらじょう）

①小松市原町　②仏ヶ原城　③16世紀　④16世紀末　⑤16世紀末　⑥沢米左衛門・織田政権
⑦山城　⑧削平地・切岸・土塁　⑨210m×180m　⑩標高298m　比高240m　⑪25

　城跡眼下に三坂越えの街道が通る交通の要害である。しかし麓の集落から城跡はほとんど見えず、集落と密接に繋がっているとは言いがたい。『原町の歴史』（川良雄 1967）は、城主を沢米左衛門、家老は勘右衛門・惣左衛門としているが、詳細は不明。
　主郭はA曲輪。主郭Aも含めて主要曲輪は全周に横堀を伴わない塁線土塁を巡らしている。これは岩淵城等織田政権城郭に見られる特徴である。櫓台①が主郭Aの櫓台であると共に、城内の司令塔であったと推定される。北側の尾根続きから進攻してきた敵軍は、細く加工された尾根を通り、C曲輪の前面で大きく迂回して虎口②に入る（別添拡大図参照）。虎口②は平虎口だが、長時間C曲輪からの横矢攻撃を受け、さらに空堀により土橋状に細くなった通路を通らなければ虎口②に到達できない。仮に敵軍が虎口②を突破してC曲輪を占領しても、頭上の櫓台①から攻撃され、敵軍はC曲輪を維持することは困難だったであろう。同様のことはB曲輪にも言える。
　これを城兵側から見れば、B・C曲輪に進撃するにあたり、櫓台①からの援護射撃を受けることが出来る。つまりB・C曲輪は虎口空間と評価することができる。具体的には、虎口④が内側門で、B曲輪が虎口空間、虎口③が外側門、これで1セット。虎口③が内側門で、C曲輪が虎口空間、虎口②が外側門、これで1セット。となる。この虎口セット全てにおいて櫓台①が厳しく監視している。BC曲輪に設けられた虎口②・③・④は全て平虎口だが、屈曲しなければ次の虎口には進めず、従って虎口空間を伴った枡形虎口と評価することができるのであり、最も進歩した虎口形態の一つと評価することができるのである。櫓台①を中心として主郭AとB・C曲輪が完全に連動しており、従郭に対して主郭は強い求心力を発揮していると言えよう。
　虎口⑤も櫓台を備えているものの、基本的には平虎口である。しかしD曲輪も外枡形虎口空間とみなすことができ、従って虎口⑤も外枡形虎口とすることができるのである。
　主郭Aは広々とした平坦面で、他の曲輪も含めて平坦面はきれいに削平されている。岩倉城の特徴の一つである。主郭Aに石礫の塚がある。説明板によれば投石用の礫とのことだが、投石用としては小さすぎる。近くに岩倉観音があることから、登拝者が登拝記念のため、山麓から持ち上げた礫の可能性がある。⑥は岩倉観音堂。⑦は観音堂境内に下りる直線道路。先ほどの虎口とは全く性格が異なっており、廃城後に造成された参拝道と考えられる。⑧は岩倉清水と呼ばれ、城兵の飲料水だったことが考えられる。E曲輪は米左衛門屋敷と呼ばれ、米蔵や味噌蔵があったと伝えられている。恐らく岩淵城と同様に、下級城兵の駐屯地と考えられる。
　以上が岩倉城の縄張りの概要である。横堀を伴わない塁線土塁・主郭と従郭との連動性・虎口空間を伴った虎口形態は織田政権城郭の特徴を示しており、現存する遺構は、織田政権部将に構築されたと考えて良い。沢米左衛門の城郭を織田政権部将が大改修したのであろう。三坂越えを見下ろす位置に構築されていることから、鳥越城攻めをにらんだ大改修であろう。ただし、岩淵城とは違い、平坦面もきれいに削平され、縄張りの完成度も高い。初めから拠点として、そして居住性を考慮して築城されたことを物語っている。詳細は不明だが、岩倉城は天正3年（1575）織田軍に攻略された伝承が残る（『小松の中世城郭を探る』川畑謙二 2003）。これが事実とすれば、白山山内と鳥越城の重要性を認知した織田軍が岩倉城を攻め落とし、攻略拠点として岩倉城を大改修したことが考えられる。当時はまだ金沢御堂は健在しているため、小松方面から最短距離で鳥越城に到達できる三坂越えは、軍事街道として重要視されていたのであろう。
　『小松の中世城郭を探る』によれば、岩倉城のように険しい山上を大々的に改修して常駐することの意義を疑問視する声があるという。しかし織田軍とすれば狭隘な地形ゆえに大軍を投入するわけにいかず、そして白山山内衆の勢力が強大なこの地にあって、あえて険しい山上の城郭に常駐することが、最善の方法だったのではなかろうか。なお故墟考は岩倉城の別名を仏ヶ原城としている。あえて否定する材料も無いため、故墟考の説に賛同したい。

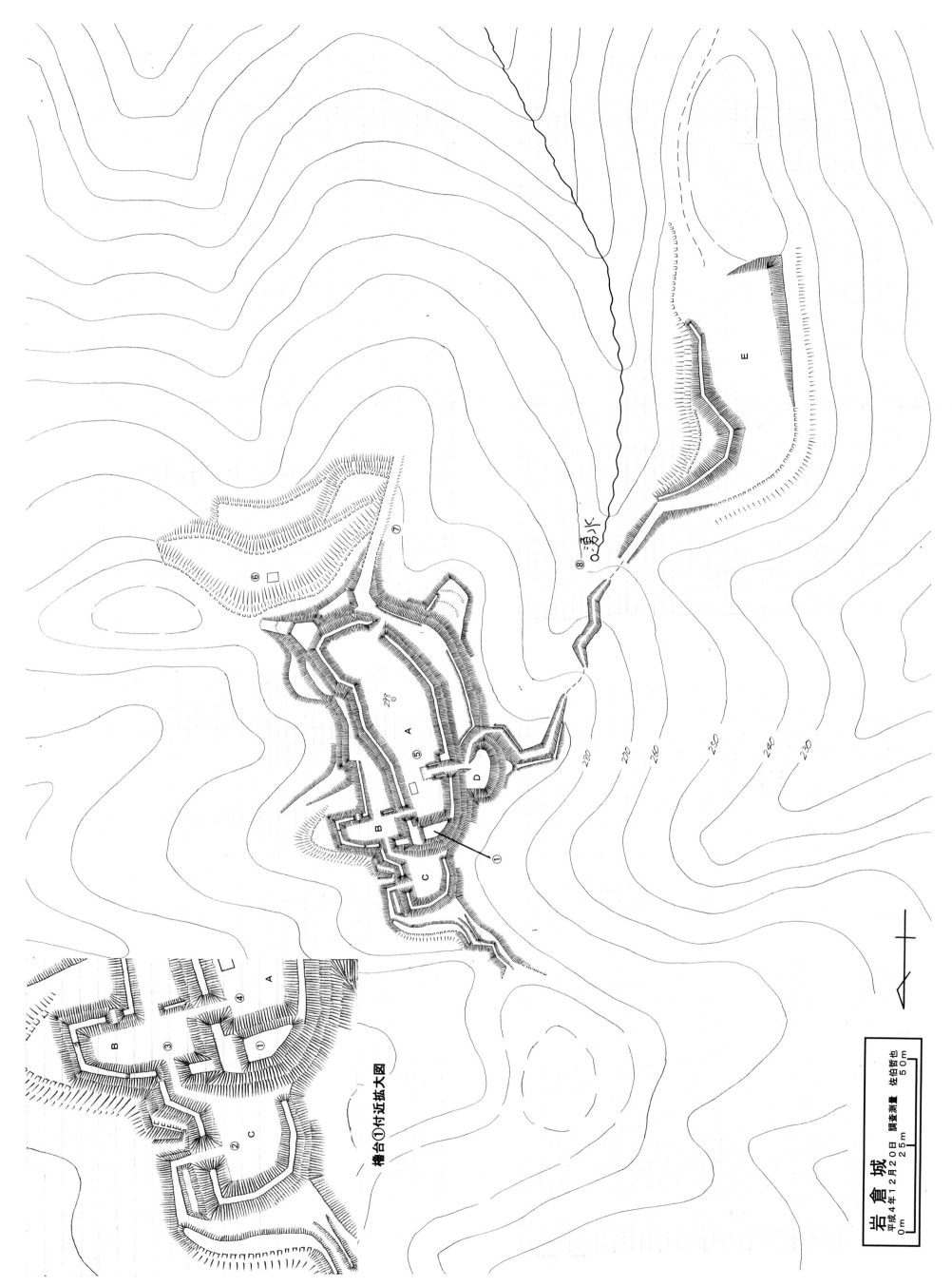

54. 三 童 子 城 （さんどうじじょう）

①小松市滝ヶ原町　②－　③16世紀　④16世紀　⑤16世紀　⑥加賀一向一揆　⑦山城
⑧削平地・切岸・堀切・土塁・　⑨150m×90m　⑩標高492.8m　比高440m　⑪33

　三童子山山頂に位置する。修験の山だけあって山頂からの眺望は良い。山頂と宇谷川を挟んだ対岸に、黒岩と呼ばれる露頭岩があり、その岩の洞窟に三人の童子が修行していたことが、山名の由来とされている。また宇谷川左岸には「城戸のだんご岩」と呼ばれる岩があるが、参堂し三童子城に関連した地名であろうか。戦国時代、越前朝倉氏の加賀進攻に備えて、加賀一向一揆が築城したとされているが、詳細は不明である。
　山頂に主郭Aを置き、尾根続きの東西に堀切①・②を設けて遮断している。特に西側の尾根続きを警戒していたのか、堀切①の他に、櫓台や土塁で防御力を増強している。さらに堀切①の外側の尾根を細く加工して、大人数での進攻を困難にしている。また北側の尾根続きは、尾根が広すぎて堀切が設けにくく、その代用として鋭角の高切岸③を用いて敵軍の攻撃を遮断している。主郭Aから南側に延びる尾根の突端は、深い谷のため、防御施設は設けていない。
　以上の縄張りから、加賀平野方面からの攻撃に備えるための縄張りと理解され、一向一揆が朝倉軍の攻撃に備えたという伝承をある程度裏付けている。
　三童子城は鞍掛山と尾根で繋ぐハイキングコースとして利用されており、ブッシュもきれいに刈り払われ、遺構が観察しやすくなっている。要所要所に説明板も設置されており、中世城館の保存活用事例の好例と言えよう。なお、『小松市滝ヶ原史』（中川富士郎 1971）によれば、三童子城の位置を三童子山頂から北に延びた尾根の突端（山頂から430m）としている。今後の調査が必要であろう。

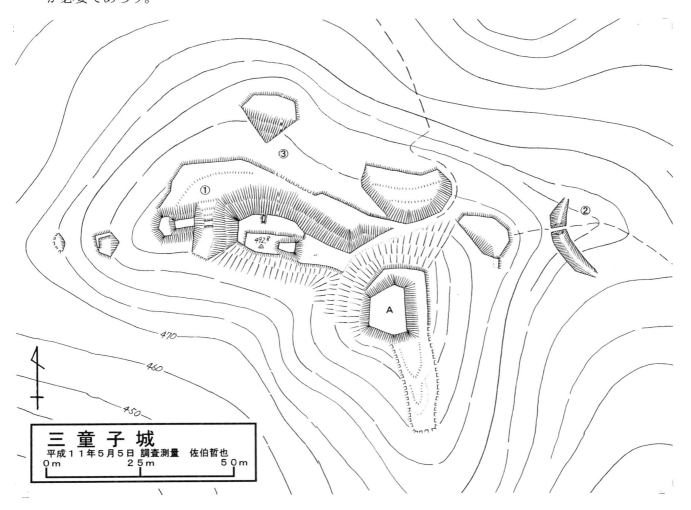

55. 覆山砦 (おおやまとりで)

①小松市中峠町　②－　③１６世紀末　④１６世紀末　⑤１６世紀末　⑥織田政権　⑦山城
⑧削平地・切岸・堀切・竪堀・土塁　⑨80m×80m　⑩標高236.8m　比高120m　⑪26

　北麓に三坂越えの街道が走る交通の要衝である。城主等は伝わっていない。主郭はA曲輪（図2参照）。主郭Aの全周に横堀を伴わない塁線土塁が巡っており、これは岩淵城・岩倉城と同型の土塁である。南の尾根続きは堀切③を設けて敵軍の攻撃を遮断している。堀切③を越えて切岸に取り付いた敵軍に対しては、⑥地点からの横矢が効いている。

　大手方向は北東の中峠集落方向で、敵軍は内枡形虎口②からB曲輪に入ることになる。虎口②に入らない敵軍はB曲輪を南下することになるが、竪堀⑤によってそれ以上進めず、敵軍は横堀を西進することになり、主郭A・B曲輪からの両横矢あるいは櫓台④からの横矢に晒されることになる。虎口②を突破した敵軍はB曲輪からの横矢に晒されながら外枡形虎口①に向うことになり、さらに外枡形虎口①に入るときも主郭Aからの横矢が効いている。このように虎口②から虎口①に至るまで常に敵軍に対して横矢が効いていると共に、敵軍は設定された細長い通路を通るため、城兵は攻撃の焦点を絞ることができ、少人数での籠城が可能となっている。

　主郭Aから120m離れた南西の方向に、「城屋敷（シロヤシキ）」（図1参照）と呼ばれる平坦面が存在する。岩淵城等のように、下級城兵を駐屯させる平坦面と考えたい。

　このように覆山砦は小規模ながら明確な枡形虎口・塁線土塁はもとより、主郭AとB曲輪の連動性・計画的な通路の設定は、織田政権城郭の特徴を示している。天正8年頃鳥越城攻城戦用の城郭として織田軍が築城したと考えたい。小規模城郭といえども下級城兵を駐屯させる山上平坦面を設けている点は、非常に興味深い。

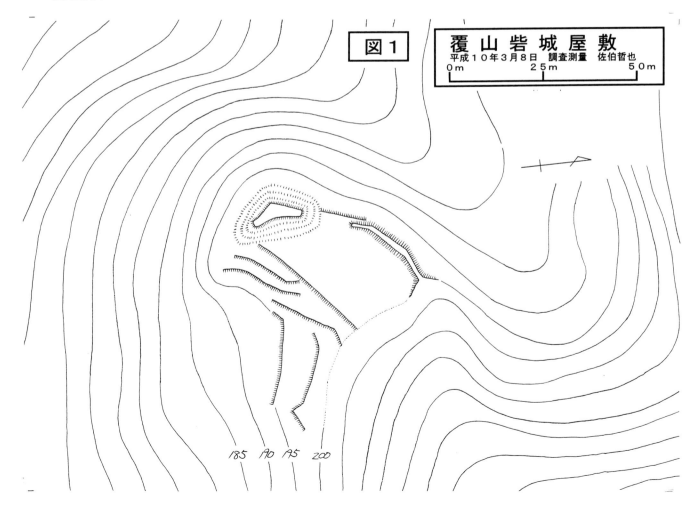

図1　覆山砦城屋敷　平成10年3月8日　調査測量　佐伯哲也
0m　25m　50m

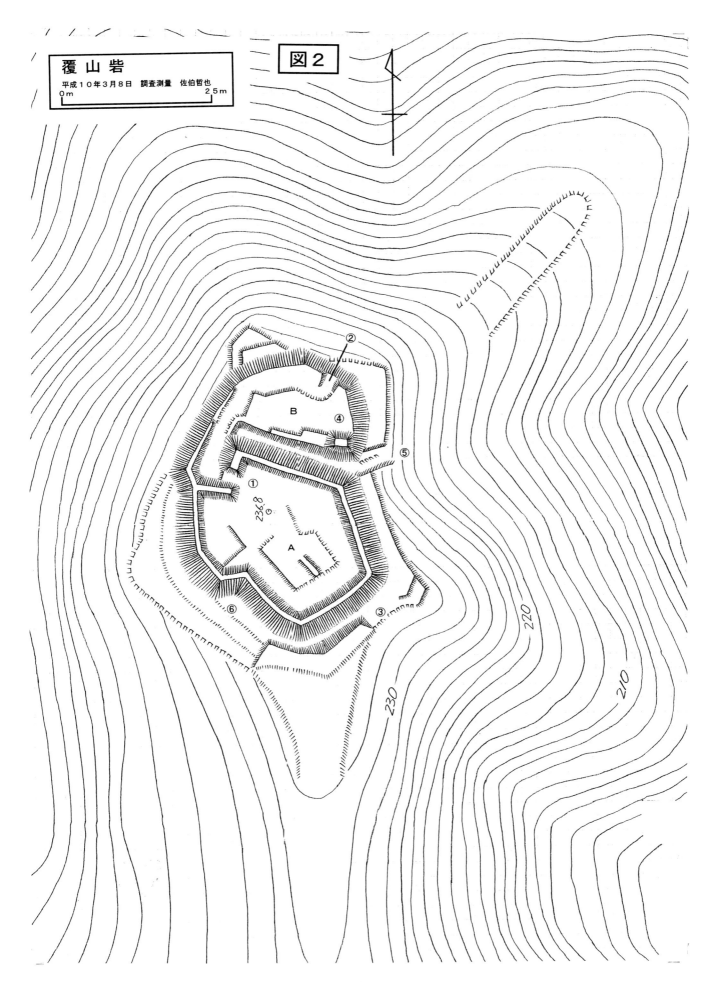

56. 柴田の付城 (しばたのつけじろ)

①加賀市山中温泉薬師町　②－　③天正8年　④天正8年　⑤天正8年　⑥柴田勝家　⑦山城
⑧削平地・切岸・堀切・竪堀・土塁　⑨130m×60m　⑩標高143.4m　比高60m　⑪36

　通称薬師山山頂に位置する。この通称は山麓の医王寺の薬師如来からきているのであろう。主郭はA曲輪（図1・2）。南側を堀切①で遮断するが、堀底に土橋を設けて通路性を残す。主郭A・B曲輪共に堀切①側に櫓台を設けて、堀切①の土橋を往来する武士達を監視している。B曲輪の南端は切岸（幅広の堀切）②で遮断している。
　大手方向は虎口③で、多少破壊されているが小規模ながら内枡形虎口だったと考えられる。D曲輪から土橋通路④を通り、一旦C曲輪に出て虎口③に入ったと考えられる。このときC曲輪からの横矢が効いている。さらに土橋通路④を通ることにより、少人数しか虎口③に到達できないようにしている。単純ながらも技術力は高いと評価できる。
　E曲輪（図2）の平坦面そのものは新しく中世まで遡らせるのは難しい。しかし主要曲輪群との間には強力な遮断施設は存在せず（小規模な堀切⑥は存在するが）、主要曲輪群との親密性を窺わせている。恐らく当初は城兵の駐屯地として構築され、近世以降に医王寺の宗教施設として再整備され、そのとき塚状遺構⑤が構築されたのであろう。
　故墟考は天正8年(1580)加賀一向一揆の山中黒谷城を攻めるにあたり、柴田勝家が築いた付城としている。虎口③の構造からもそれを裏付けることができ、故墟考の説に賛同するが、天正3年の可能性も指摘したい。同じく織田政権の臨時城郭である岩淵城と比較すれば、構造の簡略化は否めない。臨時城郭ではあるが相対する敵軍により、付城で良いのか、あるいは拠点規模の城郭にするのか、どちらかを選択した織田軍の基準が判明する貴重な遺構と言えよう。

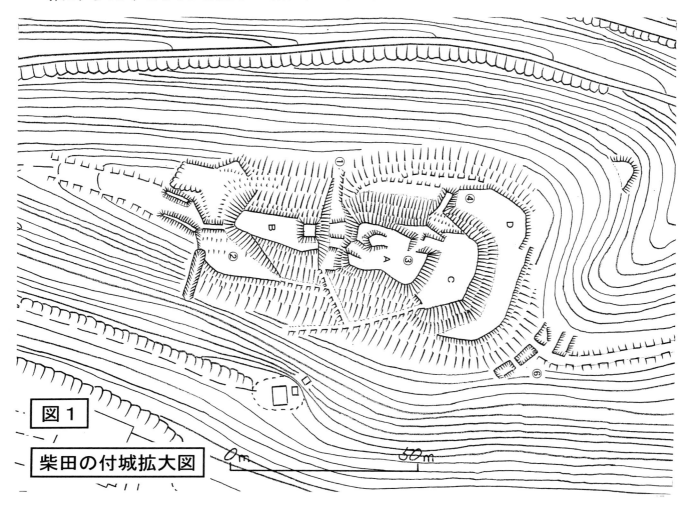

図1　柴田の付城拡大図

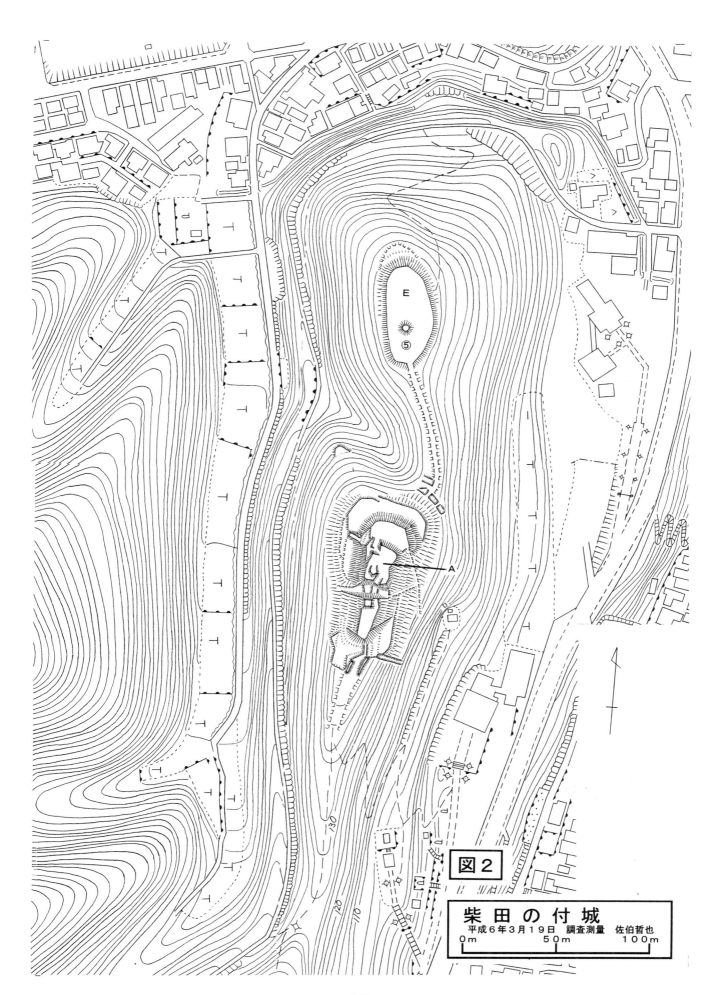

57. 赤岩城（あかいわじょう）

①加賀市山中温泉滝町　②－　③16世紀　④16世紀後半　⑤16世紀後半　⑥藤丸氏　⑦山城
⑧削平地・切岸・土塁・竪堀・堀切・石垣　⑨200m×100m　⑩標高190m　比高110m　⑪37

　『山中町史完結編』（加賀市山中温泉支所 2006）によれば、加賀一向一揆旗本の藤丸新介勝俊の居城だったという。勝俊は天正3年（1575）8月柴田勝家軍と戦うが、赤岩城は落城、勝俊は能美郡に敗走したという。勝俊は天正4年加賀四郡旗本衆連署書状案（『金沢市史2』614）に名を連ね、そして天正5年上杉家家中名字尽（『金沢市史2』638）に名が見えていることから、上杉家の家臣として各地を転戦していることが判明する。最後は越中魚津城の城将（『上杉氏文書集二』2348・2359）となるが、天正10年6月3日に魚津城は落城、勝俊も討死する。上杉景勝は2348の書状で勝俊のことを「於賀州覚之者」と述べており、これによっても勝俊が赤岩城主だった可能性は高い。赤岩城が位置する江沼郡は天正三年の段階でほぼ柴田軍に制圧されており、天正三年の落城をもって廃城になったのであろう。

　城跡の北麓に東谷往来が通る交通の要衝である。主郭はA曲輪。南側の尾根続きを堀切⑥で遮断する。堀切⑥は上幅が17mもあり、遮断性の強い堀切である。それでも不安だったのであろう、腰曲輪南端を塁線土塁⑦で防御力を増強し、さらに主郭Aの南〜西面を石垣で補強している。この石垣は最大推定高さが3.6mで、50cm前後の石材を使用し、裏込石は使用していない。つまり波佐谷城や虚空蔵山城と同類型の石垣と言える。堀切⑥を越えてきた敵軍の直撃を受ける主郭Aの南・西面を補強するための石垣と理解できる。

　虎口①は土塁で固めるが、単純な平虎口。しかし別添拡大図のように入ったと推定され、主郭Aからの横矢が掛かる。単純ではあるが虎口①には細長い通路が付属しており、長時間横矢が掛かるように設定されている。その先は内枡形虎口②・③を連続して設け、虎口③には石垣を設けて切岸を補強している。虎口③は虎口②を監視し、B曲輪は虎口③を監視している。これを逆の見方をすれば、虎口②を守備する城兵は虎口③から援護射撃をもらうことができ、虎口③を守備する城兵はB曲輪から援護射撃をもらうことができるのである。

　虎口②の先には通路④・⑤を設けて、虎口に敵軍を誘導することに成功している。敵軍を誘導することにより、城兵は攻撃の焦点を絞ることができ、その結果少数での籠城を可能としている。西側斜面に竪堀⑨・⑩を設けている。この結果敵軍は西斜面の廻り込みができなくなり、主郭に到達するには、否が応でも通路⑤・④を通らざるを得なくなる。それは虎口②〜虎口①の一連の通路を通らざるを得なくなるのである。見事な竪堀の用法である。

　技術力の高い縄張りだが、欠点も存在する。通路④・⑤は敵軍を虎口に誘導することには成功しているが、積極的な横矢は掛かっていない。またC曲輪では、折角一点に集めた敵軍を拡散させてしまうミスを犯している。その結果城兵は攻撃の焦点も見失ってしまう。また虎口②・③は土塁で固めておらず、防御力そのものは弱い。さらに櫓台も設けていない。高い技術力を保有する赤岩城だが、技術力の限界も見え隠れする縄張りと言えよう。このことは、天正8年に織田政権によって大改修された岩倉城や岩淵城と決定的に違う。赤岩城における織田政権の関与は否定して良い。やはり天正3年の落城をもって廃城になったとするべきであろう。

　以上、赤岩城の縄張りを述べた。天正3年当時における加賀一向一揆の縄張り技術が、高い水準を誇っていたことを示している。これは波佐谷城の縄張りと同様のことと言える。特に江沼郡は越前国との国境に位置しているため、天文〜永禄年間にかけては越前朝倉氏と加賀一向一揆との抗争、そして天正元〜3年にかけては織田政権と加賀一向一揆との抗争が繰り広げられており、そのような中で縄張り技術が高められていたことも要因の一つと言える。

　加賀一向一揆の中枢・金沢御堂や石山本願寺の縄張り技術が高いのではなく、一向一揆を下支えした在地領主の縄張り技術が高かった結果、一向一揆全体の縄張り技術が高くなった、と評価しても良いのではなかろうか。

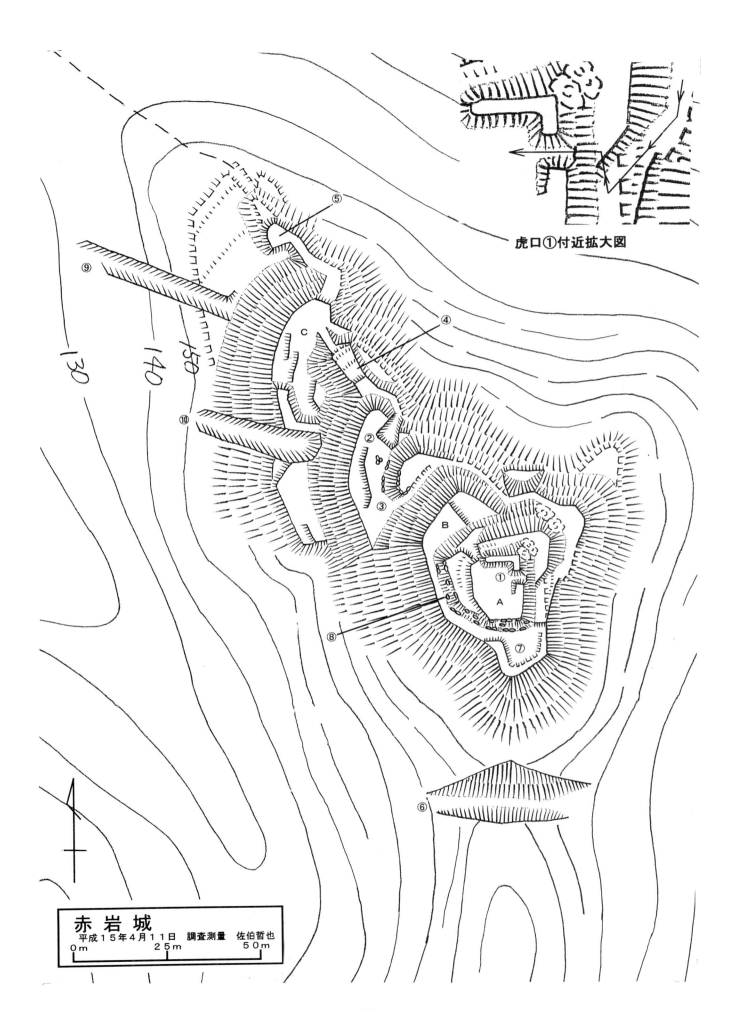

虎口①付近拡大図

赤岩城
平成15年4月11日 調査測量 佐伯哲也

58. 黒 谷 城（くろたにじょう）

①加賀市桂谷町　②－　③１４世紀　④１６世紀　⑤１６世紀　⑥加賀一向一揆・朝倉氏
⑦山城　⑧削平地・切岸・竪堀・堀切・井戸・畝状空堀群　⑨ 310m × 140m
⑩標高 234 m　比高 170 m　⑪36

　山中温泉の市街地を見下ろす山上に位置する。故墟考によれば建武２年(1335)長九郎左衛門盛綱が拠ったというが、詳細は不明。加賀・越前国境に位置することから、天文～永禄年間にかけて繰り広げられた加賀一向一揆・朝倉氏の抗争に、両者によって使用されたと考えられる。弘治元年(1555)朝倉教景が加賀に攻め込んだとき、加賀一向一揆が黒谷城に拠り遠篝を焚いたと伝えられる。さらに永禄 10 年(1567)12 月 15 日加賀一向一揆と朝倉氏が足利義昭の仲介により和睦した際、和睦の条件として、一向一揆は柏野城と松山城、朝倉氏は黒谷城・日谷（檜屋）城・大聖寺城を放火して破却し、北陸道の往還を回復している〔『越前・朝倉氏関係年表』（福井県立一乗谷朝倉氏遺跡資料館 2010）所収「安楽山産福禅寺年代記」〕。両者の抗争の間で、城主も激しく入れ替わっていたのであろう。
　『山中町史』（山中町史刊行会 1959）によれば、天正８年(1580)柴田軍が金沢御坊を陥落させた際、土屋隼人・窪田大炊允が籠城したという。さらに同年朝倉氏の残党の吉田某と一揆方の岸田常徳が立て籠もったが、柴田軍が５日間で攻め落としたという。しかし天正８年に朝倉氏の残党が残存していたとは考えにくく、天正３年の事跡と混同している可能性が高い。なお故墟考では徳川家康の家臣本多正信が在城したとしているが、詳細は不明。
　主郭は城内最高所のＡ曲輪。地表面観察で確認できる虎口は設けられていない。周囲に切岸を巡らせた結果、下段の曲輪の連絡性が悪くなり、通路も未設定となっている。Ｂ地区やＣ地区には、大小様々な平坦面を設けている。先端には遮断性の強い堀切や竪堀を設けており、その内側（＝城域側）のみに平坦面が存在し、外側（＝城外）に存在しないため、平坦面は城郭施設としての平坦面と考えられる。しかしその平坦面と主郭Ａとの間には明確な通路設定はなされておらず、どのように連絡していたか不明。
　竪穴①は直径が６ｍもあり、井戸と考えられる。井戸を防御するかのように５本の畝状空堀群②を設けている。畝状空堀群は朝倉氏・加賀一向一揆両方の城郭に見られ、どちらが構築したのか即断はできない。
　東方から北方の尾根続きには、前後の尾根続きを遮断する防御施設は完備するものの、平坦面は未整形な曲輪群が並んでいる。Ｄ・Ｅ曲輪は主郭Ａに匹敵するほどの広さだが、削平は甘い。つまり主郭Ａは当初から存在していたが、その後Ｄ・Ｅ曲輪が急遽構築されたという仮説を提唱することができる。
　Ｅ曲輪から北方には竪堀や堀切を設けて敵軍の進攻を防御しているが、土橋を設けて完全に遮断していない。これは同じく尾根上でありながら、堀切で完全に遮断しているＣ地区とは違っている。恐らくＥ曲輪の尾根上には中世の街道が通っており、街道を監視・掌握することが黒谷城の役割の一つだったと考えられる。
　以上述べたように、黒谷城には、虎口や土塁・櫓台・横堀・石垣といった比較的新しいパーツが全く残っていない。これは天正年間に加賀一向一揆が籠城した赤岩城・波佐谷城とは全く違った様相を示していると言って良い。ということは天文～永禄年間にかけて加賀一向一揆・朝倉氏によって築城・使用され、基本的な大改修・使用は永禄 10 年の破却によって終了していることを示しているのではなかろうか。そして天正３年柴田軍加賀進攻にあたり、廃城になっていた黒谷城を急遽一揆軍と朝倉氏残党が構築したのがＤ・Ｅ曲輪だったという仮説を提唱することができよう。

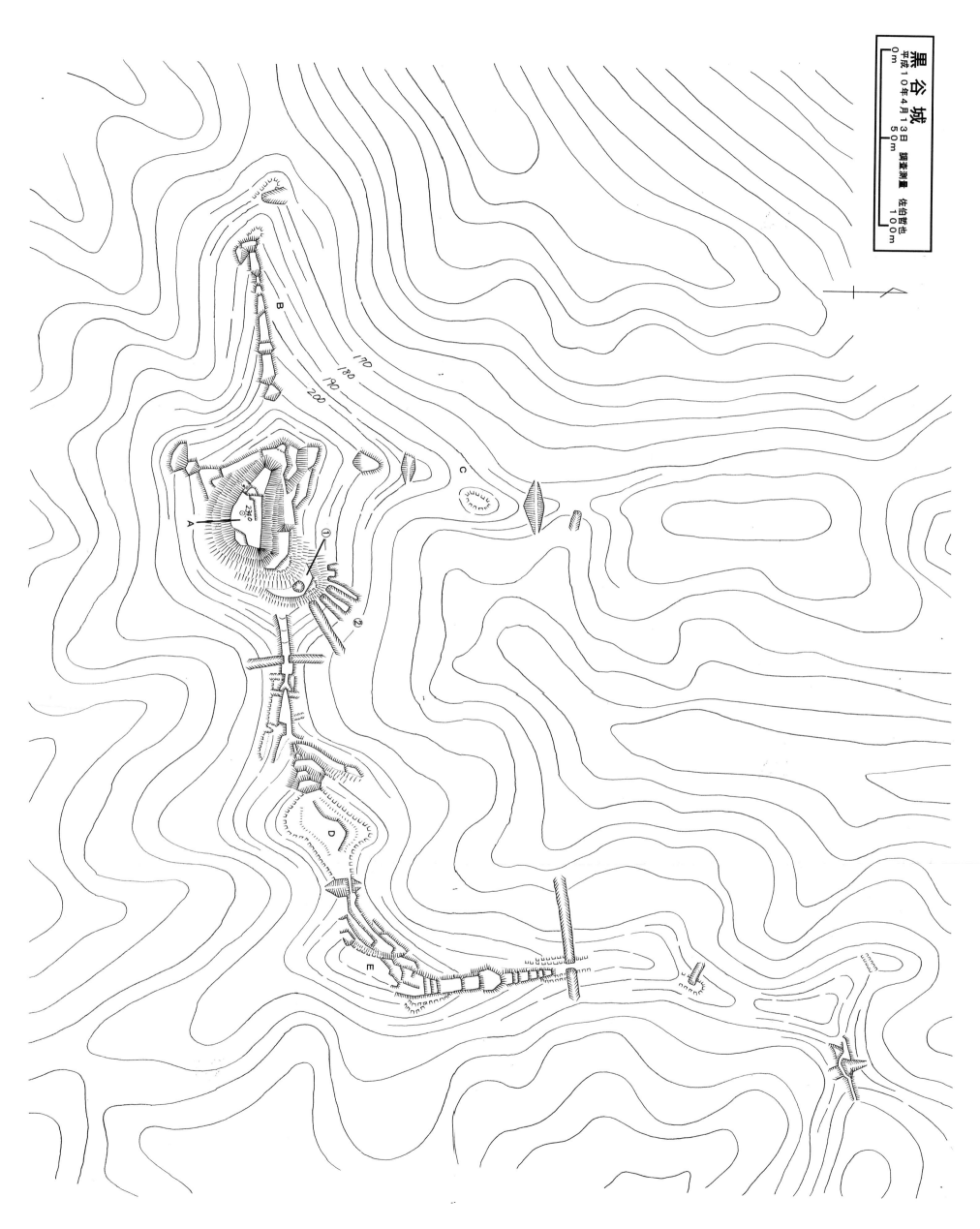

59. 山 中 城（やまなかじょう）

①加賀市山中温泉東町　②－　③16世紀後半　④16世紀後半　⑤16世紀後半　⑥岸田常徳？
⑦山城　⑧削平地・切岸・堀切　⑨50m×50m　⑩標高135.9m　比高80m　⑪36

　故墟考では山中城と黒谷城を同一の城郭としているが、明らかに別城である。ただし黒谷城と山中城は同一の尾根で繋がっており、山中城は黒谷城の出城という考え方も成立する。このために故墟考は両城を同一の城としたのであろうか。
　縄張りは至って簡単で、尾根の先端を削平して曲輪を構築し、背後に堀切を設けて尾根続きを遮断している。曲輪も未整形部分が多く、輪郭もはっきりしていない。軍事的緊張が高まった結果、急遽築城された臨時城郭ということが推定される。天正8年(1580年、天正3年の可能性もある)柴田軍が柴田の付城を築城し、黒谷城を攻めたとき、黒谷城の出城として一揆軍が急遽築城したという仮説も成り立とう。

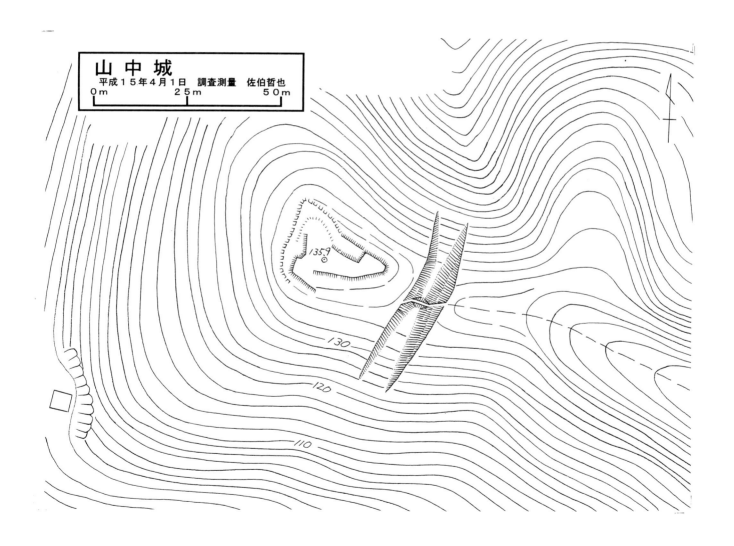

60. 日 谷 城 (ひのやじょう)

①加賀市日谷町　②－　③１６世紀　④１６世紀後半　⑤１６世紀後半　⑥加賀一向一揆・朝倉氏・織田政権　⑦山城　⑧削平地・切岸・土塁・横堀・堀切　⑨ 690m × 240m
⑩標高 118.3m、比高 90m　⑪35

　加賀・越前の国境に位置する要衝で、加賀一向一揆・朝倉氏・織田政権の三者によって使用された拠点城郭である。築城年・築城者は不明だが、白山宮荘厳講中記録（『加能史料戦国XIV』）には、弘治元年(1555) 7 月 19 日朝倉教景（宗滴）が加賀に進攻し、7 月 23 日大聖寺・日谷（日屋）城を攻め落としている。これにより弘治元年以前から加賀一向一揆の城郭として存在していたことが判明する。永禄 10 年(1567) 12 月 15 日加賀一向一揆と朝倉氏が足利義昭の仲介により和睦した際、和睦の条件として、一向一揆は柏野城と松山城、朝倉氏は黒谷城・日谷（檜屋）城・大聖寺城を放火して破却し、北陸道の往還を回復している〔『越前・朝倉氏関係年表』（福井県立一乗谷朝倉氏遺跡資料館 2010）所収「安楽山産福禅寺年代記」〕。恐らく弘治元年以降朝倉氏の拠点として使用されていたのであろう。

　天正 3 年(1575)織田信長軍は加賀に進攻し江沼・能美二郡を制圧する。このとき『信長公記』（奥野高弘・岩沢愿彦校注　角川書店 1994）によれば大聖寺（大正寺）城・日谷（檜屋）城を改修し、戸次右近等を入城させている。織田軍も日谷城は加賀・越前国境の城郭として重要視していたのである。天正 5 年 9 月織田軍は湊川の合戦で上杉謙信に敗れたものの、同年 10 月御幸塚城に佐久間盛政、大聖寺城に柴田勝家軍を入城させているので、少なくとも江沼郡は死守していたようである。天正 8 年 4 月頃金沢御堂が陥落すると、加賀一向一揆は山麓部の城郭に籠城する。このとき岸田常徳と子の新四郎は日谷城に籠城する。しかし同年 11 月 17 日柴田勝家の謀略により殺害され、常徳・新四郎等 19 人の首が安土城下に晒されている（『信長公記』）。このとき日谷城も落城したのであろう。

　城内最高所のA曲輪が主郭（図 1・2）。土橋通路①（図 2）が主郭虎口と推定されるが、枡形にまで発達していない。主郭Aの南側には一部横堀と土塁を設けているが、周囲を巡るまでには至っていない。B曲輪は重要な従郭だが、主郭Aとの連絡性・連動性は希薄である。B曲輪も土橋通路を虎口として使用しており、②地点にも土橋通路が残っている。日谷城の虎口は基本的には土橋通路だったことが判明する。

　南側には遮断性の強い堀切⑥（図 1）を設けており、これが城域の南端と推定される。ここからは尾根上を通って⑦地点（図 2）から城内に入ったのであろう。しかし敵軍は従郭からの攻撃を受けずに主郭Aに到達できるので、こちらは大手ではない。大手方向は尾根北端の⑧地点（図 1）であろう。⑧地点からは尾根を南下して③地点（図 2）に入り、B曲輪からの横矢攻撃を受けながら④地点に向う。そこからはB曲輪の一部と推定される⑤地点からの横矢攻撃を受けながら、主郭Aの土橋通路①に到達する。このルートだと従郭からの横矢攻撃を受けなければ主郭に到達できないため、大手ルートと推定される。B曲輪は大手方向からの敵軍に直撃されるため、防御力を増強するために唯一切岸直下に横堀と土塁を巡らせ、さらに横移動を鈍らすために竪堀を 7 本設けたと考えられる。しかし、明確な通路設定とは言いがたい。

　主郭Aの周辺には、不明瞭ながら防御ラインが設定されている。⑨～⑩～⑪～⑫～⑬～⑭と、横堀や竪堀・堀切と繋いでいる。つぎはぎだらけの雑多な防御ラインであり、改修・増築を繰り返して現存の形になったことは歴然としている。防御ラインの構築で、従来は重要な従郭だったC曲輪はライン外になっている。恐らくかつては広大な範囲に曲輪が散在していたが、これでは防御上不利となるので防御ラインを設定し、城域を縮小したのであろう。

　防御ラインは完全に統一された天正 8 年の和田山城よりも技術上劣っている。とすれば天正 3 年に改修した戸次右近時代のものと推定することが許されよう。天正 8 年当時は、加賀・越前の国境の軍事的緊張は収まっていたと考えられる。発達した虎口も存在していないことから、天正 8 年の落城をもって廃城になったと考えられよう。

図1 日谷城
平成6年12月22・23日調査測量　佐伯哲也

図2 主要曲輪群拡大図

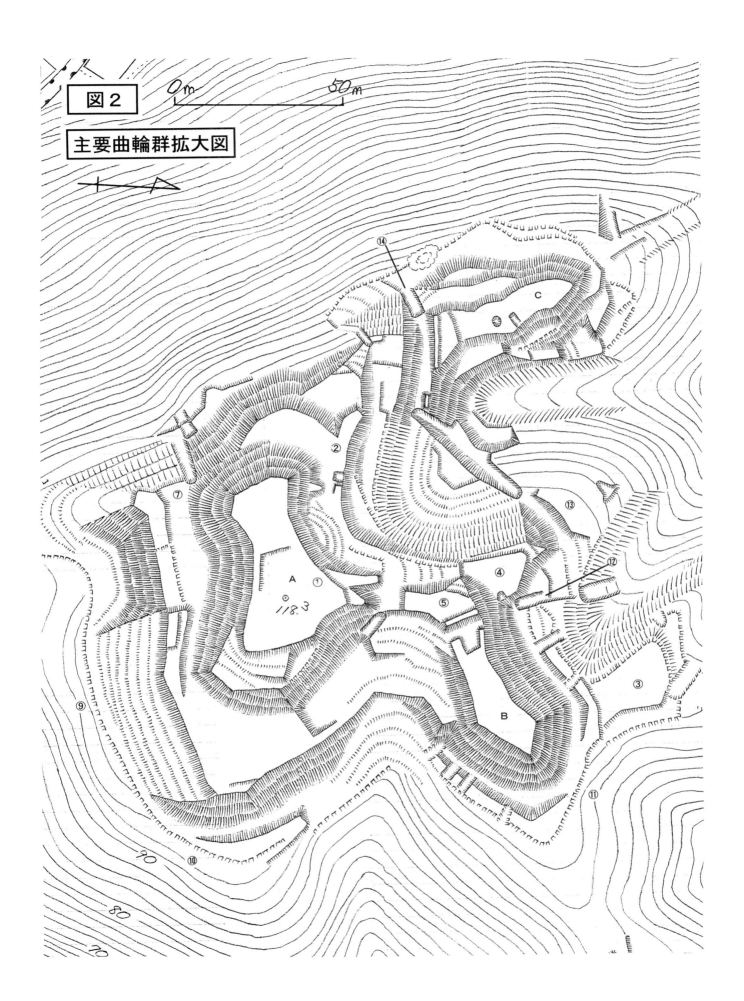

61. 熊坂口之城（くまさかくちのじょう）

①加賀市熊坂町畑岡　②－　③１６世紀　④１６世紀　⑤１６世紀　⑥加賀一向一揆？　⑦山城
⑧削平地・切岸・土塁・堀切　⑨140m×110m　⑩標高50m、比高40m　⑪34

　現在周辺は開発行為が進み、原形を保っているのは長範山と呼ばれる範囲しかない。この長範山は、江沼郡古城跡図の内熊坂村口之城山之図（『加賀市史通史上巻』加賀市1978所収。この絵図は文化・嘉永年間に大聖寺藩士駒澤十蔵・宮永理兵衛・奥村永世等が調査）に描かれている。絵図には「城主ノ名不知」とあるのみである。

　縄張りは単純で、尾根先端の頂部を削平して主郭Aとし、尾根続きを堀切①で遮断している。堀切①の防御力を増強するために、外側を土塁状に加工している。周囲には平坦面が設けられているが、これが城郭遺構なのか、あるいは耕作に伴う平坦面なのか、判然としない。

　以上が縄張りの概要である。虎口等のパーツが認められないことから、古い時代の遺構と考えられる。天文～永禄年間にかけて加賀・越前国境の軍事的緊張が高まった結果、在地領主が籠城用の城郭として築城した、という仮説を提唱することができよう。仮に周辺の平坦面が城郭遺構だとしたら、周辺の村人が合戦を避けるために構築した逃避用の「村の城」とすることも可能であろう。

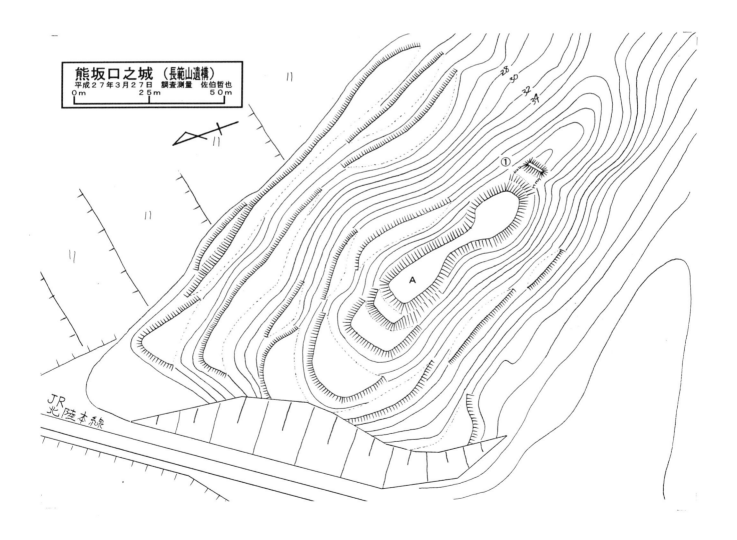

62. 大 聖 寺 城 (だいしょうじじょう)

①加賀市大聖寺地方町　②－　③14世紀中頃　④16世紀後半　⑤元和元年(1615)
⑥加賀一向一揆・朝倉氏・戸次右近・佐久間盛政・拝郷五左衛門・溝口秀勝・山口宗永・前田氏
⑦山城　⑧削平地・切岸・土塁・堀切・竪堀・横堀・畝状空堀群　⑨500ｍ×400ｍ
⑩標高67ｍ　比高60ｍ　⑪34

１．歴　史

　加賀・越前国境に位置する要衝の城郭である。城の築城は古く、建武２年(1335)『太平記』に「大聖寺ノ城」として登場する。しかし詳細は不明。実態が明らかになるのはやはり１６世紀になってからである。

　白山宮荘厳講中記録(『加能史料戦国XIV』)には、弘治元年(1555)７月19日朝倉教景(宗滴)が加賀に進攻し、７月23日大聖寺・日谷(日屋)城を攻め落としている。これにより弘治元年以前から加賀一向一揆の城郭として存在していたことが判明する。永禄10年(1567)12月15日加賀一向一揆と朝倉氏が足利義昭の仲介により和睦した際、和睦の条件として、一向一揆は柏野城と松山城、朝倉氏は黒谷城・日谷(檜屋)城・大聖寺城を放火して破却し、北陸道の往還を回復している〔『越前・朝倉氏関係年表』(福井県立一乗谷朝倉氏遺跡資料館　2010)所収「安楽山産福禅寺年代記」〕。恐らく弘治元年以降朝倉氏の拠点として使用されていたのであろう。

　天正３年(1575)織田信長軍は加賀に進攻し江沼・能美二郡を制圧する。このとき『信長公記』(奥野高広・岩沢愿彦校注　角川書店　1994)によれば大聖寺(大正寺)城・日谷(檜屋)城を改修し、戸次右近等を入城させている。織田軍も日谷城は加賀・越前国境の城郭として重要視していたのである。天正５年９月織田軍は湊川の合戦で上杉謙信に敗れたものの、同年10月御幸塚城に佐久間盛政、大聖寺城に柴田勝家軍を入城(『信長公記』)させているので、少なくとも江沼郡は死守していたようである。天正８年加賀一向一揆がほぼ滅亡すると加賀国は織田政権の支配下に入り、大聖寺城は柴田勝家の部将・拝郷五左衛門家嘉が入城したという。この状況は天正11年４月勝家が賤ヶ嶽合戦で滅亡するまで続く。

　天正11年４月、加賀余祢(江沼)郡は丹羽長秀の与力として溝口秀(定)勝に与えられ(『小松市史１』48　天正11年４月羽柴秀吉判物)、大聖寺城に入城する。同年６月１日上杉景勝は上洛するにあたり、大聖寺城で一泊している　(『上杉氏文書集二』3016)。「上洛日帳」では「六月一日、大勝寺(大聖寺)へ御着候、城主溝口金右衛門(秀勝)在京ニ候へとも、留守之とも馳走申候、御宿ハ関白様御下向之時造立候御座敷候間、結構不及尽筆候」とあり、秀勝は留守だったが、羽柴秀吉が佐々征伐のときに使用した座敷に宿泊し、大いに歓待されたことが記されている。ちなみに帰路は６月28日越前金津に宿泊したあと、同月29日加賀小松に立ち寄っている。秀勝の在城は慶長２年(1597)まで続き、15年間に及んだ。現存する大聖寺城の遺構は、秀勝時代のものである可能性が高い。

　慶長３年秀勝越後新発田移封後、小早川秀秋の家臣・山口宗永が大聖寺城に入城する。慶長５年(1600)関ヶ原合戦において、金沢城主前田利長は東軍、宗永は西軍に付いたため、両者は激突することになる。『加賀藩資料』所収「山口軍記」によれば、慶長５年８月１日、大聖寺城の東方８kmの松山城跡に布陣し、宗永に降伏を勧めた。しかし宗永はこれを断ったため、翌３日利長は大聖寺城の総攻撃を命じた。多勢に無勢、その日のうちに落城し、宗永は自害して果てた(『加賀藩資料』所収「８月３日前田利長書状」)。

　南加賀での戦勝により、慶長５年10月利家は徳川家康から江沼・能美二郡を加増され(『加賀藩資料』所収「又新斉日録」)、以後大聖寺は前田氏の管理下に置かれる。利長は城代を置き、大聖寺城を存続させたが、元和元年(1615)一国一城令により廃城となった。寛永16年(1639)前田利常は、３男利治に７万石を分封して大聖寺藩を起こした。しかし大聖寺城は使用せず、東麓に藩邸を建てたため、以後大聖寺城が使用されることはなかった。

２．縄張り
（１）概要

　全体の縄張りは図１を参照。ほぼ中心に位置するＡ曲輪（通称本丸）が主郭である。主郭Ａを南北から防御しているのがＢ曲輪（通称鐘ヶ丸）とＣ曲輪（通称二ノ丸・台所屋敷）。多少の高低差はあるものの、この三曲輪の標高差は同じである。Ｂ曲輪からはＤ曲輪（通称東丸）に繋がる尾根、Ｃ曲輪からはＥ曲輪（通称戸次丸）に繋がる尾根が延びており、巨視的にみれば大聖寺城の縄張りは馬蹄形になっていることが判明する。従って北・西・南側の尾根（別の見方をすれば尾根を天然の土塁に置き換えることもできる）に守られるようにＦ地点に城主居館があったと推定される。残念ながら現在公園となっており、遺構は残っていない。

　大聖寺城は北東に延びる尾根の突端に位置しているため、尾根続きから進攻してくる敵軍の攻撃を遮断することに重点を置いている。まず西端に位置するＢ曲輪は、さらに西側に位置する骨ヶ谷Ｇを天然の堀切として利用している。Ｂ曲輪は西面に土塁②、その直下に畝状空堀群①を設け敵軍の攻撃を遮断している。畝状空堀群は加賀一向一揆・朝倉氏時代の遺構であろう。敵軍が北側に廻り込んだとき、そしてＨ谷から敵軍が攻め上がってきたの対処法として、竪土塁③を落とし、先端に虎口⑤を設けている。⑤地点は主郭Ａ直下を出入りする腰曲輪の虎口で、ここを突破されれば主郭ＡとＢ曲輪が分断されてしまう。従って武者隠し④に城兵を駐屯させて虎口⑤を守備させ、さらに主郭Ａの櫓台⑥が虎口⑤を監視している。

　Ｂ曲輪は主郭Ａを防御する重要な曲輪であるにもかかわらず、両曲輪の間には局谷が存在しているため両曲輪を直接繋ぐ通路はしない。Ｂ曲輪から主郭Ａに入るには、下馬屋敷と呼ばれる⑦地点まで下らなくてはならない。独立色が強い曲輪となっており、大聖寺城の弱点の一つとなっている。Ｂ曲輪からＤ曲輪には階段状に曲輪を配置する。上段曲輪から下段曲輪には土橋通路を延ばして虎口としている。恐らく平虎口が存在していたのであろう。土橋通路は大聖寺城の曲輪全体に見られ、基本的に大聖寺城の虎口は平虎口だったと考えられる。そのような状況で、主郭Ａの枡形虎口は特殊な存在と言える。Ｄ曲輪には楕円形の窪地があり、中央には中島存在している。一見庭園のようだが、詳細は不明。

　主郭Ａの西端に櫓台⑥が存在する。17ｍ×15ｍの規模で石垣で固めている。明らかに通常の櫓台より違った規模・構造であり、天守台相当の櫓台と言える。北側の一段下がった場所に８ｍ×８ｍの三角形の平坦面があり、こちらが櫓台の出入口と推定され、付属櫓が存在していたかもしれない。

　主郭Ａの大手虎口が二重枡形虎口⑧。かつては図２のように入っていたと考えられる。まず竪堀⑨により細くなった通路を一列縦隊で進むことになるが、このときから既に二重枡形虎口⑧やＣ曲輪から敵軍に対して横矢が効いている。反対側から敵軍が登ってくるのを阻止するために、馬洗い池⑭を設けている。勿論馬洗い池⑭は城内の飲料水を供給する池だが、二重枡形虎口⑧を防御する機能を発揮していたことも事実である。別の見方をすれば、馬洗い池⑭を水堀としての機能を発揮させるために、主郭虎口を現在の位置に構築したということになろう。

　竪堀⑨脇を通った敵軍は、９回屈曲して漸く二重枡形虎口⑧を抜けて櫓台⑥前に出る。どの箇所に城門が存在していたのか、全体の発掘調査が実施されていないため不明だが、虎口を抜け出るのは至難の業だったに違いない。酷評になるかもしれないが、９度屈曲させているわりには積極的に横矢が掛かる場所は少ない。少し遠い（30ｍ）が、主郭Ａから掛かる程度である。従って城門や守備する城兵を保護する構造にはなっていない。恐らくかつては単純な細長い土橋通路だったと考えられ、城門を保護する平坦面を構築しにくかったのであろう。この弱点を克服するために９回も屈曲させたのであろう。枡形に改修したのは勿論織豊系武将である。二重枡形虎口⑧は一部発掘調査が実施されたが、石垣・礎石は検出されなかった。石垣を用いない、積極的に横矢が掛からない、という点を考慮すれば、柴田勝家時代の天正３～11年に改修された可能性が指摘できる。それとも大手虎口ということで徹底的に破壊され、石垣や礎石が残っていないのであろうか。全面的な発掘により詳細な調査を希望する。

　竪堀⑨の東方は、恐らく現在の遊歩道がそのまま大手道だったと考えられる。竪堀⑩・⑪が谷を塞ぎ、強制的に敵軍を大手道に誘導している。恐らく竪堀⑩・⑪が食い違いで交差する箇所に城門が存在していたのであろう。大手道は対面所と伝わるＩ曲輪を通ってＦ地点に繋がっている。

I曲輪は、C～E曲輪に繋がる曲輪や、L曲輪北側の土塁から監視されていることから重要な曲輪だったと考えられ、登城する武士等をチェック（対面ということになろうか）する施設が存在していた可能性がある。
　主郭Aの南側の虎口⑫は、北側に小竪堀を伴った土橋通路で、内側で折れる内枡形虎口だったと考えられる。こちらは発掘調査で石垣や礎石、さらには2m大の鏡石と推定される巨石も検出されている。馬出曲輪Kとセットで溝口秀勝時代に改修された可能性がある。
　J曲輪から堀切を隔てた対岸に馬出曲輪Kがある。かつては図3のように入ったと考えられ、通過する敵軍に対してJ・K曲輪から横矢が効いている。この点二重枡形虎口⑧と違う。J曲輪に入る虎口は単純な平虎口だったと考えられるが、馬出曲輪Kが平虎口を厳重に防御している。さらに馬出曲輪Kの存在により堀切対岸を確保していることにより、下馬屋敷⑦方向への出撃を容易にしている。
　馬出曲輪Kは、主郭AとC曲輪以外で唯一石垣を使用した曲輪で、その意味でも特殊な曲輪だったと言える。下馬屋敷⑦の正面に位置する曲輪であり、実質的な主郭Aの入口に当たる曲輪である。下馬した武士達に城主の威厳を示す効果もあったのであろう。つまり鏡石を用いた虎口⑫と同様の思想であり、やはり溝口秀勝時代に整えられた可能性がある。とすれば、溝口時代の大手道も下馬屋敷⑦方向だった可能性もある。なぜ柴田時代と溝口時代で大手虎口が違うのか、判然としない。
　C曲輪は主郭Aと通路で繋がった曲輪で、二重枡形虎口⑧も防御しており、主郭Aと密接に繋がっている。恐らく主郭Aで収容しきれない城兵を収容、あるいは居住区域だったと考えられる。城内で唯一塁線土塁と横堀がセットになっており、現在横堀は東側から竪堀⑬で終わっているが、かつては馬洗い池⑭まで設けられていた可能性がある。とすれば、堀切を経由して⑮地点まで繋がった防御ラインが設定できる。これはC曲輪の防御ラインであるとともに、主要曲輪群の北側の防御ラインとすることもできる。
　C曲輪の東・北・南側に腰曲輪が巡っている。現在腰曲輪には三本の竪堀を確認することができる。塁線土塁と横堀がセットになり、竪堀を設けた事例として日谷城がある。日谷城も柴田時代に改修されており、C曲輪周辺も柴田時代に改修された可能性を指摘できよう。発掘調査により、図4のように入ったことが確認された。現在遊歩道沿いに石垣が残されていることから、図4のようにC曲輪に入ったのであろう。
　C曲輪から東方に延びる尾根の突端にE曲輪（通称戸次丸）がある。伝承では天正3年に入城した戸次右近にちなんだものという。同じく尾根の突端に位置するD曲輪と比較しても、付属する平坦面は多く、小城郭としての機能を有している。さらに旧大聖寺川と街道を押さえる要衝の地であることにかわりはない。しかし、だからといってE曲輪が戸次右近にちなむものとは断言できない。というのも縄張りに織豊系城郭の特徴が見られないからである。さらに土橋通路も見られず、かなり古い時代の遺構の可能性を残す。16世紀中頃使用していた加賀一向一揆時代の遺構かもしれない。背後は切岸で尾根続きを遮断しているが、さらに両側に残る竪堀は、埋められた堀切の両端だった可能性がある。つまり後に改修するにあたり、連絡性を回復するために堀切を生めたのであろう。このようにE曲輪は独立性の強い曲輪であり、大聖寺城の出発点がE曲輪だった可能性を指摘できよう。

（2）まとめ

　大聖寺城の出発点はE曲輪だったと推定されるが、16世紀中頃に合戦が大規模化すると、多数の城兵を収容する広大な城域が必要となる。E曲輪では狭すぎるので、背後の尾根続きに城域を広げる必要に迫られる。C曲輪を曲輪として使用するなら、尾根続きの主郭Aも曲輪として確保する必要があり、西側の尾根続きからの攻撃に対処するためには、B曲輪も曲輪として確保する必要がある。さらにF地点に城主居館を置くなら、B～D曲輪の尾根続きも曲輪として確保する必要がある。こうして16世紀中頃に大聖寺城の骨格が固まったと言って良い。それが加賀一向一揆・朝倉氏時代であろう。
　天正3年柴田勝家時代以降に、主要曲輪群を固めるために主郭A・C曲輪を巡る防御ライン、そしてB曲輪西方の土塁ラインを構築したのであろう。

石垣で固めた櫓台⑥・虎口⑫・馬出虎口Kは溝口時代と推定されるが、二重枡形虎口⑧は柴田時代まで遡る可能性も指摘したい。

大手虎口は二重枡形虎口⑧と推定されるが、それは柴田時代までで、溝口時代は虎口⑫に変更されたかもしれない。なぜ変更されたかは不明。

以上がまとめである。今後は全体的な発掘調査により、詳細な調査が実施され、検討していくことが重要な課題となろう。

3. 発掘調査
(1) 大聖寺城

平成24～27年度にかけて加賀市教育委員会により発掘調査が実施され、多くの貴重な成果が得られた（平成24・26年現地説明会資料、『大聖寺町史』大聖寺地区まちづくり推進協議会 2013）。まず櫓台⑥は三段の石垣が現存しているのが確認され、背後に裏込石を詰めていることが判明した。櫓台上からは礎石は検出されなかった。破城時に撤去されたのであろうか。

二重枡形虎口⑫は一部発掘されたが、石垣は検出されなかった。しかし土塁を断ち割る穴状遺構も検出され、掛造の掘立柱建物が存在していた可能性が指摘された。

虎口⑫は石垣や礎石、さらには2m大の鏡石と推定される巨石も検出されている。石垣の内側に裏込石も用いており、これは櫓台⑥と同じ手法である。さらに厚さ10㎝の板状の石材を用いた溝が確認された。これは主郭Aの排水溝、あるいは門の雨落溝と考えられている。

瓦は出土しなかった。ただし『錦城山（大聖寺城）物語』（久藤豊治 1992）によれば、大聖寺城南麓に石製棟瓦（鬼瓦）が昭和30年頃まで保存されていたといい、写真が掲載されている。現在石製棟瓦（鬼瓦）は行方不明となっており、保存柵だけが虚しく残っている。詳細は不明だが、石製棟瓦（鬼瓦）は大聖寺藩時代の藩邸の瓦の可能性も否定できない。かりに大聖寺城の瓦だったとしても、使用範囲は非常に限定的で、主要建造物の一部に使用されていたのであろう。

(2) 山麓の城下町

平成5年度に城下町の一部が加賀市教育委員会により発掘調査が実施された（『八間道遺跡』加賀市教育委員会 1996　以下、報告書と略す）。調査の詳細内容は報告書を参照されたいが、特に注目したいのは、P地点から幅20m、深さ1.5mにも及ぶ堀と呼ぶに相応しい大規模な大溝が検出されたことである。報告書は大溝は大聖寺城の総構え堀だった可能性を示し、元和の破城により埋められたと推定している。

もう一点注目したいのが、大聖寺城を描いた古絵図の「戦国之時御城山手入要害修理之図」（報告書所収　以下、絵図と略す）である。絵図は天保14年(1843)大聖寺藩士小原直人氏益（文英）が原図（所在不明）を写した写本だが、絵図が描く総構え堀と、発掘調査で検出された大溝（総構え堀）の位置がほぼ一致したことにより、絵図の信憑性が高まった。さらに絵図には典型的な聚楽第城郭としての馬出曲輪を描いており、その存在の可能性も高まった。当時の前田氏領内では、聚楽第縄張りを採用した城郭が確認されており、大聖寺城も豊臣政権の影響を受けて聚楽第縄張りを採用したのか、今後大いに注目していかなければならないであろう。

(※大聖寺藩邸について)

寛永16年(1639)加賀藩三代藩主前田利常は、三男利治に7万石を分与して大聖寺藩を成立させた。大聖寺城を再利用せず、また新たに城を築かず、錦城山の麓に藩邸を建てて藩庁とした。藩邸は錦城小学校Mから江沼神社Nにかけての範囲で、江沼神社には藩邸の一部だった長流亭Oと庭園（市指定名勝）が残っている。

長流亭は、大聖寺藩三代藩主利直が宝永6年(1709)に休息所として建てたもので、国指定重要文化財になっている。金沢城に残る石川門は天明8年(1788)、三十間長屋は安政5年(1858)、成巽閣は文久3年(1863)に建てられている。富山城千歳御殿の門は嘉永元年(1848)に建てられている。従って前田氏領内の近世城郭に現存する建物で、長流亭は最古の建造物となる。

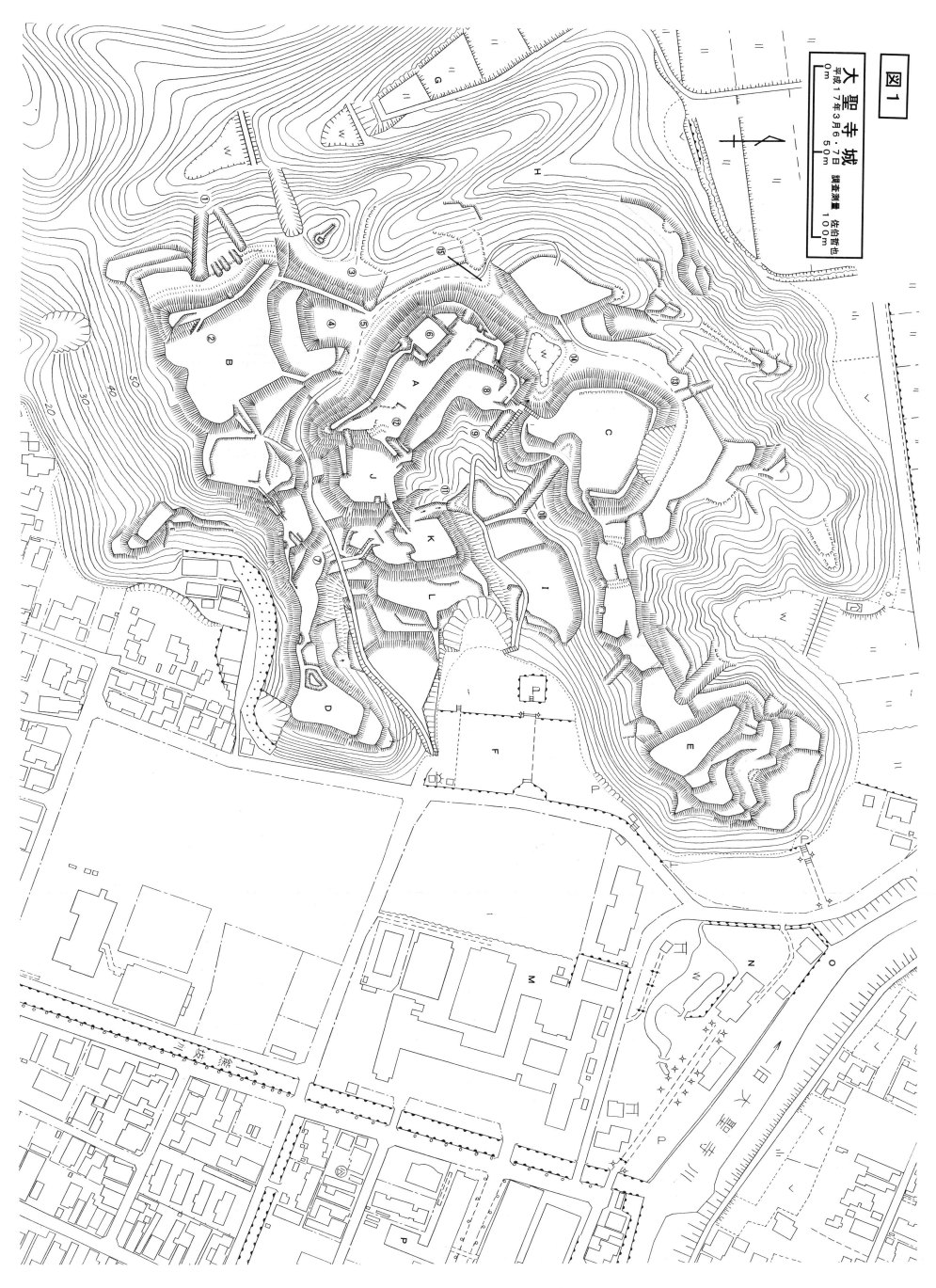

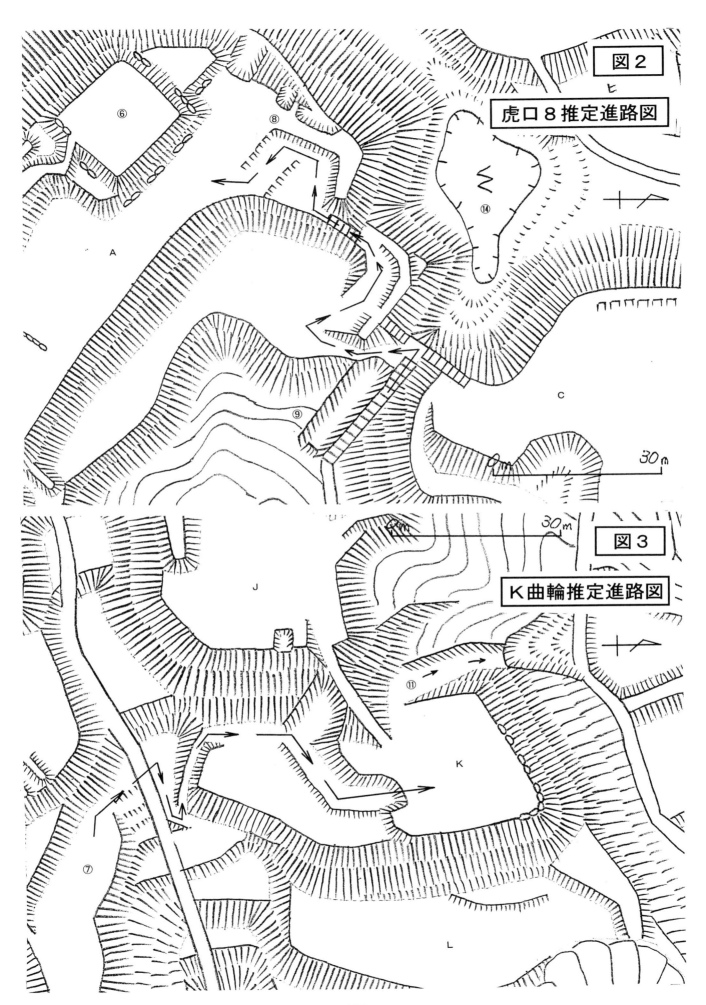

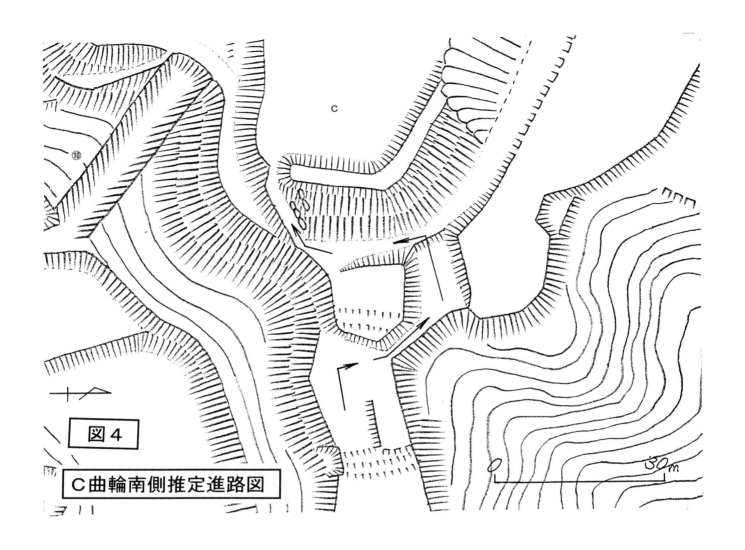

図4 C曲輪南側推定進路図

63. 松山城（まつやまじょう）

①加賀市松山町　②－　③16世紀　④16世紀後半　⑤慶長5年　⑥加賀一向一揆・朝倉氏・織田政権・前田利長　⑦山城　⑧削平地・切岸・土塁・堀切・横堀・竪堀　⑨340m×170m　⑩標高55m　比高45m　⑪31

　築城者及び築城年代は不明だが、永禄10年(1567)12月15日加賀一向一揆と朝倉氏が足利義昭の仲介により和睦した際、和睦の条件として、一向一揆は柏野城と松山城、朝倉氏は黒谷城・日谷（檜屋）城・大聖寺城を放火して破却し、北陸道の往還を回復している〔『越前・朝倉氏関係年表』（福井県立一乗谷朝倉氏遺跡資料館 2010）所収「安楽山産福禅寺年代記」〕。これにより永禄10年段階は加賀一向一揆の城郭だったことが判明する。しかし、縄張りは朝倉氏城郭の特徴を示している。

　『信長公記』（奥野高弘・岩沢愿彦校注　角川書店 1994）によれば天正3年(1575)大聖寺（大正寺）城・日谷（檜屋）城を改修し、戸次右近等を入城させている。さらに天正5年9月織田軍は湊川の合戦で上杉謙信に敗れたものの、同年10月御幸塚城に佐久間盛政、大聖寺城に柴田勝家軍を入城（『信長公記』）させているので、少なくとも江沼郡は死守していたようである。恐らく日谷城と6kmしか離れていない松山城も織田軍の拠点として使用されていたと考えられ、故墟考が佐久間盛政の部将徳山五兵衛則秀が在城したというのは、この時期のことを記述しているのであろう。

　天正8年4月頃金沢御堂が陥落すると、加賀一向一揆の首謀者達は各地の城郭に籠城する。松山城には坪坂新五郎・徳田小次郎が立て籠もったが、同年11月17日柴田勝家の謀略により殺害され、坪坂新五郎・徳田小次郎等19人の首が安土城下に晒されている（『信長公記』）。このとき松山城も落城したのであろう。これにより織田政権による加賀一国の支配は強化され、松山城も不要となり、廃城となったのであろう。

　慶長5年(1600)関ヶ原合戦において、金沢城主前田利長は東軍、宗永は西軍に付いたため、両者は激突することになる。『加賀藩資料』所収「山口軍記」によれば、慶長5年8月1日、大聖寺城の東方8kmの松山城跡に布陣し、宗永に降伏を勧めた。しかし宗永はこれを断ったため、翌3日利長は大聖寺城の総攻撃を命じた。多勢に無勢、その日のうちに落城し、宗永は自害して果てた。利長は8月5日には越前国金津上野に軍を進めているので、在陣はわずか5日間であり、廃墟になっていた松山城跡に多少手入れをした程度と考えられる。従って大々的な改修の下限は、天正8年として良いであろう。

　松山城は、大山と呼ばれるⅠ地区、御亭山と呼ばれるⅡ地区、そしてⅢ地区から構成されている（図1）。Ⅲ地区は古墳群なので今回は紹介しない。

　さて、松山城は典型的な一城別郭である。前述の虚空蔵山城や波佐谷城は独立色の曲輪が存在していたが、僅かながらも連動性が見られ、一城とみなすことができた。しかし松山城の場合、Ⅰ地区とⅡ地区の連動性は全く見られず、個別の動きをしていると言って良い。仮にⅠ地区とⅡ地区の間の平坦地形に居住地区が存在していたとしても、両地区が連動することは無く、やはり一城別郭として良い。だからといって両地区が対立関係にあった、あるいは両地区に年代差があったと考えるのは早計である。

　Ⅰ地区（図2）の主郭はA曲輪。広々とした曲輪だが、削平は甘く、自然地形が残る。東側にB曲輪を付属させて横堀内に横矢を掛けている。ほぼ全周に横堀を巡らすものの、塁線土塁は設けていない。北側に延びる尾根にはC・D曲輪を配置し、堀切①・②で遮断している。E尾根から進攻した敵軍は、堀切③により狭い④地点を通らされ、さらに竪堀⑥があるために、強制的に⑤地点に入らされる。⑤地点に入った敵軍は土塁通路の上を右往左往するのみで、長時間主郭Aからの横矢攻撃を受けて大打撃を被ったことであろう。⑤地点等に駐屯していた城兵は、⑦地点に存在していたと推定される木橋で⑧地点に渡り、土橋を渡って主郭Aに退却したのであろう。木橋は城兵が渡りきった後に撤去したのであろう。

不思議なのは、G地点である。一応曲輪とみなすこともできるが、弱点部である北側の尾根続きから攻められたら、防御施設は全く設けていないため簡単に陥落してしまうであろう。Ⅱ地区とは130mも離れているため、Ⅱ地区からの援護射撃も期待できない。なぜこのような構造にしたのか、全く理解できない。一つの考え方として、G地点は城郭施設ではなく、周囲の切岸も耕作に伴う切岸とみなすこともできる。現段階において結論は保留する。いずれにせよ横堀により主郭Aは北側を防御しているので、縄張り的には問題ない。

　特に注目したいのはB曲輪東側の屈曲虎口⑨である。こちらが大手と考えられ、矢印のように進んだと考えられる。まず馬出曲輪Fに駐屯していた城兵は、土橋を渡ってくる敵軍に攻撃する。防御困難と判断すればH曲輪に退却し、さらに防御困難と判断すればC曲輪か主郭Aに退却したであろう。主郭A・Bに立てば、馬出曲輪Fまで見通すことができ、城兵は退却しながら主郭A・B曲輪からの援護射撃をもらうことができる。さらに馬出曲輪Fを設けていることで、城外へ進出するための出撃陣地を確保することができる。城外で待ち構える敵軍に対して重厚な攻撃を加えることができるのである

　一方敵軍からみれば、細長い土塁通路を一列縦隊で進むことになり、四度も屈曲させられるため進攻速度は鈍り、そして主郭A・B曲輪から長時間の横矢攻撃に晒されることになる。馬出曲輪F・H曲輪を設けているため、そこで城兵と戦闘を交えなければならない。勿論主郭A・B曲輪からの攻撃に耐えながら、である。馬出曲輪F・H曲輪を陥落させてB曲輪に突入するのは至難の業だったであろう。

　屈曲虎口⑨は枡形虎口とは言い難い。また土塁で構築されているわけでもない。従って織豊系城郭の枡形虎口とは別系統の虎口といえる。屈曲虎口⑨は石川県内や富山県内で類例は確認されていない。ところが越前国で1ヶ所確認できるのである。福井県大野市の春日山城がそうであり、やはり屈曲した通路の途中に馬出曲輪を設けている。この形態は屈曲虎口⑨と同じであり、類例の少なさから、同一人物が同時代に構築したと考えて良い。とすれば構築者は朝倉氏しか考えられず、朝倉氏は永禄10年加賀一向一揆との和睦により加賀から撤退しており、従って朝倉氏が永禄10年以前に構築したと考えられるのである。永禄10年当時の松山城は加賀一向一揆方の城郭だった。しかし朝倉氏は天文年間以降加賀南部に度々進攻しており、松山城も朝倉方だったときも当然あったはずである。天文～永禄10年の間に朝倉氏が屈曲虎口⑨を構築し、加賀一向一揆がそのまま使用したと考えて良いであろう。

　以上見たように、Ⅰ地区に織豊系城郭の特徴は残っていない。永禄10年朝倉氏撤退後、織田政権は朝倉氏・加賀一向一揆が使用した城郭を改修せずに使用したことを物語る。ひょっとしたら、朝倉氏が築城した遺構がそのまま残っているのかもしれない。

　もう一点重要なのは、主郭Aに自然地形が多く残っていることである。軍事的な拠点としては使用されたが、居城としては使用されなかったことを物語る。徳山五兵衛則秀が在城したのも、軍事的な拠点として短期間在城しただけなのかもしれない。

　Ⅱ地区（図3）の主郭はⅠ曲輪である。主郭Ⅰの周囲に腰曲輪としてJ・K曲輪を巡らし、K曲輪には塁線土塁を巡らす。Ⅰ地区側に横堀⑩・⑪を設けて完全に遮断する。等高線の形状から横堀は⑫地点まで延びていた可能性がある。つまり横堀⑩～⑫までの完全な防御ラインを構築していたのである。しかし横堀は曲輪の周囲に巡らさず、この点Ⅰ地区と違う。さらに明確な虎口も存在せず、この点もⅠ地区と違う。さらにK曲輪やL曲輪に塁線土塁を巡らしている点もⅠ地区と違う。このように縄張り的にⅡ地区はⅠ地区と違っているようである。

　なぜ縄張りが違っているのであろうか。一つの考え方として、違う時代に違う人物により構築されたということである。K・L曲輪に塁線土塁を巡らしているが、これは横堀（⑩・⑪）とセットになった塁線土塁とみなすことができ、同じ類例を虚空蔵山城や波佐谷城にみることができる。つまり加賀一向一揆が構築したとする考え方ができるのである。天正8年松山城に坪坂新五郎・徳田小次郎が籠城したとされており、Ⅰ・Ⅱ地区に両将が籠城したのかもしれない。防御ライン（⑩～⑫）で両地区を分断しているが、これは対立関係にあったからではなく、敵軍が進攻しやすい弱点部をカバーするためのものと考えたい。

　以上述べたように、松山城には朝倉氏・加賀一向一揆の遺構が重複しているようである。越前に残る朝倉氏城郭との比較検討も行い、慎重に調査を進めていかなければならない。

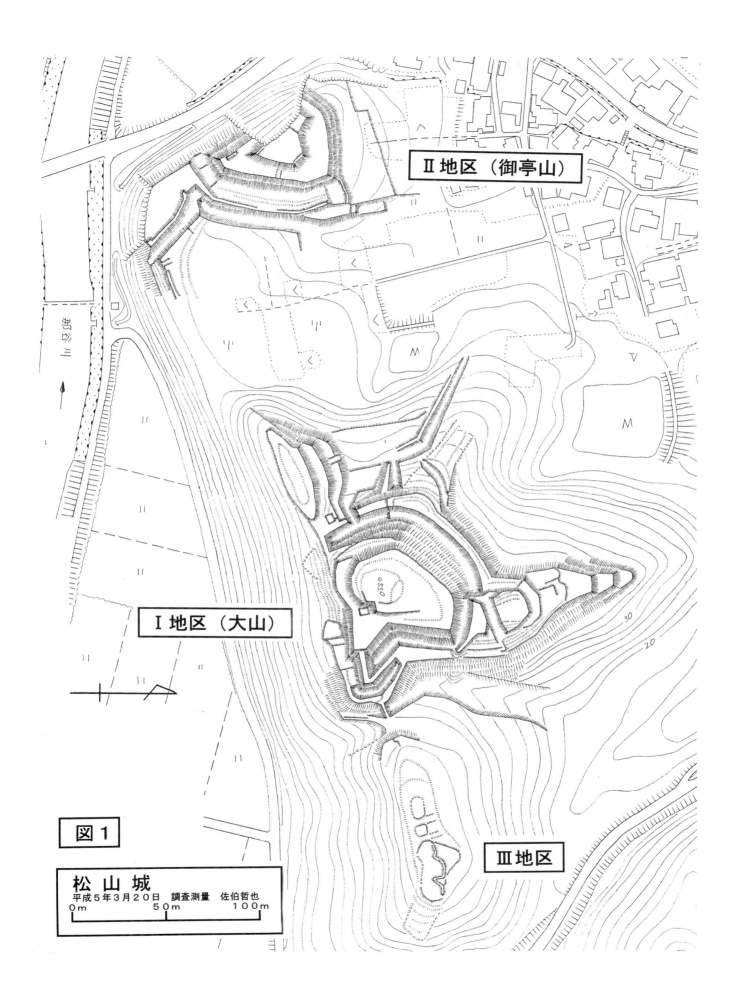

図1 松山城

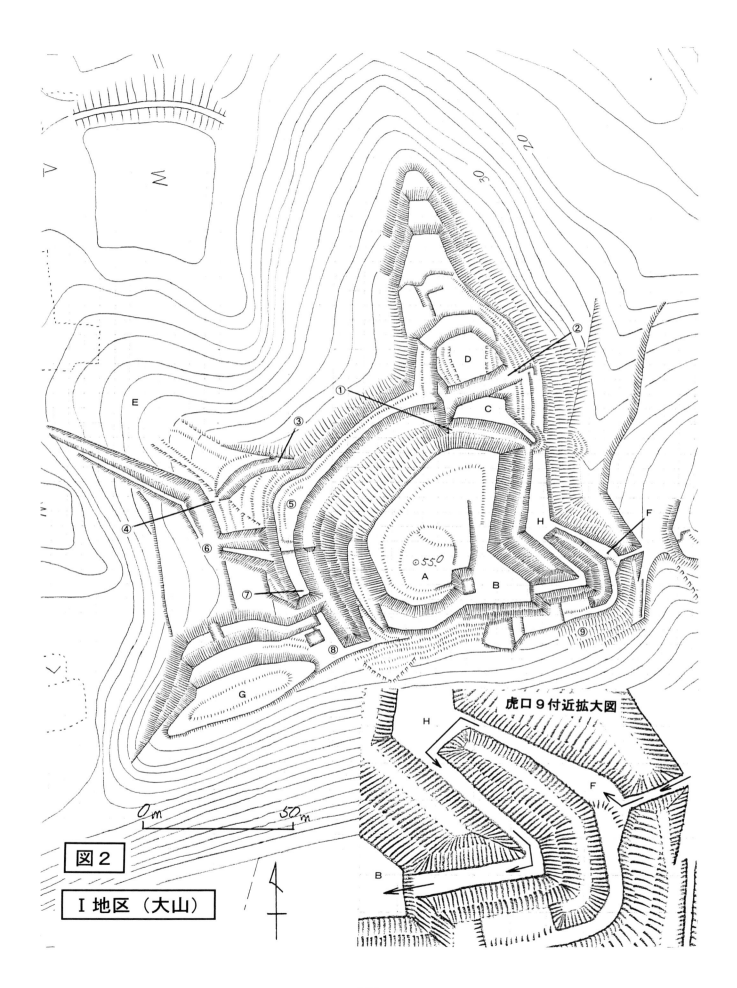

図2　I 地区（大山）

虎口9付近拡大図

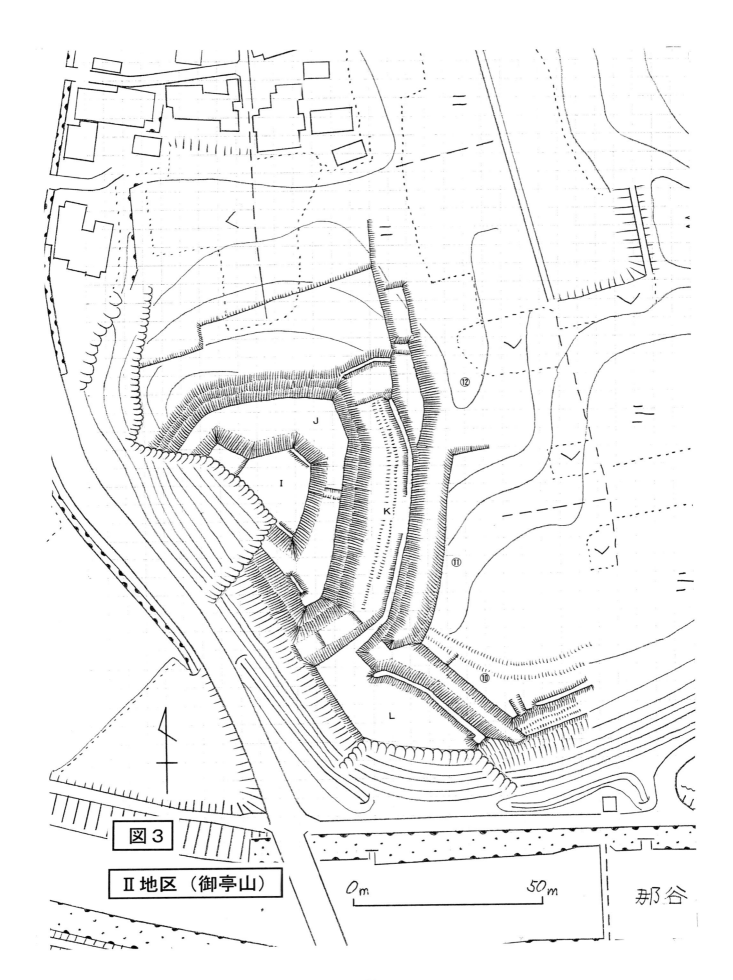

図3　Ⅱ地区（御亭山）

Ⅱ. 城館関連遺構

64. 笠野城の峰烽火台 (かさのじょうのみねほうかだい)

①河北郡津幡町鳥屋尾　②－　③戦国期？　④戦国期？　⑤戦国期？　⑥－　⑦－
⑧削平地・切岸　⑨30m×25m　⑩標高187.2m、比高160m　⑪4

　笠野盆地最高峰の城の峰山頂に位置する。山頂からの眺望は素晴らしく、笠野盆地の集落は勿論のこと、三国山・倶利伽羅峠・医王山等を眺望することができる。
　山頂部の地形はなだらかで、自然の要害に頼ることはできない。敵軍の攻撃を遮断するには大規模な防御施設の構築が必要となるのだが、東側の尾根続きに多少の切岸を設けているのみである。従って本遺構は城郭遺構ではないことが判明する。聞き取り調査の結果、本遺構は「狼煙場」として伝承されているとの情報を入手した。ほぼ中央に土壇を設けていること、非常に眺望が良い、このようなことを勘案して、伝承の信憑性は高いと判断し、本遺構を狼煙遺構と推定したい。遺構の構築・使用時期は当然のことながら戦国期の可能性が高い。
　しかし全国の事例では、狼煙は江戸期に下っても使用事例が認められるため、戦国期の遺構と断定するわけにはいかない。江戸末期になり外国船が日本海沿岸に頻繁に姿を現すと、狼煙を用いて連絡するケースが増えるからである。もしかしたら、能登半島からの連絡をリレー方式で金沢へ伝えた江戸末期の狼煙遺構かもしれない。ここでは可能性を指摘するだけに止めておきたい。

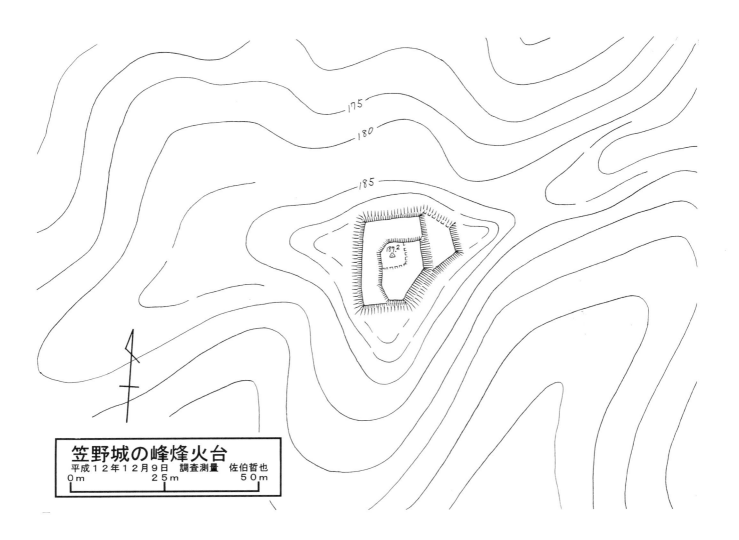

笠野城の峰烽火台
平成12年12月9日　調査測量　佐伯哲也

Ⅲ．城館候補遺構

65. 大海西山遺跡（おおみにしやまいせき）

①かほく市黒川　②−　③弥生時代　④１６世紀　⑤１６世紀　⑥在地土豪？　⑦山城
⑧削平地・切岸・堀切・竪堀・横堀・土塁　⑨ 180m × 110m　⑩標高 77.1m、比高 60m　⑪ 1

　弥生時代の集落遺跡と思われていた大海西山遺跡を発掘中、偶然横堀が発掘された城跡である。従って城跡に関する古記録はもとより、伝承・関連地名等一切存在しない。
　高松町教育委員会が昭和 62 〜平成元年にかけて当遺跡を発掘したところ、弥生時代の住居跡と平安時代の住居跡、そして縄張図のような遺構が検出された。堀切①や土塁②・切岸等は地表面観察でも存在が確認されていたが、横堀③・④・⑤は全く確認できず、発掘調査により確認された。
　『高松町大海西山遺跡』（高松町教育委員会　1992）によれば、堀切①は幅 9.35 m、深さ 5.95 m（土塁の高さも含める）、堀の中・下層から弥生土器、上層から平安期の土器が出土した。堀の末端は竪堀を落としている。横堀③・④は幅 2.95 〜 5.6 m、深さ 1.75 〜 2.9 m、堀切①同様堀の中・下層から弥生土器、上層から平安期の土器が出土した。横堀⑤は幅 3.1 〜 5.8 m、深さ 0.8 〜 3.0 m、堀内からは中・下層から弥生土器、上層から平安期の土器が出土した。⑥地点付近からは弥生期の住居跡、⑦地点付近からは平安期の住居跡が検出された。中世の遺物は一切出土しなかった。
　堀の中・下層から弥生期の土器、上層から平安期の土器が出土していることから、堀の構築時期は弥生期と推定され、弥生期の住居跡を囲むように横堀を設けていることから、遺跡の性格は高地性環濠集落と判断された。中世土器が出土しなかったのも、弥生期の高地性環濠集落という説を補強する結果となった。しかし筆者はこの説に疑問を持つ。
　弥生期の集落を防御するだけなら、周囲に環濠（横堀）を設けるだけでよい。しかし当遺跡はそれだけでなく、戦国期城郭の特徴と酷似した点をいくつか持つ。以下にその点を列記する。
　　a）堀切①の東側を竪堀状に落としており、敵軍が斜面を横移動するのを防いでいる。
　　b）横堀と並存して切岸を設けている。
　　c）傾斜がきつく、住居を設けるのに不適当なＡ曲輪にも環濠（横堀）を設けている。
　　d）環濠（横堀）の外側にＢ曲輪、切岸の外側にＣ曲輪を設けている。
　まず a）だが、弥生期の高地性環濠集落で竪堀が確認された事例はなく、竪堀の使用は戦国期の山城に限られる。さらに b）もなぜ周囲に高さ 10 m 以上の鋭角の高切岸を巡らさなければならないのか理解できない。高切岸を巡らすのも戦国期の山城の特徴の一つである。次に c）だが、居住に不向きなＡ曲輪になぜ環濠を巡らしているのか理解できない。確かにＡ曲輪から建物跡が検出され、弥生期の住居跡と推定しているが、遺物は出土しておらず、戦国期の可能性も十分存在している。そして d）だが、環濠を掘った土でＢ曲輪を構築していることが判明している。しかし住居を敵から守るために環濠を巡らしているとしたら、なぜ環濠の外側に曲輪（＝居住空間）を構築しているのか全く理解できない。同じことがＣ曲輪にも言える。このような曲輪は、戦国期の山城では腰曲輪と理解され、下級城兵の駐屯地として使用される。
　以上述べたように、戦国期の山城としての特徴も備えていることも理解していただいたと思う。勿論弥生期に敵軍からの攻撃を防ぐために、住居を水田から離れた高地に移動させた遺跡であることは疑う余地の無い事実であり、平安期になって再び住居が営まれたのも事実である。その後戦国期（恐らく 16 世紀）になり、横堀や竪堀・土塁・切岸・腰曲輪が構築された可能性も十分考えられよう。このとき⑥地点で平坦面の造成が行われて弥生期の遺物が横堀に廃棄され、さらにその後、⑦地点で平坦面の造成が行われて平安期の遺物が横堀に廃棄されたという仮説は成立しないだろうか。勿論弥生期や平安期の遺物の廃棄は廃城後もありえる。
　戦国期の山城は短期間しか使用されないため、遺物が全く出土しないケースが多い。大海西山遺跡もその好例かもしれない。戦国期の山城と断定することはできないが、その可能性は大いにあるため、候補遺構とした。

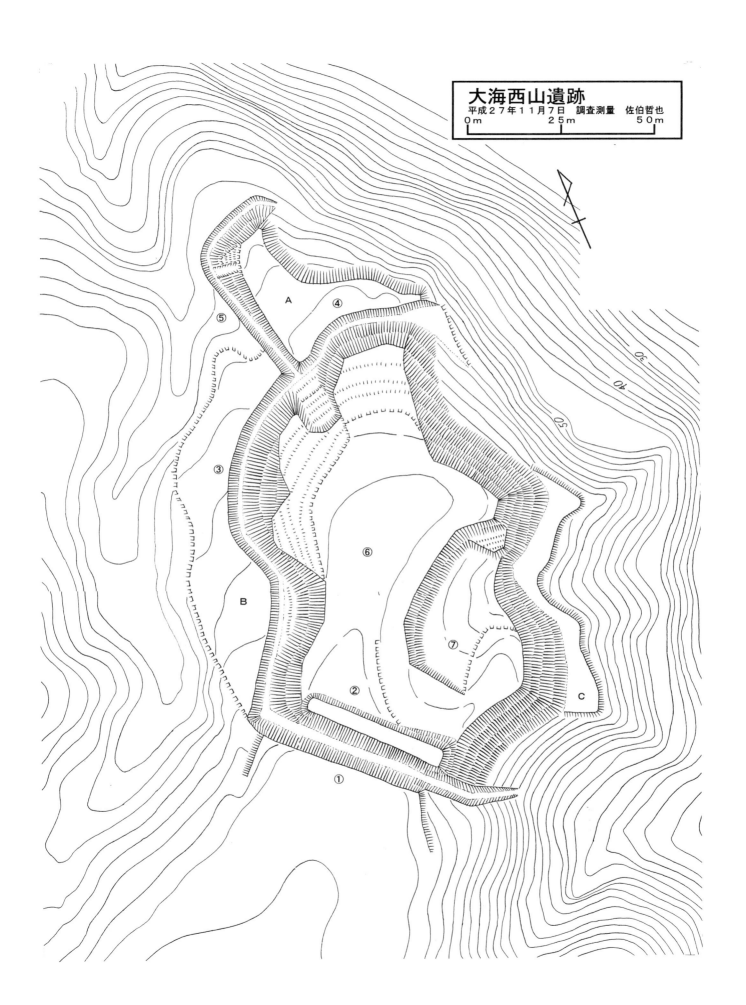

66. 茶 臼 山 城 (ちゃうすやまじょう)

①かほく市鉢伏　②－　③弥生時代　④１６世紀　⑤１６世紀　⑥在地土豪？　⑦山城
⑧削平地・切岸・土塁・竪堀・横堀　⑨ 30m × 15m　⑩標高 58.4m、比高 50m　⑪3

　本遺跡の「茶臼山城」という名称は『石川県中世城館跡調査報告書Ⅰ（加賀Ⅰ・能登Ⅱ）』（石川県教育委員会 2002）に拠った。本遺跡は昭和 55・57 年宇ノ気教育委員会により発掘調査が実施され、弥生時代後期の高地性環濠集落及び古墳群の重複遺跡ということが確認された。さらに尾根頂部から珠洲焼壺片、環濠（横堀）から越前焼甕片が出土していることから、二次的に中世城郭として使用されたという視点も加味された。しかし環濠内から多数の弥生期の土器が出土したため、環濠は勿論のこと、周囲を取り巻く高さ 10 mの高切岸も「弥生時代後期の高地性集落を取り巻く環濠」（『宇ノ気町鉢伏茶臼山遺跡』宇ノ気町教育委員会 1987、以下報告書と略す）とされた。しかし筆者はこの説に疑問を持つ。
　茶臼山城の縄張図に、発掘調査（報告書に拠る）により確認された環濠を記入する。ほぼ山頂部の主郭Ａを全周していることが判明する。さらに主郭Ａを、高さ 10 mにも及ぶ鋭角の高切岸が巡る。環濠の規模は報告書によれば、幅 2.8 ～ 6.0 m、深さ 1.4 ～ 3.0 m以上となっている。主郭Ａの削平は甘く、自然地形が多数残る。古墳も残っていることから、古墳造営により既に削平されていた平坦面を、そのまま使用したと考えられよう。西端の①地点に土塁が残っており、ここは発掘調査は実施されていないが、尾根が平野部に延びる弱点部となるため、堀切と横堀を設けた二重の防御ラインとも考えられる。水道タンクで破壊されている箇所も存在するが、それでも副郭や塁線土塁・虎口・横矢掛け箇所といった付属施設は存在していなかったようである。
　中世の山城の多くは防御施設であり、軍事的緊張が高まった時のみ籠城する施設である。このため最初に構築されるのは、横堀や堀切・切岸といった防御施設である。短期間の籠城でしかないため、居住に必要な平坦面は後回しにされるか、もしくは造成せず自然地形をそのまま利用したりする。茶臼山城の場合、16 世紀に入り軍事的緊張が高まった結果、山城として利用され、横堀と切岸のみ構築された。そして軍事的緊張が解消された結果廃城となった。使用期間があまりにも短期間だったため、城としての伝承が残らなかったのであろう。主郭Ａには自然地形が多く残っており、また古墳も残っていることから、小規模かつ非恒久的な建物が建っていたと推定され、ごく短期間の籠城だったと考えられる。ことから主郭Ａに持ち込まれるのは、ごく少数の土器等だけだったのである。山城から出土する遺物が少ないのはこのためである。
　集落付近の標高 200 m以下の里山であれば、城跡は昭和 40 年ころまで耕作地として利用する。茶臼山城の周囲には多くの集落が点在し、標高は約 60 mたらずのため、廃城後早くに耕作地として使用されたことが容易に推定される。早ければ 16 世紀末、遅くとも江戸期には耕作地として使用されたのではなかろうか。耕作地として使用するならば、出土した遺物（弥生期の土器）は耕作地（主郭Ａ）周囲の横堀に廃棄されるのが自然であろう。
　上記推定が正しければ、横堀内から弥生期の土器が出土しても、横堀の構築時期まで弥生期と断定することはできない。勿論筆者が推定する横堀の構築時期を 16 世紀とすることもできない。ただし、筆者が先端に横堀と堀切の二重防御ラインが存在するという推定が正しければ、16 世紀構築説も十分可能性が出てくる。
　報告書は弥生期の住居廃絶後に、主郭Ａに多数の焼土層が存在していたことを報告し、これを報告書は「烽火をうちあげた焼土」と推定している。その可能性も勿論存在するが、主郭Ａ直下に「カネツキドウ」という地名も存在するため、筆者は護摩を焚いた跡の可能性も示唆したい。いずれにせよ、弥生期の集落廃絶後に再利用されたことを裏付ける物証といえよう。
　筆者は環濠（横堀）や切岸を弥生期の高地性集落の環濠という考え方を全面的に否定するものではない。勿論その可能性も十分存在すると思う。しかし環濠の構築年代が弥生期と断定できない現段階において、中世城郭としての遺構という考え方も再考する必要があると思う。拙稿では候補遺構とさせていただく。

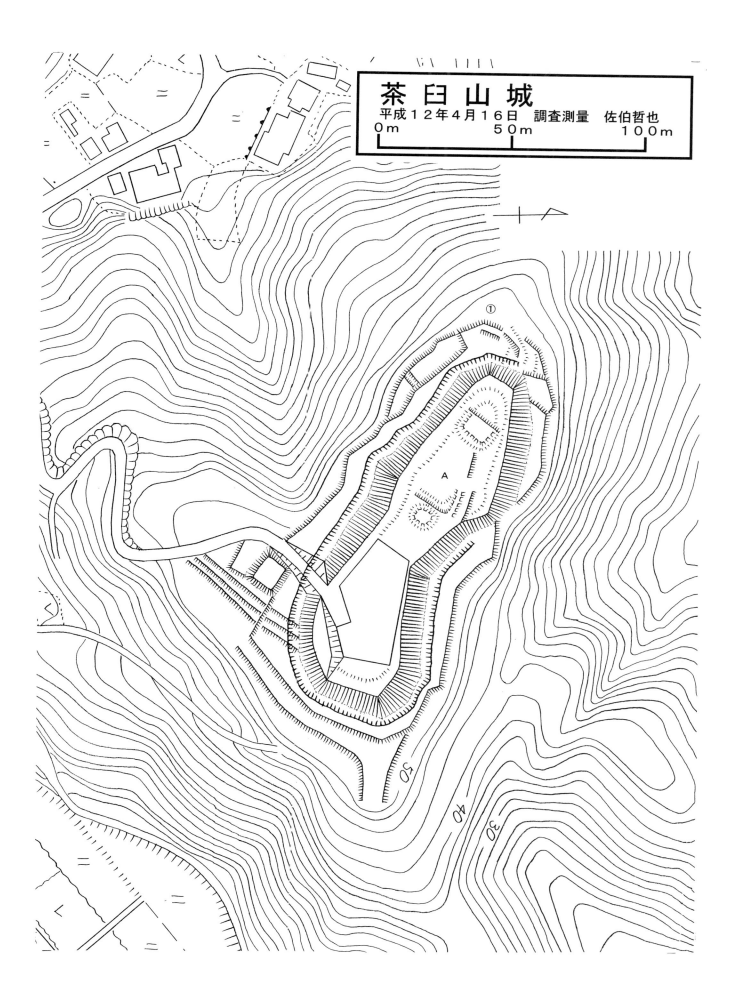

67. 天田城（あまだじょう）

①河北郡津幡町九折　②－　③16世紀　④16世紀　⑤16世紀　⑥－　⑦山城
⑧堀切・切岸　⑨150m×60m　⑩標高226.6m、比高150m　⑪5

　伝承及び古記録は残っていない。加越国境に位置し、最高所のA地点が主郭と推定されるが、全くの自然地形で、人工的な造成は施されていない。富山県側に二重堀切①を設け、さらに両斜面に竪堀状に落として完全に遮断している。さらに防御力を増強するために、堀切の外側に土塁を設けるという念の入ようで、これだけを見たら城郭である。しかし北側の尾根続きは小規模な切岸②があるのみで、完全に遮断していない。ただし、これは後世の耕作により破壊された可能性がある。
　問題は、西側の尾根続きである。なだらかな尾根が続いているため、この方面からの敵軍の攻撃が最も予想されるのに、防御施設を設けておらず、全くの無防備である。これでは防御施設とは言えず、従って城郭とは断定できない。それとも加賀側の勢力が越中側に備えて二重堀切①のみを構築した臨時的な防御施設なのであろうか。ここでは結論を出さず態度を保留し、候補遺構とさせていただきたい。

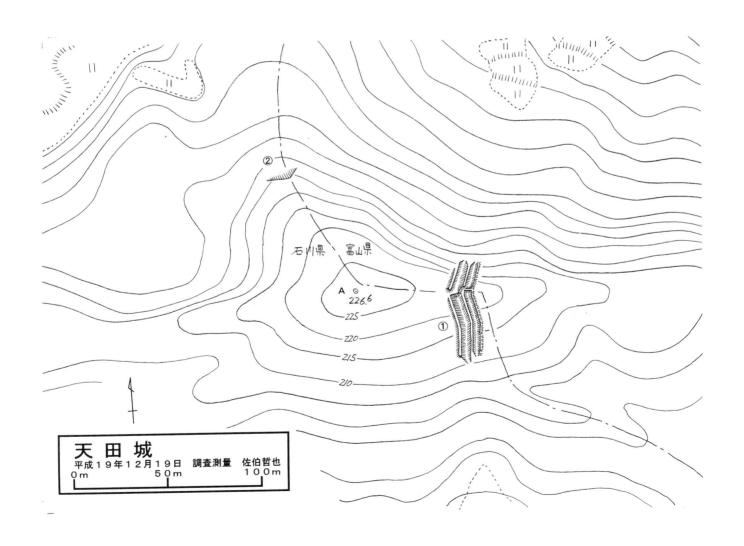

68. 冠 ヶ 嶽 城 （かんむりがだけじょう）

①金沢市小原町　②小原山城　③１５世紀？　④１５世紀？　⑤１５世紀？　⑥富樫氏？
⑦山城　⑧削平地・切岸　⑨440m×200m　⑩標高532.9m、比高280m　⑪２０

　『官地論』によれば、加賀守護富樫政親は長享２年(1488)高尾城にて自害したと述べている。
しかし故墟考は、高尾城落城、政親は冠ヶ嶽城に暫くの間籠城していたと述べている。さらに故
墟考は、天正８年(1580)柴田勝家が冠ヶ嶽城を攻め落としたと述べている。これとは別に『内川
の郷土史』（内川村史発行委員会1971）は、富樫春長の城址と伝えている。
　小原集落の背後に聳える兜山の山頂に冠ヶ嶽城があったとされている。Ａ地点が兜山の最高地
点で、主郭があったと推定されるが、ほぼ自然地形。南側の切岸が一応遮断線の役割を果たして
いるものの、城郭遺構なのか判断に苦しむ。東側の尾根には深く掘り込まれた尾根道が通ってお
り、かなり交通量があったことを推定させる。前述の『内川の郷土史』では、野々市の富樫館と
冠ヶ嶽城を繋ぐ「本街道」があったと述べており、この尾根道が「本街道」に該当するのであろ
う。同書は山麓に「木戸口」「木戸址」「奥木戸」という地名が残っているとしているが、具体
的な場所は不明。
　以上述べたように城郭遺構と断定できる遺構は存在しない。交通量の多い尾根道、兜山という
名称から、山岳宗教遺構の可能性も考慮して再調査すべきであろう。

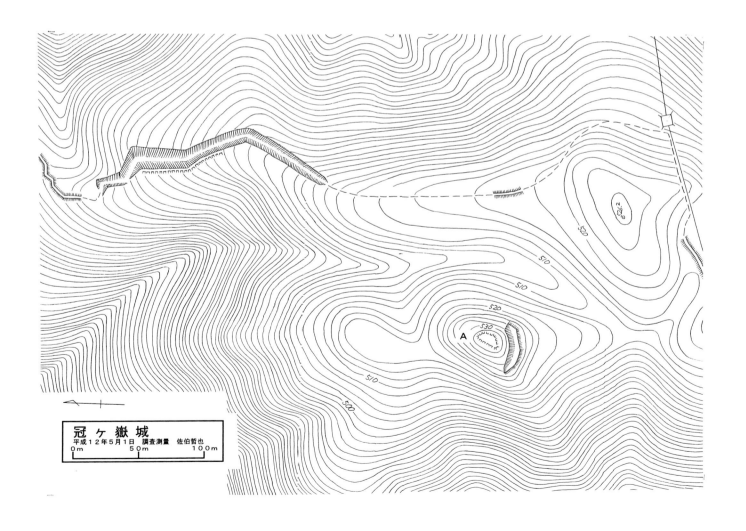

69. 倉ヶ岳城（くらがだけじょう）

①金沢市倉ヶ岳町　②－　③１５世紀？　④１５世紀？　⑤１５世紀？　⑥富樫氏？　⑦山城
⑧削平地・切岸・土塁・井戸　⑨310m×130m　⑩標高565.4m、比高200m　⑪２０

　『官地論』によれば、加賀守護富樫政親は長享２年(1488)高尾城にて自害したと述べている。しかし『昔日北華録』(『加能史料戦国Ⅲ』)等によれば、政親は高尾城を逃げ落ちて倉ヶ岳城に籠城し、そこで戦死したと述べている。さらに故墟考は七国志を引用し、天正８年(1580)佐久間盛政が放火した城郭の中に、倉ヶ岳城があったことを述べている。

　山頂部Ａはほぼ自然地形。山頂部付近全域を見渡しても曲輪と呼べそうな平坦面は存在しない。切岸①・②を尾根と直交する方向に設けているものの、完全に遮断しておらず、防御施設とは言い難い。また土塁も低く、これも防御施設とは言い難い。さらに最大の弱点部となる北側の尾根続きに防御施設（堀切等）を設けておらず、城郭遺構とは断定しかねる最大の要因となっている。一方、山頂でありながら、井戸等の水量は豊富である。注目したいのは、山頂から西斜面を下り、北東方向へ延びている長大な土塁である。同構造の土塁は、虚空蔵山城（能美市）にも見られる。虚空蔵山城はその名が示す通り、山岳宗教施設でもある。この長大な土塁は倉ヶ嶽集落側のみに設けられている。ということは集落を意識した結界なのであろうか。ただし集落側に出入口と思われる開口部③があるため、集落側から出入りしたことは事実のようである。あるいは直下に位置する大池で、宗教行事を行うための出入口なのであろうか。

　以上、倉ヶ岳城を城郭遺構と断定するわけにいかない。飲料水を確保していること、虚空蔵山城との類似性を考慮すれば、山岳宗教施設として再検討する必要性があり、候補遺構としたい。政親は倉ヶ岳に存在した山岳宗教施設に逃げ込んだだけかもしれない。

図１

倉ヶ岳城
平成１１年１１月７日 調査測量　佐伯哲也

図2 倉ヶ岳城拡大図

70. 北袋城（きたぶくろじょう）

①金沢市北袋　②－　③１６世紀後半　④１６世紀後半　⑤１６世紀後半　⑥刀利左衛門
⑦山城　⑧堀切　⑨50m×40m　⑩標高 211.7m、比高 60m　⑪１６

　故墟考によれば刀利村（富山県南砺市）の刀利左衛門が越境して北袋城を築城したが、天正９年(1581)佐久間盛政に攻め落とされ、左衛門は越中に退却したと述べている。
　城跡とされる場所は、谷に突き出た尾根上にあり、現在明瞭に残っている遺構は、堀切①しかない。幅９ｍ、深さが３ｍもあり、完全に尾根続きを遮断している。ただし、この堀切①は尾根越えの道としても使用されたらしく、現在も道跡が残っている。本来ならば、堀切①の東側にも道跡は残っていなければならないのだが、長年の雨水等による浸食で残っていない。堀切①の城内側、すなわちＡ地点が主郭と推定されるが、全くの自然地形。そしてこれほどゆるやかな地形であれば、尾根の南端にも堀切を設けなければならないのだが、設けていない。堀切①が大規模で完全に尾根を遮断しているので、なぜかアンバランスな感じがする。これほど大規模な堀切を設けるのなら、南端にも設けてもよさそうな気がするのだが。
　注目したいのは、枡形遺構②である。不明瞭でよくわからないが、これが城郭遺構であれば、堀切に木橋等を架けて枡形虎口に入り、右折して城内に入ったと考えられる。このような遺構は16世紀後半に多用され、単純な構造であれば、在地国人土豪も使用している。つまり天正９年刀利左衛門が築城したという故墟考の記述と一致するのである。
　以上述べたように、城郭の可能性は高い。しかし主郭があまりにも自然地形すぎること（曲輪として使用するには傾斜がきつい）、南端に堀切がないことが、断定しかねる条件となる。左衛門が急遽築城したことによるのであろうか。よって候補遺構としたい。

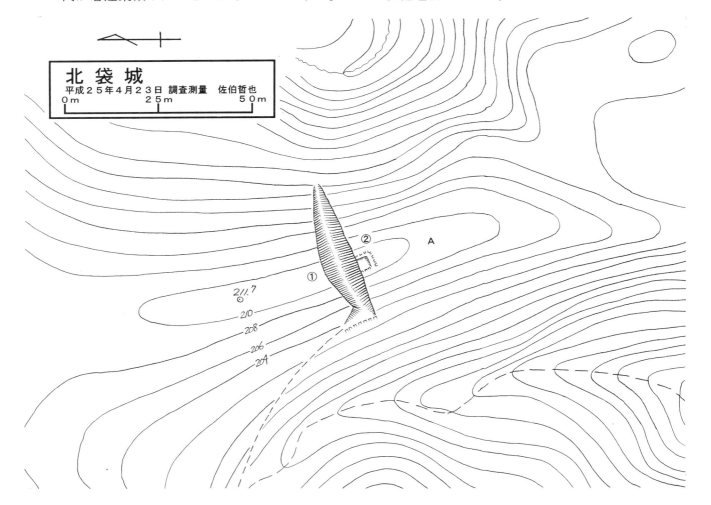

71. 町 城（まちじょう）

①金沢市東町　②御新造山城　③１６世紀　④１６世紀　⑤１６世紀　⑥刀利左衛門　⑦山城
⑧削平地・削平地・竪堀・土塁・井戸　⑨270m×150m　⑩標高224.4m、比高90m　⑪１６

　『石川県中世城館跡調査報告書Ⅰ（加賀Ⅰ・能登Ⅱ）』（石川県教育委員会2002）の「町城跡」の項で松山和彦氏は、『越登賀三州志』所収有沢永貞古兵談残嚢集を引用し、天正９年(1581)越中刀利村（富山県南砺市）の刀利左衛門が町城を築き、湯涌谷衆などの山間部の勢力を糾合し、佐久間盛政に対抗したとしている。しかし同年盛政の攻撃により落城、左衛門は越中に退却したという。

　町集落に延びる尾根Dの先端に竪堀を設けているものの、堀切は無く遮断していない。この結果敵軍はストレートに主要曲輪群まで進攻することができる。さらに③地点に幅広の土橋を設けてＣ曲輪に入りやすくしている。そしてＣ曲輪からは付段④を経由してＢ曲輪に入り、土橋を通って主郭Ａに入る。つまりどこにも遮断施設が無く、敵軍はあまり苦労せず主郭Ａに到達することができるというわけである。この傾向は他の尾根でも見られ、⑤・⑥地点の尾根続きも遮断していない。かりに町城を築城したのが、北袋城を築いた刀利左衛門ならば、背後の⑤地点に堀切を設けたはずである。そうなっていないのは、左衛門とは違う人物が築城したか、あるいは城郭施設ではないか、等々の理由が挙げられる。

　以上述べたように、町城は敵軍が進攻しやすい尾根上に位置しながら、尾根を遮断する堀切等が全く設けられていない。逆に進入しやすい構造になっていると考えられる。このことから城郭遺構と断定するわけにはいかない。Ｂ曲輪西直下に井戸跡が認められることから、寺院遺構の可能性も模索する必要があろう。

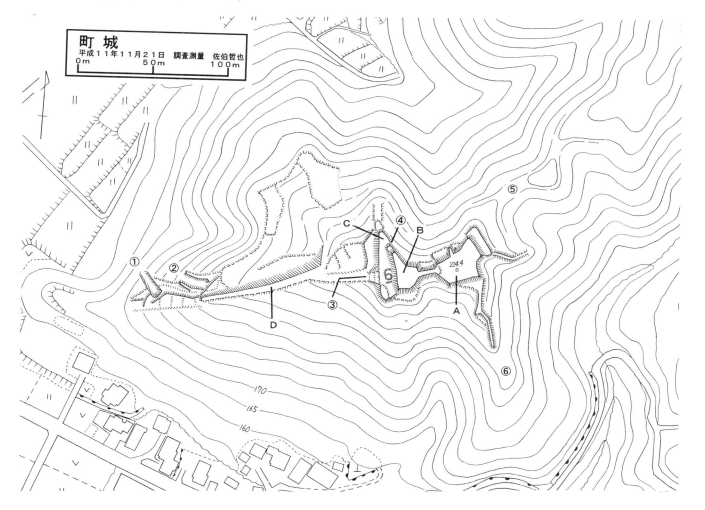

72. 三ノ坂遺構群（さんのさかいこうぐん）

①金沢市夕日寺・伝燈寺町　②－　③１６世紀　④１６世紀　⑤１６世紀　⑥－　⑦木戸？
⑧削平地・切岸・土塁・堀切・竪堀　⑨－　⑩標高－　比高－　⑪１１

　三ノ坂道は、中近世において金沢（加賀）と福光（越中）を繋ぐ重要な街道として使用された。『柚木城址と三ノ坂道』（金沢市教育委員会 1996、以下、報告書と略す）によれば、三ノ坂道に堀切や竪堀・土塁等が見られ、16世紀頃の木戸跡と想定している。
　まず遺構A（報告書ではB）では、①に堀切土橋、②に竪堀が残っている。報告書では木戸跡と推定している。しかし①は三ノ坂本道ではなく脇道であり、このような場所に堀切土橋や木戸を設けても、あまり意味が無い。なぜ本道に設けないのであろうか。②も同様で、何故か斜面に竪堀を設けるに止まっており、尾根頂部はガラアキとなっている。仮にここに木戸を設けたとしても、敵軍はガラアキとなった尾根頂部を楽々と通過するであろう。
　遺構B（報告書ではC）は、①に竪堀、②に平坦面が残っている。①は本道から離れているため、木戸の想定はできない。②は報告書は近世の住居跡を想定しているが、勿論確証は無い。
　遺構C（報告書ではD）は、①に堀切、②に竪堀、③・④に平坦面が残っている。報告書では①と③に木戸跡を想定している。①はともかくとして、③をわざわざ通過せずとも、東側を回り込めば簡単に頂部の④に到達することができる。つまり東側に廻り込ませないために、東斜面に竪堀が必要なのである。しかし東斜面に竪堀は無く、西斜面に竪堀②を設けている。これでは竪堀②は全く役に立っておらず、無用の防御施設となっている。従って③に木戸跡は想定できない。それにしても、これらの遺構は三ノ坂本道から遠く離れており、本道を通ったであろう敵本隊を制圧することはできない。
　遺構D（報告書ではE）は、V字形に掘り込まれた堀底道と、③に堀切が残っている。V字形に掘り込まれたのは傾斜が急なためであり、防御遺構とは関係ない。報告書では①・②に木戸跡を想定している。しかし堀切③の内側に存在し、平坦面からの援護射撃が期待できる、ということを考えれば、④地点が最も木戸跡にふさわしい地点となる。この遺構も三ノ坂本道に設けられていない。
　遺構E（報告書ではF）は、①に堀切、②に平坦面が残っている。④は尾根越えの掘り込みであり、城郭遺構ではない。報告書では③に木戸、②は木戸を監視する番所が建っていたと推定している。仮にこれらが城郭関連遺構であれば、報告書の推定に筆者も賛同する。しかし堀切①の位置を考慮すれば、三ノ坂本道を監視するためのものではなく、脇道を監視するための施設であることは明らかである。なぜ脇道に堀切を設けているのに、本道には設けないのであろうか。
　それでは、これらの遺構群は、何時、どのような目的で構築されたのであろうか。報告書は遺構Aの堀切土橋①について、戦国期の木戸跡と推定している。遺構C・D・Eについて報告書は、天正 12 年(1584)佐々軍の進攻に備えて前田軍が構築した木戸、あるいは中世の関所と推定している。
　残念ながら筆者は報告書の説には賛同しない。筆者の最大の疑問は、なぜ三ノ坂本道に直接堀切や竪堀・平坦面を設けて監視・掌握しなかったのか、である。全て脇道に設けてあり、これでは佐々軍の進攻を食い止めることはできず、また本道を通行する武士から通行税を徴収することもできない。本道に関所を設けた結果、それを避けるために脇道に迂回する武士がいて、その武士達の迂回を阻止するために脇道にも堀切を設けた、というのなら理解できる。しかし本道はガラあきなのである。このような状況なら、楽々と佐々軍や通行人は通過してしまうであろう。従って報告書の説には賛同できない。また構築時期も賛同できない。江戸期であっても境界線として堀切を設けることがあり、さらに江戸期であっても関所は存在したであろう。
　以上説明したように、戦国期の木戸・関所の遺構と断定するわけにはいかない。かといって、どのような性格の遺構だったのか、筆者にも万人を納得させるだけの答えは持っていない。今後事例の増加を待って再検討を行い、結論を出したいと思う。

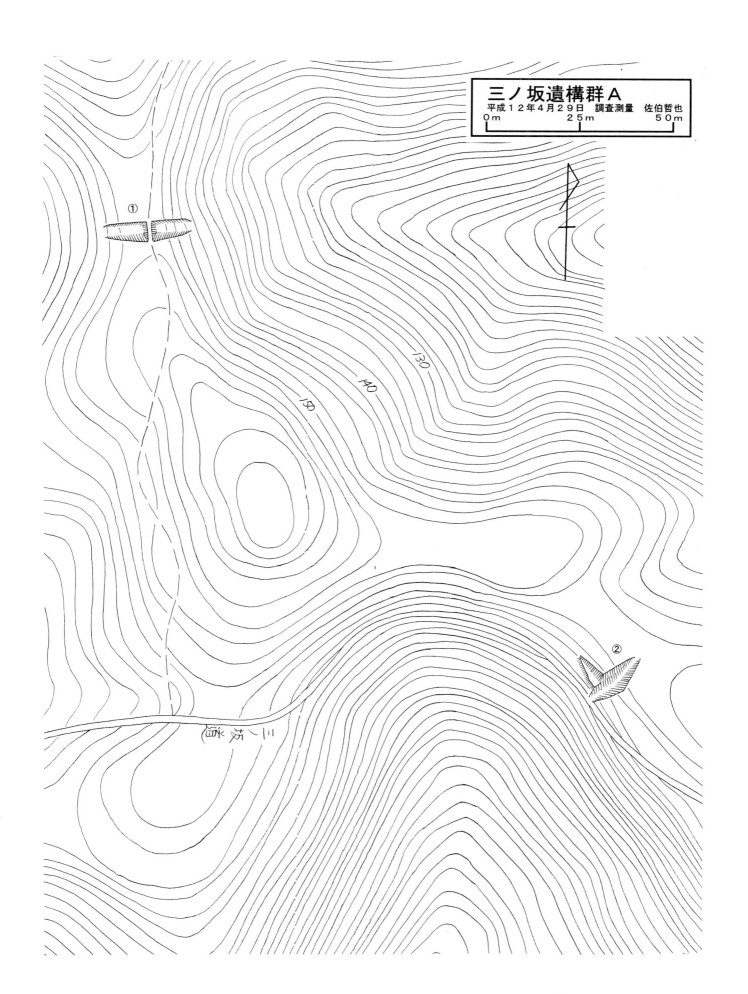

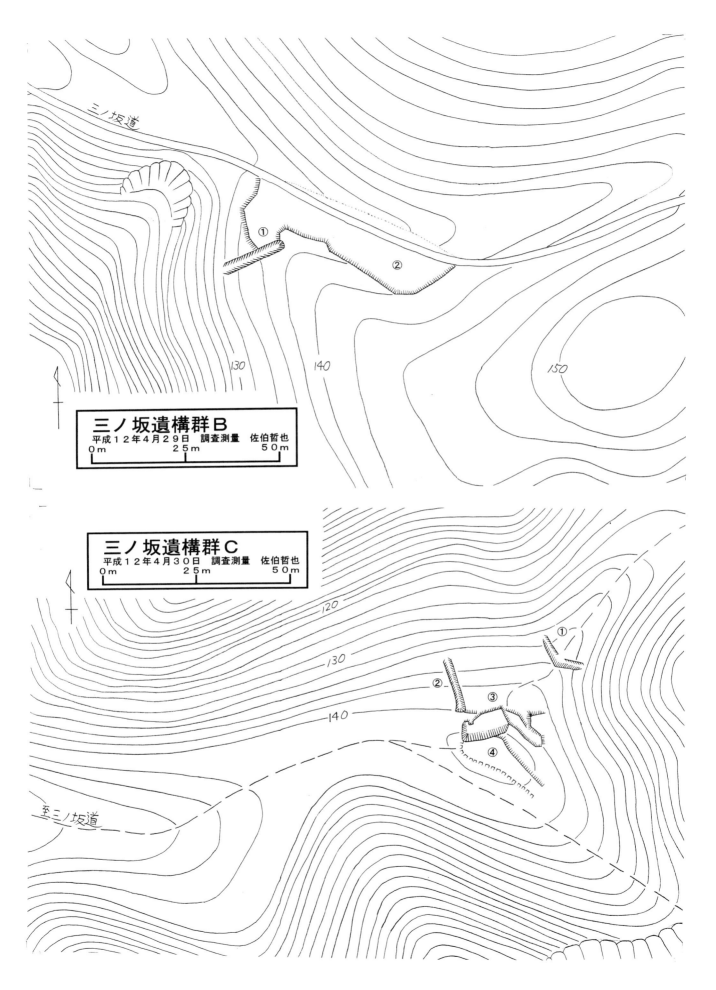

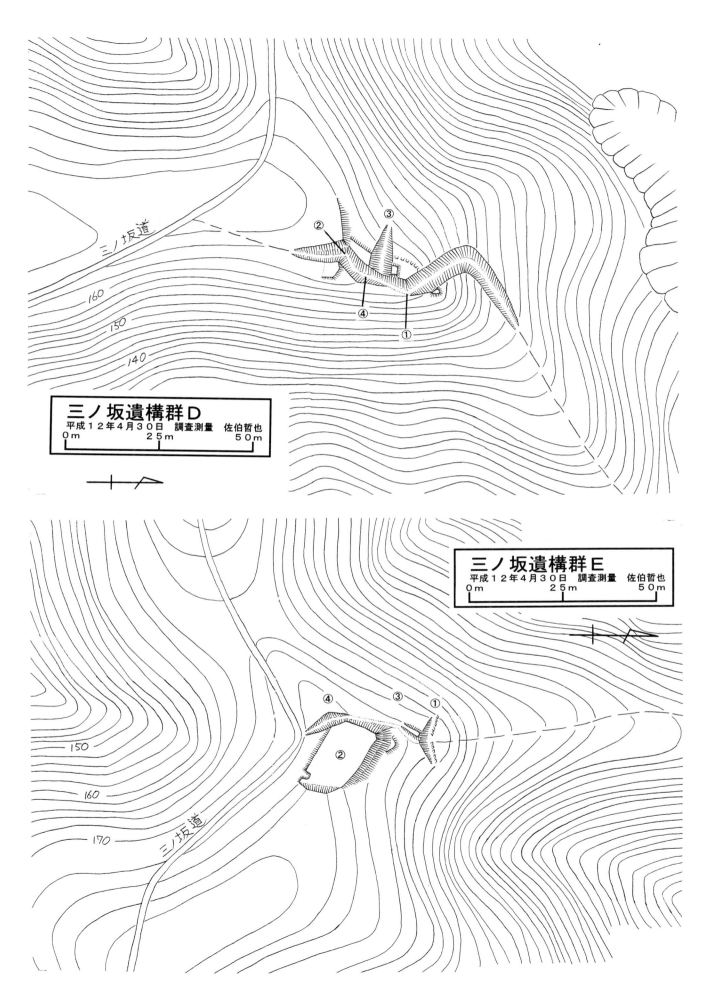

73. 釣部砦（つりべとりで）

①金沢市釣部町　②－　③１６世紀　④１６世紀　⑤１６世紀　⑥－　⑦山城
⑧削平地・切岸・土塁・堀切　⑨110m×30m－　⑩標高 164.4 m　比高 100 m　⑪１１

　釣部砦は、背後（南側）に三ノ坂道が通る交通の要衝といえる。しかし三ノ坂道は中世のみならず近世においても、金沢（加賀）と福光（越中）を繋ぐ重要な街道として使用されており、中世に限定することはできない。

　釣部砦に関する古記録・伝承は皆無である。尾根の突端に堀切土橋①を設けて尾根続きを遮断している。しかし最も警戒しなければならない三ノ坂道方向（南側）については全くの無防備となっている。主郭はA曲輪と推定され、西及び東側に切岸を設けている。しかし最も敵軍の進攻が想定される尾根続き方向（北及び南側）は、通常だと切岸や堀切を設けて遮断しなければならないのだが、緩やかな緩斜面を残している。つまり遮断する意識が希薄だったことを物語る。北側は堀切①で遮断しているから理解できるが、南側は三ノ坂道から進攻してきた敵軍によって簡単に占領を許してしまうであろう。少なくとも 164.4 m の頂部に曲輪を設けて守備兵を配置するとか、あるいは②地点あたりに堀切を設ける等の防御施設が必要となろう。

　釣部砦の遺構を素直に解釈すれば、三ノ坂道を完全に掌握していたので南側は無防備で良いが、北側は危険なため堀切を設けた、ということになる。このような奇妙な状況が戦国期に発生したとは思われない。これは前述の三ノ坂遺構群と同様の状態と言える。唯一明確な堀切①が果たして戦国期の城郭遺構と判断して良いのか、江戸期に構築された（つまり城郭遺構ではない）可能性はないのか、事例を増加を待って再検討し、結論を出したい。

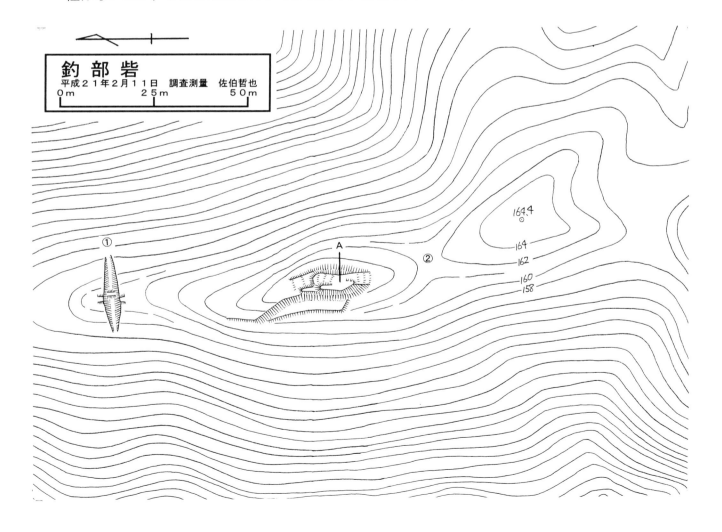

74. 田島城（たのしまじょう）

①金沢市田島町　②－　③１６世紀　④１６世紀　⑤１６世紀　⑥－　⑦山城
⑧削平地・切岸・竪堀　⑨170m×80m －　⑩標高 446.8 m　比高 310 m　⑪１２

　『柚木城址と三ノ坂道』（金沢市教育委員会 1996、以下、報告書と略す）によれば、田島集落ではA地点を「五本松」と呼んでおり、阪東某がいたという伝承が残っている。しかしA地点は平坦ではあるものの、全くの自然地形。B地点は幅広の鞍部となり、西側に高さ５ｍの切岸を設けて尾根続きを遮断している。東側に低切岸も設けていることから、一応幅広の堀切と解釈することも可能である。②は竪堀で、切岸を越えず南斜面を横移動するのを阻止している。③も切岸で、小規模ながら尾根続きを遮断している。④は道跡であろう。報告書では④から 450ｍ離れた「馬駆馬場（ウマシメバンバ）」に残る三条の土塁を畝形阻塞形土塁としているが、等高線と並行して設けられているため、山道の跡であろう。

　さて、Bは幅広の堀切、①は切岸と評価することができ、尾根続きを遮断しているため、田島城は一応城郭遺構と判定することができる。しかし山頂部Aは平坦とはいえ、広大な自然地形であり、非常に守備しにくい地形といえる。切岸①が敵軍に突破されればどこからでも山頂部Aを攻撃することが可能となる。一方城兵達は、どこから攻めてくるかわからない敵軍に苦慮し、少数での防御が難しくなる。

　このような縄張りを考えると、単純に城郭遺構と断定するにはいかなくなる。これが在地土豪の縄張りと言われればそれまでだが、城郭遺構と即断せず、再検討する余地（例えば宗教遺構の可能性）が多分に残っている城郭と言えよう。

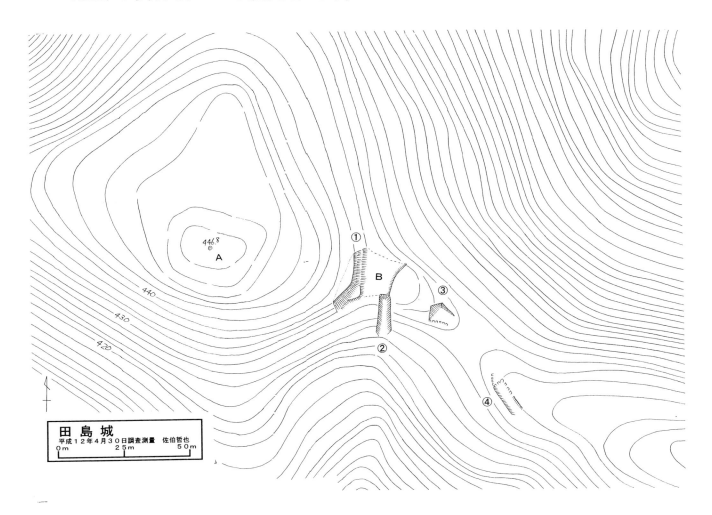

75. 二俣町一の木戸（ふたまたまちいちのきど）

①金沢市二俣町　②-　③?　④?　⑤?　⑥平尾本泉寺?　⑦木戸?　⑧削平地・切岸・土塁
⑨120m×80m -　⑩標高338m　比高250m　⑪1 2

　『石川県中世城館跡調査報告書Ⅰ（加賀Ⅰ・能登Ⅱ）』（石川県教育委員会 2002）の「平尾本泉寺跡」の項で松山和彦氏は、本遺構（一の木戸と呼ばれている）を貫通する山道からさらに約700m東進した場所を、かつての本泉寺があった場所と推定し、仮称として平尾本泉寺とされている。そして本遺構（一の木戸）を本泉寺の遺構として、木戸があったのではないかと推定されている。さらに一の木戸と平尾本泉寺の間には、二の木戸と称されている場所もある。
　二俣集落から本遺構（一の木戸）・平尾本泉寺・大沼平を経由して医王山に至るルートは、近世以前には加賀側から医王山に入山する重要なルートだったと推定されている。これを裏付けるかのように一の木戸付近の山道はV字形に深く掘り込まれており、多くの交通量があったと推定される。しかし木戸があったことを証明する遺構は残っていない。北東の山腹に平坦面が残っているが、これが一の木戸に関連する遺構なのか全く不明。仮に関連遺構であったとしても、一の木戸の構築年代が不明なため、平坦面の構築年代も不明。さらに平尾本泉寺に関連した遺構としてよいのか、これも裏付ける遺構は存在しない。
　以上述べたように、一の木戸を中世の木戸跡と断定するには、証拠が不足していると言わざるを得ない。今後多くの事例が増加した後に再検討すべきであろう。

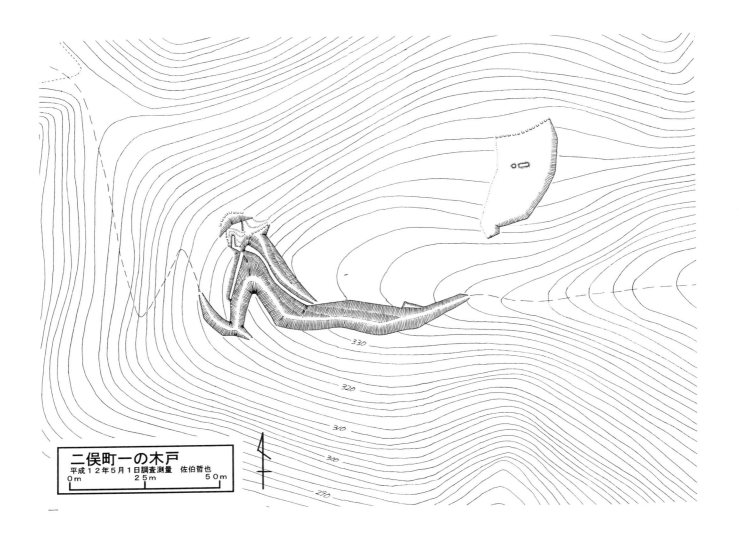

76. 岩 崎 砦 (いわさきとりで)

①小松市岩上町　②白尾砦　③16世紀　④16世紀　⑤16世紀　⑥?　⑦山城　⑧堀切
⑨100m×40m－　⑩標高180m　比高90m　⑪29

　『西尾村史』(川良雄 1958) によれば、岩崎砦 (堡) は岩上集落の西方にあり、今 (1958年) は畑地となり、土塁が僅かに残っていると記述している。城主は伝わっていない。故墟考によれば石垣が残っていると記述している。
　城跡は全くの自然地形で、人工的な平坦面は一切残っていない。勿論石垣や土塁も残っておらず、筆者が調査した平成18年 (2006) 当時は雑木林となっていた。約50年前はこのような山深い山頂まで耕地になっていたのであろうか。山頂には岩の露頭が多数みられるので、これを故墟考は石垣と述べていたのであろう。
　山頂から尾根続きに西方へ約90m進むと、堀切が一本残っている。幅6m、深さ3mと標準的な規模となっている。西側の尾根続きはこの堀切で遮断しているが、北側の尾根続きに防御施設は設けておらず、敵軍は簡単に山頂に到達したことであろう。この点が城郭遺構と断定できない最大の要因である。山頂部に曲輪の形跡が全く残っていないのも、城郭と断定できない要因の一つである。もしかしたら堀切も城郭遺構ではなく、集落境の境界線かもしれない。以上の理由により、岩崎砦は候補遺構としたい。
　なお北側の尾根続きを下ると、「しら山」と呼ばれる台地があり、波佐羅砦 (堡) 跡と伝わっている。現在は工場用地となり、遺構は全く残っていない。もしかしたら波佐羅砦が平時の居館で、岩崎砦が詰城だったのかもしれない。

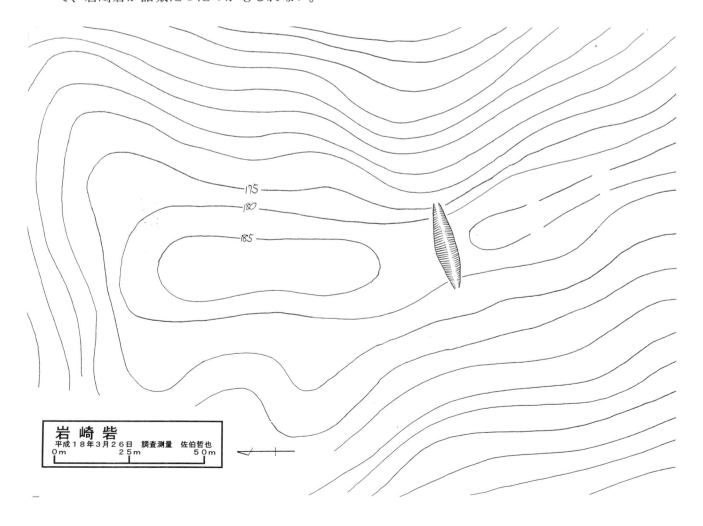

77. 中 峠 北 城 （なかとうげきたじょう）

①小松市中峠町　②－　③１６世紀　④１６世紀　⑤１６世紀　⑥?　⑦山城
⑧削平地・切岸・土塁・竪堀　⑨160m×100m －　⑩標高 283.1 m　比高 160 m　⑪２６

　　南麓に三坂越えの街道が通る交通の要衝である。通称城山（シロヤマ）と呼ばれている。山頂に主郭Aを設け、周囲に削り残しの土塁を巡らせている。虎口①を見下ろす位置に櫓台②を設け、虎口①に横矢を効かせて防御力を増強している。土塁は櫓台②の他は、③地点を一段高く設けている。この方角は、敵軍が通路⑤を攻め上ってくるコースに当たり、敵軍からの攻撃に備えるために、土塁を一段高くしたと考えられる。主郭Aからは中峠集落や、三坂越えの街道を見下ろすことができる。

　　尾根から攻め上ってくる敵軍の攻撃を遮断するために、食い違い虎口④を設けている。C曲輪からの横矢は掛かるものの、食い違い部そのものには掛かっておらず、織豊系城郭の枡形虎口ほどの効力は期待できない。B・D曲輪は敵軍が攻めてくる方向に土塁を設けて防御力を増強している。

　　中峠北城は城郭遺構と断定するには、不可解な部分が多すぎる。まず堀切を設ける場所が問題である。尾根が一番細くなっている場所に堀切を設ければ、土木作業量が一番少なくてすみ、効果的に敵軍の攻撃を遮断できるのだが、何故か⑦地点に設けず、尾根が広がった⑥地点に設けている。しかも堀底は広々としているため、敵軍は自由に動き回ることができ、城兵達は攻撃の焦点を絞り難くなってしまう。また堀切両岸の切岸は、鋭角の高切岸にしておけば敵軍は堀底から上り難くなるのだが、何故か二段に構築され、敵軍は堀底から上りやすい構造になっている。敵軍の攻撃を遮断する防御施設としての効力は半減していると言えよう。この⑥地点での遺構の構造は、中峠北城の性格を解明する上で重要なポイントとなろう。

　　第二に、①・⑤地点の通路の幅が４～５ｍと広く、そして直線的なことである。特に⑤地点は、敵軍は東側の平坦面から横矢攻撃を受けてしまうのだが、これだけ通路の幅が広いと横矢の効果も半減してしまう。①地点は重要な主郭虎口につながる通路だが、ストレートに入れてしまう。

　　このように中峠北城は城郭としての特徴を保有しながら、疑問点も多く保有しているのが判明する。一つの仮説としてあげるなら、廃城後、山岳寺院として再利用されたとは考えられないだろうか。主郭Aから中峠集落を見下ろせること、山頂ゆえ風除けの土塁があることから、主郭Aに奥之院の存在の可能性を指摘できる。B曲輪はきれいに削平されているため、寺院中枢の諸堂（本堂等）が建っていたと推定される。また、信者が参拝しやすいために通路⑤を拡幅し、そして通路⑤の東側の平坦面には子坊が建っていたと推定される。そして寺の格式を高めるために堀切⑥を拡幅したとは考えられないだろうか。大規模な竪穴⑧は、大人数の飲料水を賄える大井戸、あるいは参詣者が手を洗う手水だった可能性を指摘したい。そしてC曲輪の塚状遺構も寺院だったことを物語っているのであろう。

　　しかし廃城後寺院として再利用されたとしても、なぜ⑦地点に堀切が残っていないのか、疑問は解消されない。また寺院が存在したという伝承も残っていない。ここでは廃城後寺院として再利用されたという可能性のみ指摘しておきたい。

　　以上述べたように、城跡に現存する遺構全てが城郭遺構とは限らないということを示す遺跡として、中峠北城は貴重である。城郭と山岳寺院は、集落を見下ろす山上に選地するケースが多いことから、遺構が重複する事例も多いと考えられる。今後は両方の見地から立った研究が必要となろう。

　　中峠北城を城郭として見た場合、食い違い虎口④や、虎口①と櫓台②との組み合わせから、ある程度の技術に達していることを指摘できる。しかし織豊系城郭の枡形虎口にまで発達しておらず、戦国期に在地領主が築城した城郭ということが推定されよう。

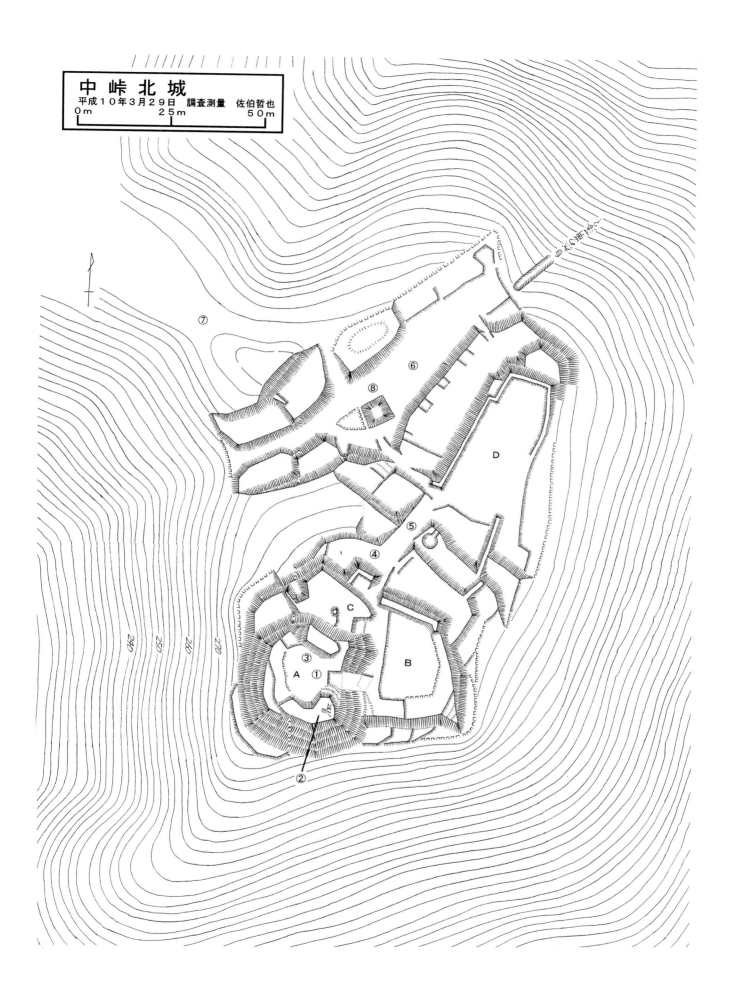

78. 菩提砦（ぼだいとりで）

①小松市菩提町　②－　③１６世紀　④１６世紀　⑤１６世紀　⑥？　⑦山城
⑧削平地・切岸・堀切・土塁・竪堀　⑨170m×30m－　⑩標高117ｍ　比高40ｍ　⑪３２

　故墟考によれば、「菩提村領古堡迹ありとすれども不詳」と記述するにとどまっている。菩提砦（堡）は、菩提集落を見下ろす尾根の頂部に位置する。堀切①は城郭施設のように見えるが、両端を竪堀を落としていないため、堀切①を越えず、両側に迂回すれば、簡単に城内に侵入できる。堀切①北側の高まりは墳墓で、堀切①は墳墓の堀だった可能性を指摘したい。北側の尾根続きには墳墓と思われる高まりが、数基確認できる。
　堀切②と両竪堀③は小規模すぎて、敵軍の攻撃を遮断できそうにない。尾根の頂部はなだらかで、畑地として使用されていた可能性がある。つまり堀切②と両竪堀③は害獣除け、いわゆる猪垣だった可能性も捨てきれない。
　このように、尾根頂部に位置する城郭として、最も重要な尾根遮断施設と断定できる施設が確認できないのである。これでは菩提砦を城郭施設と断定するわけにいかない。ただし土塁④は尾根を狭めており、虎口に伴う土塁とも考えられる。とすれば、両竪堀③は虎口④に進攻する敵軍を遮断する竪堀なのであろうか。城郭施設としての可能性も残している。
　地表面観察で推定できるのはここまでである。今後は発掘調査により城郭施設の有無を確認するのが重要な課題と言えよう。

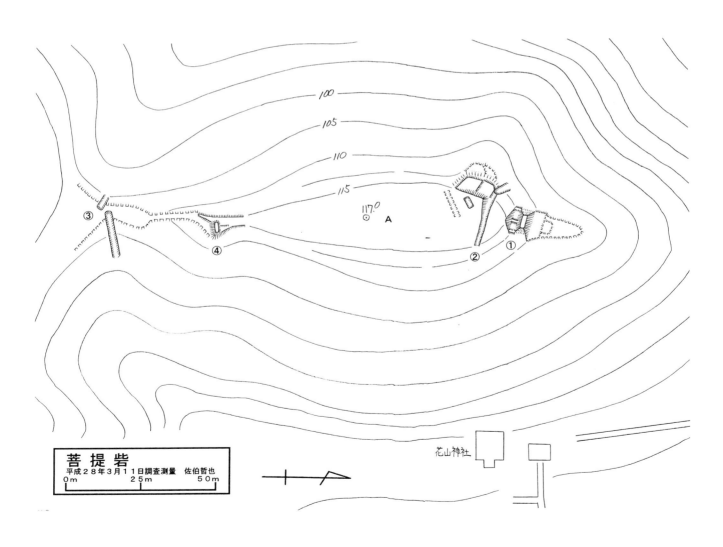

79. 熊坂花房砦 (くまさかけぶそとりで)

①加賀市熊坂町花房　②－　③16世紀　④16世紀　⑤16世紀　⑥加賀一向一揆?　⑦山城
⑧削平地・堀切・土塁　⑨40m×40m －　⑩標高67.1m　比高50m　⑪34

　通称城山（シロヤマ）と呼ばれている。山頂のA地区は全くの自然地形。背後の掘り込み状遺構①は、道跡と推定される。従ってA地区の背後を遮断する防御施設が存在しないため、A地区は城郭施設ではないことが明確となる。堀切②は土塁③を伴っており、西側に平坦面Bが残る。
　ここで疑問なのは、A地区からB曲輪を見下ろされてしまうということである。つまりB曲輪にとってA地区が敵軍に占拠されてしまうと著しく不利になるのであり、A地区が敵軍に占拠されないことが、絶対不可欠なことなのである。A地区に城兵駐屯所（つまり曲輪）を設けて敵軍の進攻を食い止めなければならないのに、なぜか自然地形である。A地区に曲輪と背後に堀切を設ければそれで解決したはずなのに、なぜかあえて不利な一段下がった位置にB曲輪を設けている。これが筆者最大の疑問である。一つの可能性として、B曲輪は畑跡であり、堀切②・土塁③は尾根から降りてくる猪等を防ぐ害獣除け（猪垣）だったかもしれない。周辺の尾根や斜面にも土塁や段・削平地が散在するが、B曲輪との関連性はほとんど認められず、城郭遺構ではないと判断した。
　以上の理由により、候補遺構とさせていただいた。今後は発掘等によりA地区に城郭遺構の有無を確認するのが課題といえよう。なおB曲輪から東方約230mの地点を発掘調査したが、明確な城郭遺構・遺物は検出されなかった（『熊坂花房砦跡』加賀市教育委員会1995）。

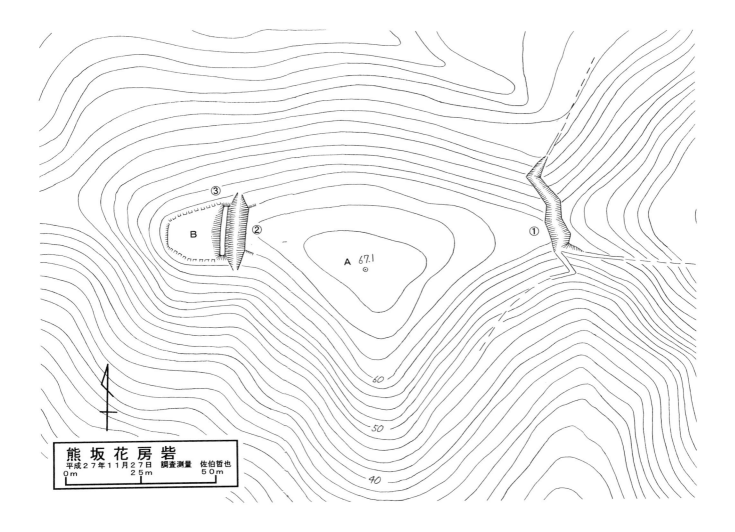

80. 塔 尾 超 勝 寺 (とのおちょうしょうじ)

①加賀市塔尾町　②－　③永正３年　④１６世紀初期　⑤享禄４年　⑥超勝寺　⑦寺院城郭？
⑧削平地・切岸・堀切・土塁・井戸　⑨140m×160m－　⑩標高77.9m　比高24m　⑪３６

　塔尾集落を見下ろす丘陵上に位置する。通称御屋敷（オヤシキ）、あるいは寺屋敷（テラヤシキ）・上山（ウエノヤマ）とも呼ばれている。かつて越前国藤島にあった超勝寺が永正３年（1506）朝倉氏に敗れて加賀に退転し、当地に寺院を建立した跡と伝える。超勝寺は享禄の錯乱（享禄4年＝1531年）で勝利すると小松市二ツ梨に移転しており、これが事実だとすれば、遺構の存続年代・構築者が確定する貴重な遺構と言える。

　塔尾集落に張り出した台地Ａが境内と伝え、現在も井戸と伝わる窪地⑦が残る。この窪地は江沼郡古城跡図の内塔尾寺屋敷之図（『加賀市史通史上巻』加賀市1978所収。この絵図は文化・嘉永年間に大聖寺藩士駒澤十蔵・宮永理兵衛・奥村永世等が調査、以下絵図と略す）にも記載されている。窪地⑦は現在でも降雨時の後は水が溜まっている。平坦面Ａは全体がきれいに削平されているのではなく、所々に自然地形が残っているため、大規模な建造物が建っていたとは考えにくい。イメージとはかけ離れてしまうが、小規模な建物が散在的に存在していたと考えられる。

　台地Ａは上幅24ｍの壮大な堀切①で周囲から遮断し、土橋②で境内と連絡している。境内側には塁線土塁を設け、出入口を内枡形虎口③に加工している。これだけを見れば城郭化した寺院、いわゆる寺院城郭になる。勿論筆者はそれを完全に否定しないが、若干の疑問を持つ。

　塔尾集落からの正式な入山ルートは、現在と同じく④地点から谷を遡って⑥地点まで上り、そこから土橋②を渡って内枡形虎口③に入ったと考えられる。しかし途中の⑤地点は、周囲を若干加工しているのみで、ほぼ自然地形であり、境内からの横矢も掛からない。敵軍は簡単に⑤地点から境内に突入することができたであろう。つまり超勝寺にとって⑤地点は最大の弱点部であり、城郭化するにあたり、⑤地点に土塁か横堀を巡らし、敵軍の攻撃を遮断する構造にしなければならなかったのである。そうなっていない現状にあって、超勝寺を寺院城郭とするわけにはいかないのである。ちなみに⑤地点の道は絵図にも描かれており、少なくとも江戸末期から存在していたことが判明する。

　中世寺院には、防御以外の目的で枡形虎口を構築した事例が存在する。光寿庵土門（岐阜県高山市）が代表的な事例で、光寿庵の正門と伝える通称土門（ツチモン）が幅広のゆるやかな谷の中に存在している。見事な内枡形虎口だが、あえて土門を通らなくても光寿庵境内に入れるようになっている。つまり敵軍は土門を通らなくても付近の谷を直進して簡単に光寿庵境内に突入することができるのである。このような理由により、土門は防御施設（城郭施設）とは考えられない。恐らく宗教上の理由で入口を屈曲させたと考えられている。屈曲させることにより、邪神の侵入を防げる魔除けという意味があったのであろう。光寿庵は天正11年（1583）滅亡しているので、土門の下限も天正11年とすることができる。寺院の場合は、16世紀に構築された屈曲虎口であっても、必ずしも防御施設とは限らないことを実証する貴重な事例となっている。

　あえて屈曲虎口を通過しなくても境内に突入することができる、という点では超勝寺と光寿庵は完全に一致する。筆者が超勝寺を寺院城郭と断定できない最大の原因である。堀切①も堀底幅は17ｍもあり、堀底に降りた敵軍は比較的自由に動き回ることができる。これでは遮断施設としての機能も半減してしまうであろう。別の見方をすれば、堀切①は遮断施設としての機能を重視した施設ではなく、境内の正面を整え、荘厳製を高める装飾性を帯びた施設だったとも言えるのではなかろうか。つまり堀切①や内枡形虎口③は、防御施設（城郭施設）としての機能も発揮するが、本来は宗教施設として構築されたのではなかろうか。

　堀切①や内枡形虎口が宗教施設、あるいは防御施設のどちらなのか本稿では結論を保留し、従って候補遺構とさせていただく。結論は出せないが、塔尾超勝寺が16世紀初期の一向一揆寺院遺構と断定できる貴重な遺跡であることに変わりは無い。保存状態も良く、末永く保存されていくことを切に希望する。

81. 柏野城（かしわのじょう）

①加賀市柏野町　②－　③１６世紀　④１６世紀　⑤１６世紀　⑥栗山氏・堀江氏・加賀一向一揆
⑦山城　⑧削平地・土塁・竪堀　⑨280m×190m－　⑩標高140m　比高100m　⑪３６

　通称道善山（ドウゼンヤマ）頂上に位置する。北西麓に位置する白山神社は、白山五院の一つ柏野寺がかつて所在していたと伝える。江沼郡誌等によれば、栗山道善という者が居城したと伝えている。また永禄10年（1567）3月朝倉氏の家臣堀江景忠が謀反を起こし、柏野城に籠城したとも記している。いずれも詳細は不明。永禄10年（1567）12月15日加賀一向一揆と朝倉氏が足利義昭の仲介により和睦した際、和睦の条件として、一向一揆は柏野城と松山城、朝倉氏は黒谷城・日谷（檜屋）城・大聖寺城を放火して破却し、北陸道の往還を回復している〔『越前・朝倉氏関係年表』（福井県立一乗谷朝倉氏遺跡資料館2010）所収「安楽山産福禅寺年代記」〕。恐らく景忠が籠城した後、一揆方の城郭として使用されていたのであろう。

　柏野城の縄張りは、「よくわからない」というのが筆者の実感である。通常であれば、弱点部となる尾根続きを堀切で遮断するのだが、当城に堀切は全く存在しない。切岸①・②・③がその役割を担っていると考えられるが、それでも完全に尾根を遮断しておらず、防御施設とは言いがたい。さらに不思議なのは、曲輪と呼べれそうな平坦面が存在していないのである。これでは城兵の駐屯スペースも確保できない。従って山頂のA地点が主郭相当地点と考えられるが、城郭としての曲輪の存在は確認できない。仮に柏野寺の奥之院が存在していたのなら、単純な平坦面群のみで良いはずである。なぜこのような複雑な構造にしなければならないのか判断に苦しむ。

　B地区の切岸・平坦面・竪堀が柏野城が城郭施設であることを僅かに物語っている。しかしなぜ本体部も明確な曲輪や堀切を設けなかったのか、不明のままと言って良いであろう。

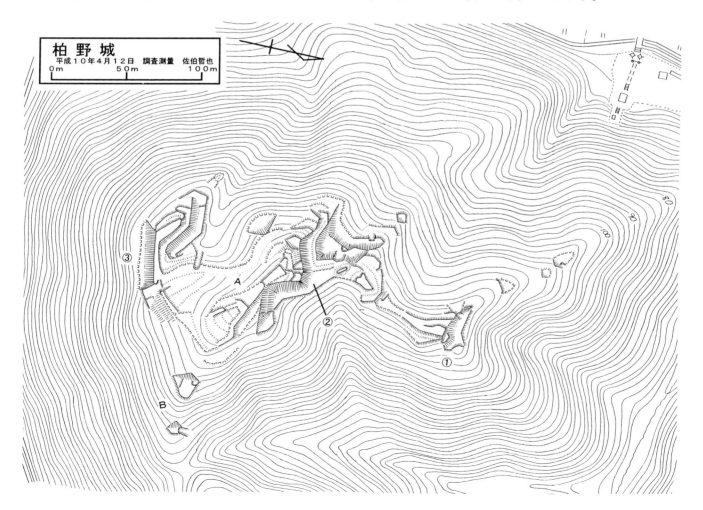

82. イラカ嵩城（いらかだけじょう）

①加賀市山中町大内町　②－　③１６世紀　④１６世紀　⑤１６世紀　⑥木曽義仲？　⑦山城
⑧削平地・竪堀・土塁　⑨ 190m×110m －　⑩標高 545.5 m　比高 300 m　⑪３９

　加賀及び越前国境線上の恵良岳（えらがだけ）山頂に位置する。『大聖寺川上流域の歴史』（大聖寺川上流域の歴史編纂委員会 2009）によれば、恵良岳（えらがだけ）がイラカ嵩（いらかだけ）に訛ったのではないかとのべている。また木曽義仲の陣所だったとも述べている。現在ほとんど謎の城だが、旧大内集落の古老達には「村の上に昔城があったということを聞いている」と言い伝えられている。

　縄張りは単純で、三角点のある最高所を主郭Aとして、大内峠方向に両竪堀を設けて尾根続きを遮断している。明確な城郭施設はこれのみで、曲輪の削平も甘く、ほとんど自然地形である。大内峠は古代から加賀と越前とを繋ぐ重要な街道だが、当城と大内峠との比高は230ｍもあり、しかも急峻な地形が広がっているため、警戒する必要は無いと考えられるが、何故か両竪堀を設けて警戒している。かつては当城と大内峠を繋ぐ重要なルートが存在していたのであろうか。一方の尾根続きである北及び西側には、多少の平坦面を設けているのみで、防御施設は見られない。

　以上がイラカ嵩城の縄張りである。唯一明確な防御施設である両竪堀だが、反対側の尾根を遮断していないため、防御施設でない可能性（例えば土地境界としての両竪堀）も若干残っているため、候補遺構とした。

　余談になるが、イラカ嵩城の西方約３kmの地点に上野山城があり、やはり木曽義仲の伝承が残っている。城郭そのものは16世紀のものと考えられるが、木曽軍が上洛するに当たり、大内峠を進んだことを示す傍証となろう。

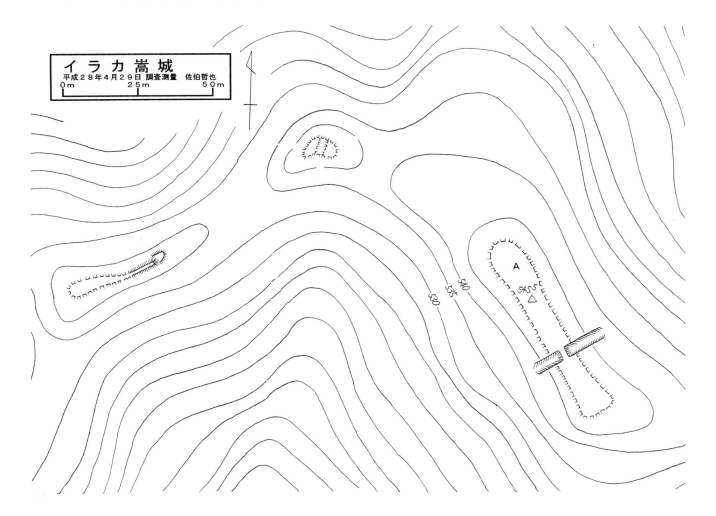

Ⅳ．城館類似遺構

83. 田屋御前山砦 (たやごぜんやまとりで)

①河北郡津幡町田屋　②－　③－　④－　⑤－　⑥－　⑦－　⑧削平地・切岸・土塁
⑨130m×80m　⑩標高70.5m、比高40m　⑪4

　通称ゴゼンヤマ（御前山）の最高所から南麓にかけて遺構が残っている。山頂に平坦面A・Bを設けているが、これを防御する堀切や土塁等は一切設けていない。また山麓にも平坦面を設けているが、これも防御する堀切等は設けていない。西端の土塁①は区画としての土塁であろう。従って田屋御前山砦が城郭遺構でないことは明らかである。勿論御前山に城郭が存在していたという伝承や古記録も一切存在しない。

　注目したいのは、山頂の平坦面A・Bである。「ゴゼンヤマ」という名称から類推すれば、平坦面Aに小規模な社（あるいは祭壇）が存在し、平坦面Bで宗教行事を行っていたとも考えられる。平坦面Aに円形の穴が存在しているのは、神器を埋納していた痕跡かもしれない。そして南麓の平坦面Cには、宗教行事を司っていた寺院が存在していた可能性を指摘できる。あるいは平坦面Aに奥の院、平坦面Cに本堂を設置していた山岳寺院の存在も指摘できる。

　以上述べたように、田屋御前山砦は城郭ではなく、宗教施設の可能性が高い。今後はそういう方向で研究していくべきであろう。

84. 鳥屋尾ノナカ砦（とりやおのなかとりで）

①河北郡津幡町鳥屋尾　②—　③—　④—　⑤—　⑥—　⑦—　⑧切岸・土塁・堀切
⑨90m×80m　⑩標高75m、比高35m　⑪4

　鳥屋尾ノナカ砦に関する古記録及び伝承は一切存在しない。一応尾根続きを堀切で遮断しているものの、集落側に突き出た南東斜面は緩やかで、こちらにも敵軍の攻撃を遮断する防御施設が必要となる。しかし主郭を防御する横堀や切岸等の防御施設は存在せず、主郭は無防備状態となっている。これでは城郭遺構とは言えない。

　鳥屋尾集落で聞き取り調査を実施した結果、堀切は鳥屋尾集落と蓮花寺集落との境界線として堀切を設けたということであり、城郭ではないとのことだった。

　上記聞き取り調査からでも判明するように、鳥屋尾ノナカ砦は城郭遺構とは考えられない。堀切は集落の境界線として考えるべきであろう。

　なお鳥屋尾シバンニャ砦は、現地調査の結果、堀切は尾根越え道としての堀割、先端の平坦面は墓地と判断した。また現地での聞き取り調査も同じ結果となったため、こちらも城郭遺構ではないと判断した。

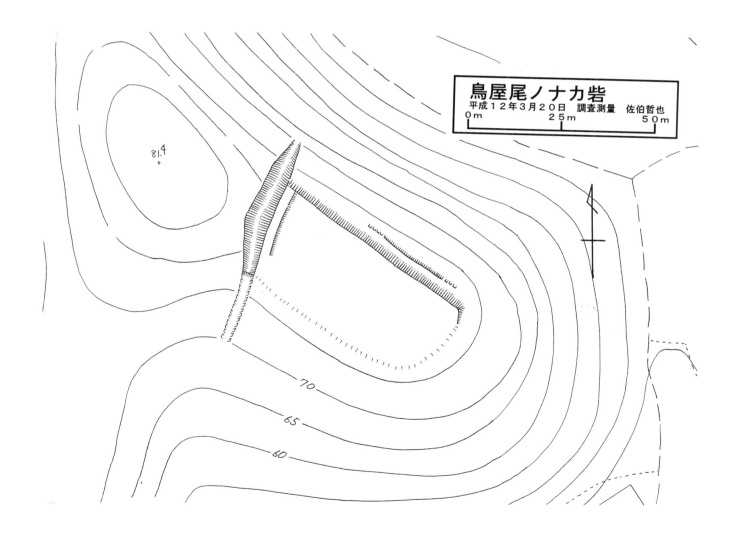

85. 満願寺山砦 (まんがんじやまとりで)

①金沢市窪二丁目　②−　③−　④−　⑤−　⑥−　⑦−　⑧削平地・切岸・堀切・土塁
⑨160m×40m　⑩標高176.6m、比高80m　⑪13

　その名が示す通り満願寺山頂に遺構が存在する。現在は中腹に九万坊大権現Dが鎮座し、山頂には冨樫大明神Aが祀られている。つまり山岳宗教のエリア内に位置していることになる。
　A及びCは弥生時代後期の台状墳墓（小嶋芳孝「北加賀地域古墳分布調査報告」『石川考古学研究会会誌』第22号 1979）とされている。A・B・Cの北西側、すなわち九万坊大権現側は5〜6mの切岸を設け、さらに腰曲輪まで巡らして非常にきれいに整えられている。恐らく冨樫大明神に参詣する参拝客には、立派で厳かな宗教空間に映ったことであろう。土塁①は、敵軍の攻撃を遮断するためのものではなく、参拝客が境内の外で出ないための施設と理解したい。
　一方南東側、すなわち九万坊大権現とは反対側は、ほぼ自然地形で、切岸や腰曲輪はほとんど設けていない。恐らく参拝客が目にすることはなかったので、きれいに整地する必要が無かったのであろう。
　これを城郭とすれば、南東側が尾根続きとなるため、切岸や堀切・腰曲輪等の防御施設が必要となる。このような弱点部に防御遺構を設けていないということは、本遺構が城郭施設でないということを物語っている。
　以上述べたように本遺構は、九万坊大権現から冨樫大明神に参詣する参拝客を中心として構築されていると考えられる。従って本遺構は九万坊大権現に関する宗教遺構としたい。

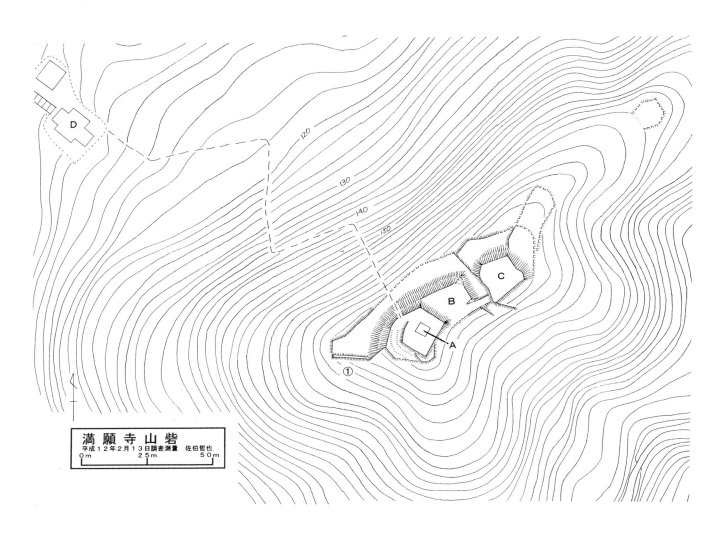

86. 卯辰三社遺構（うたつさんしゃいこう）

①金沢市鈴見　②－　③－　④－　⑤－　⑥－　⑦－　⑧削平地・切岸・土塁
⑨110m×90m　⑩標高101ｍ　比高50ｍ　⑪ 9

　卯辰三社境内の周囲に土塁が残る。卯辰三社とは、豊国神社①・卯辰神社（天満宮）②・愛宕神社③の総称である。縄張図を見てもわかるように、豊国神社①・卯辰神社②の社殿にあわせて土塁を巡らしていることは明白である。恐らく土塁は境内の区画あるいは荘厳化を考えて構築されたと考えられ、防御施設すなわち城郭遺構ではない。本遺構が仮に城郭だとすれば、最も敵軍の進攻が考えられる東側の尾根続きに堀切等の遮断施設を設けなければならない。しかしそこは全くの自然地形であり、無防備状態となっている。従って城郭遺構でないことが判明する。

　現地説明板によれば、豊国神社は前田利長が建立したが、明治19年(1886)金沢市尾張町に移築され、さらに明治40年(1907)現在地に造営されている。卯辰山神社は、慶応3年(1866)金沢城竹沢御殿にあった天満宮を移築して造営されている。愛宕神社は慶長5年(1600)に建立されたが、明治7年(1874)豊国神社に合祀され、その後隣接地に新たに社殿を造営している。

　以上の説明により卯辰三社境内では、慶応3年(1866)～明治40年(1907)にかけて大規模な社殿造営・移築工事が実施されていることが判明する。土塁はそれらの工事が完了した直後に構築されたと考えられる。工事期間中では土塁が障害物となって作業に支障をきたすため、完了直後と考えるのが、最も素直な解釈である。

　故墟考等によれば、天正5年(1577)に豊国神社付近に上杉謙信が布陣したと述べている。仮にそれが事実だとしても、現存土塁は江戸末期以降に構築されたと考えられよう。

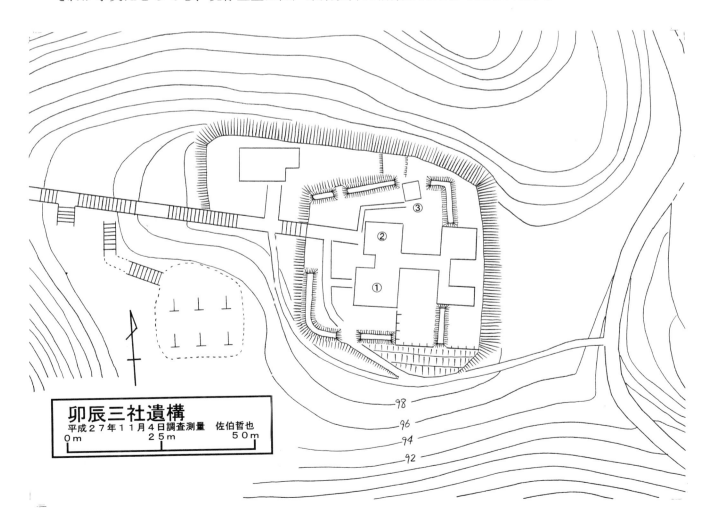

87. オヤシキ遺跡（おやしきいせき）

①金沢市大浦町　②御屋敷城　③－　④－　⑤－　⑥－　⑦－　⑧削平地・切岸・土塁・竪堀
⑨ 460m × 240m　⑩標高 134.4 m　比高 90 m　⑪ 7

　月浦町と神谷内町の背後の丘陵にオヤシキ（御屋敷）と称する平坦面Aが残る。オヤシキ遺跡については、『日本城郭大系７新潟・富山・石川』（金子拓男・高岡徹・橋本澄夫編 1980）の「御屋敷館」によれば、地元では井上源左衛門や林新介という者の居館と伝えているという。しかし詳細は不明としている。
　これとは別に、オヤシキ遺跡から 1.3 kmはなれた金沢市吉原に、井上館跡あるいは大膳屋敷と称される場所があり、井上左衛門が居住していたと伝える。館跡は既に開発行為で消滅しているが、前述の『日本城郭大系７新潟・富山・石川』の「井上館」では、北陸自動車道建設に伴う発掘調査で中世頃と推定される一条の溝状遺構を検出している。さらに付近から珠洲焼甕を蔵骨器とする火葬墓が発見されており、付近に中世館と集落が存在していたことを推定している。残念ながらオヤシキ遺跡と井上館を結びつける証拠は、現段階では発見されていない。しかしオヤシキ遺跡から 1.3 km離れた堅田Ｂ遺跡からも 13 ～ 14 世紀の館跡が発掘されており（『石川県金沢市市内城館跡調査報告書』金沢市 2004）、鎌倉期における武家勢力の存在は指摘できよう。
　さてオヤシキ遺跡だが、複雑に入り込んだ山中に位置するため、眺望は非常に悪い。これは山頂部の平坦面Ｂに登っても同じである。このオヤシキ遺跡一帯は昭和 50 年代に開発行為を受けており、各所にそのときと思われる工作物や破壊箇所が残っている。平坦面Ｂ付近に残る小屋の残骸もそのときの物と思われる。平坦面Ｂもカット面が非常に新しく、昭和 50 年代の開発行為（例えば小屋が休息施設とすれば、休息所として）により造成された平坦面かもしれない。
　平坦面Ａは 140 m× 100 mもある巨大なものだが、防御施設は設けられていない。確かに北側の尾根続きには、両竪堀①・②が残っているものの、遮断性は甘く、防御施設とは言い難い。むしろ山岳宗教施設に見られる結界の可能性が高い。仮に防御施設だとしても、他の尾根続きは全くの無防備状態で、これでは防御施設としての役割を果たしていない。従ってオヤシキ遺跡＝平坦面Ａは城郭遺構ではないことが判明する。ちなみに塚状遺構③も尾根道に面しておらず、尾根道を直接掌握していない。このことからも塚状遺構は防御施設ではないことが判明する。やはり宗教遺構の可能性が高い。
　平坦面Ａで最も注目したいのが、一文字土塁④である。下幅 10 m、高さが３mもある巨大なもので、さすがに昭和 50 年代の開発行為に係るものとか、畑等の耕作にかかわるものではあるまい。これに関連するものとして出入口⑤がある。竪穴を設けることにより、強制的に屈曲させ入る構造になっている。中世の山岳寺院で、宗教上の理由から出入口を強制的に屈曲させる事例として、光寿庵土門（岐阜県高山市、『岐阜県中世城館跡総合調査報告書第４集』岐阜県教育委員会 2005）がある。出入口⑤を通過した直後に一文字土塁④を目にするわけである。境内の入口に土塁を巡らす事例は、ショウゴン寺遺跡（富山県南砺市、『医王はかたる』医王山文化調査委員会 1993）にも見られる。ショウゴン寺遺跡は 14 ～ 15 世紀の山岳寺院とされている。恐らく土塁は境内の区画、そして正面を整えるために構築されたと考えられる。一文字土塁④も同じ目的で構築されたのであろう。そして平坦面Ａの東側は防御施設が無く、無防備状態となっている。従って平坦面Ａは城郭遺構ではないことが判明する。
　上記事例から、オヤシキ遺跡は中世の山岳寺院の可能性が最も高いと考えられる。寺院にとって必要不可欠の飲料水も豊富で、馬洗い池やジュンサイ池も存在する。また土塁囲み地点Ｃも存在しており、子坊跡の可能性を含む。またＤ地点はババ（馬場）と呼ばれている。馬に乗った上級社会の人物が多く訪れ、ここに馬を繋いだことに起因しているのであろうか。
　しかし地元の伝承では寺院ではなく、井上源左衛門や林新介の居館になっている。どちらが正しいのか、地表面観察では、ここまでの絞込みが限界である。筆者の推論は山岳寺院の可能性が高いと結論づけたい。今後は発掘調査により史実を解明していくべきであろう。

88. 奥医王山山頂遺構（おくいおうぜんさんちょういこう）

①南砺市福光町及び石川県金沢市　②－　③－　④－　⑤－　⑥－　⑦－
⑧削平地・切岸・堀切　⑨ 510m × 120m　⑩標高 939.1m、比高 700m　⑪ 1 7

　奥医王山（939.1 m　A地点）を主峰とする医王山は、養老 3 年(719)白山を開山した泰澄大師が開山したとされる霊山である。それを物語るかのように山頂付近には、闇裸ヶ池・韮窪池・風神の池・龍神の池といった霊山を象徴する名前が付いた池が存在している。
　奥医王山山頂Ａへの正式な登拝ルートは、Ｂ地点方向から尾根伝いに龍神の池・風神の池を経由して山頂に到達したとされる。この山頂に至るまでの尾根上には、①及び②地点に溝状遺構が残っており、特に溝②は上幅 10 mもあり、敵軍の攻撃を遮断するには十分の幅である。だからといって溝①・②を防御施設、具体的には城郭としての堀切として良いのであろうか。筆者は違うと思っている。ここに論拠を述べてみたい。
　まず、溝①が奥医王山山頂Ａを守る防御設備だとすれば、Ｂ側は遮断性の強い切岸を構築しているのに、なぜＡ側の切岸がほとんど自然地形なのか理解できない。遮断しなければならないのはＡ側であって、Ａ側に自然地形にしておくのは、ほとんど防御施設としての役割を果たしていないと言って良い。つまり溝①は防御施設としての堀切ではなく、別の性格の溝と考えられる。下から登ってくる道が通っているため、単純に尾根越えの道跡とも考えられる。
　問題は溝②である。防御設備としての堀切の効用として
　　a) 大規模かつ鋭角の場合、敵軍の進攻そのものを阻止することができる。
　　b) 堀切内の移動中は進攻速度が鈍ってしまい、城兵は弓矢の照準が合わせやすくなる。
　　c) 多数で進撃してきた場合、堀切内を上り下りすることにより、集団がばらけてしまい、少人数での進撃となってしまう。その結果、城兵は少人数での防御が可能となる。
　主な効用は上記の通りと考えている。溝②は幅 10 m、深さ 5 mなので、敵軍の進攻そのものを遮断することはできなかったと推定される。効用は b)・c) であろう。進攻してきた敵軍は溝②によって速度が著しく鈍り、集団がばらけて少人数での進攻となる。進攻速度が鈍った敵軍は、城兵にとって弓矢の照準があわせやすくなり、少人数での進攻は城兵にとっても少人数での防御を可能とする。城主としはここが叩き時である。敵兵めがけて一斉に弓矢を浴びせたいところである。ところが溝②のＡ側に城兵駐屯用の曲輪は全くなく、駐屯できる広々とした自然地形も存在しない。つまり城兵が駐屯し、溝②を進攻してくる敵軍を厳しく警戒した形成が全く見当たらないのである。溝②から山頂Ａまで約 230 m。その間には特に明確な防御施設もなく、城兵駐屯用の平坦面もない。230 mの距離を進行中に、鈍った敵軍の速度は回復し、ばらけた隊形も集団態勢に戻ってしまう。この隊形で山頂Ａに突入するのである。これでは溝②を設けた意味が全くなくなってしまうのである。
　上記のように考えた場合、溝②は防御を目的として設けられた設備とは考えられない。別の目的で設けられたと考えられよう。それではどのような目的で設けられたのであろうか。一つの可能性として、神聖な奥医王山の聖域に、邪鬼の侵入を防ぐ結界として構築した可能性を指摘することができる。同じ事例として観音屋敷・法福寺（以上、富山県）・石動山・原御前・赤蔵御前（以上、石川県）等々、多数存在する。溝②は結界の可能性が高いと言えよう。
　山頂周辺に存在する池には、必ず溝のような切欠きが存在する。これには二つの可能性が存在すると思う。一つは水による侵食。融雪期や梅雨時期はかなり水位が高く、水があふれ、その結果、必然的に溝が生じ、堀切状になったと考えられる。そして夏の渇水期は水位が下がり、溝に水がなくなるのである。二つ目は、悪水を排水するための溝とされている。恐らく池では神聖な宗教行事が行われたと考えられ、それをするには淀んだ悪水・穢れた悪水を排水しなければならなかったのであろう。つまりこれらも防御施設とは全く無縁の施設と言えよう。
　以上のように奥医王山山頂周辺に防御施設は存在しない。城郭施設ではなく、宗教施設として考えるべきであろう。

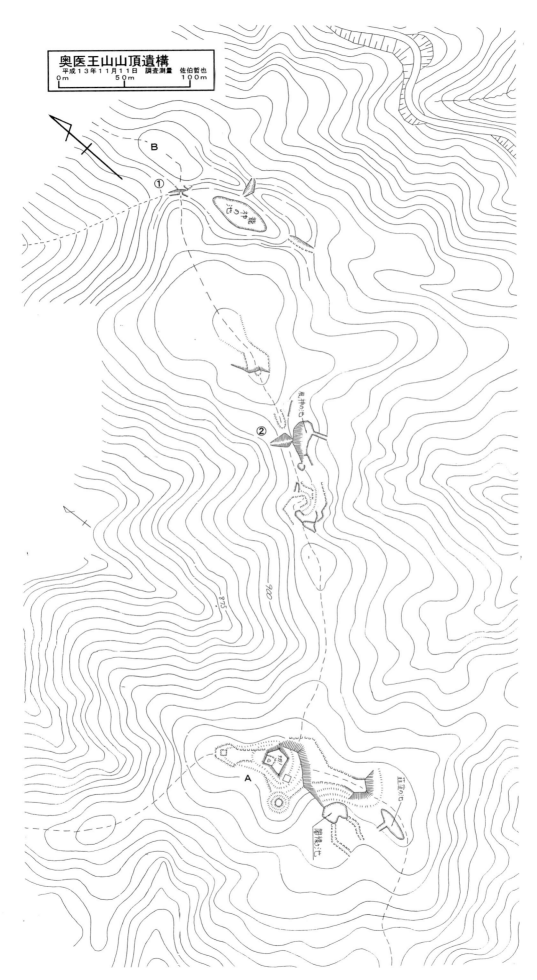

89. 広瀬廃寺 (ひろせはいじ)

①白山市広瀬　②－　③中世？　④中世？　⑤中世？　⑥？　⑦寺院？　⑧削平地・切岸・土塁・堀切・石垣　⑨130m×60m　⑩標高160m　比高20m　⑪２４

　『石川県中世城館跡調査報告書Ⅲ（加賀Ⅱ）』（石川県教育委員会　2006）では広瀬廃寺を「防御的側面を兼ね備えた寺院もしくは館跡」としている。しかし筆者は現段階において「防御的側面を兼ね備えた」とすることについては、証拠不十分であると考える。以下、その根拠を述べてみたい。
　まず本遺構について記述した古記録は存在しない。さらに本遺構そのものの伝承も存在しない。僅かに土塁①について「フルヅツミ」と呼ばれ、堤と伝わっている程度である。確かに「テラオ」という地点は存在するが、本遺構より200～300mほど遡った上の尾根をさしているとのことである（小阪大「白山麓の信仰遺跡」『北陸の考古学Ⅲ　石川考古学研究会々誌第42号』石川考古学研究会　1999）。従って本遺構を古記録・伝承から「防御的側面を兼ね備えた」とする遺跡、あるいは「寺院もしくは館跡」とすることはできない。
　それでは本遺構は何なのであろうか。平坦面Aは30m×50mの台形をしており、広瀬集落を見下ろす高台に構築されている。南端には石積みで固められたL字形土塁⑤を構築している。ほぼ中央に開口部③が存在し、踏み跡程度の小道を下って平坦面Bに着く。開口部とはいうものの、多数の人間が土塁上を横断していた結果、土塁上が掘り込まれた、というのが正確な現状である。つまり後世の破壊出入口であって、開口部ではないと推定する。その証拠として、開口部そのものに石垣は積まれていないし、内側に段差も残っており、完全に開口していない。これが正規の開口部であれば、きれいに開口し（従って段差は存在しない）、開口部を整えるために石垣を積んだはずである。そうしていないのは土塁構築段階において、開口部が存在していなかったことを物語る。昇降用の小道も開口部用としては貧弱すぎる。近世以降平坦面Aが耕作地として再利用され、平坦面Bから通った結果、掘り込まれた耕作用の破壊出入口と推定したい。
　平坦面B側に開口部が存在していないのなら、A・Bは異なった性格の平坦面であり、少なくとも土塁⑤構築段階において、平坦面Bは存在していない、あるいは機能していなかったことを物語る。伝承で土塁①は堤の跡ということになっている。筆者はこの伝承は正しく、B地点に灌漑用の溜池があったと推定している。つまり大谷川の流れが急すぎて本川を堰き止めることができず、本川から引水して一旦B地点に貯水していたと考える。堤の開口部②にのみ石垣が積まれているのも、浸食防止のためなのであろう。溜池が機能しなくなった後に、耕作地に通う出入口として、開口部③が出現したと考えたい。
　平坦面Aが機能している時期において、開口部③が存在していなかったとするならば、土塁⑤は防御施設として設けられた可能性は薄くなる。土塁⑤の南側は高さ7mの切岸が存在している。切岸は防御施設としての機能も発揮するため、開口部という弱点部が存在しないのなら、あえて土塁まで設ける必要はない。それでも土塁を設けているので、防御とは別の目的で構築したと考えるべきであろう。
　平坦面Aに入る明確な出入口として⑥がある。広瀬集落から溝⑦を通って到達するものだが、溝⑦の存在が、平坦面Aを単なる耕作地でないことを物語る。溝⑦は出入口⑥付近で最も浅くなり、非常に出入りしやすくなっている。つまり非常に遮断性が悪いということであり、防御施設の可能性は低いということである。さらに出入口⑥が存在しているのに、ここに土塁は設けられておらず、防御する意識が薄いことも指摘できる。従って平坦面Aは、防御的側面を兼ね備えていないことが判明する。
　それでは平坦面Aは何なのであろうか。溝⑥と土塁⑤を平坦面の南北両端に備えていることから、これを結界と見ることも可能である。出入口⑥から見れば、境内の最奥が土塁⑤である。ここに本堂等最重要施設が存在し、本堂の荘厳性を高めるために土塁⑤を構築した、という推定することができる。従って平坦面Aは宗教施設が存在していたという仮説を提唱したい。

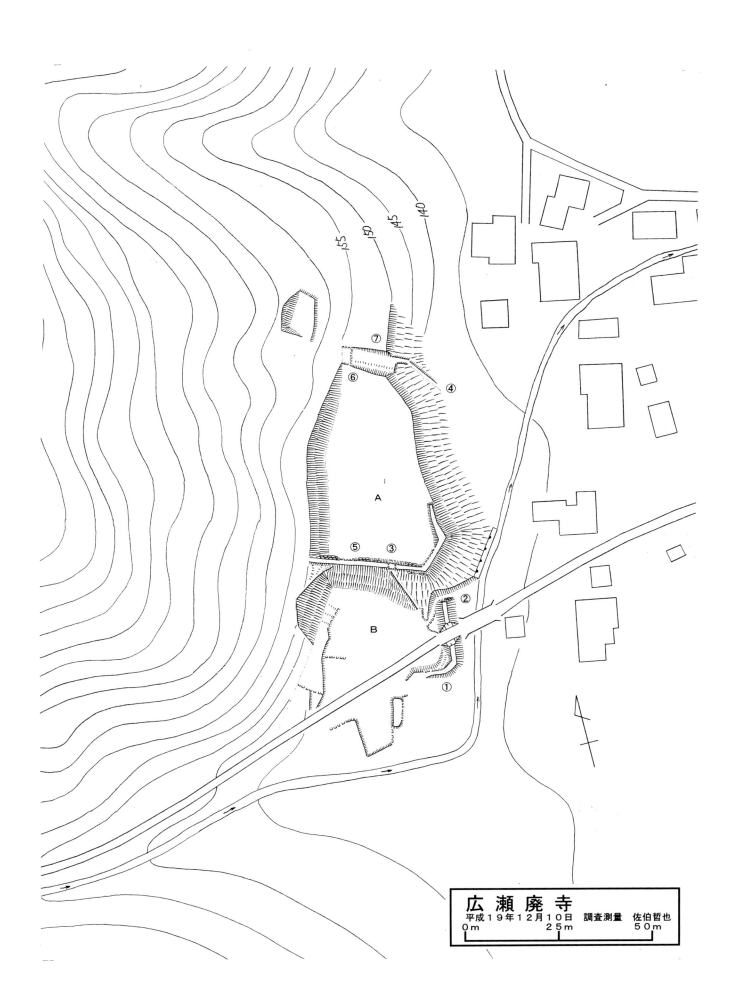

90. 津波倉神社遺構（つばくらじんじゃいこう）

①小松市津波倉町　②－　③－　④－　⑤－　⑥－　⑦－　⑧削平地・切岸・土塁
⑨130m×120m　⑩－　⑪27

　神社本殿の北側に、参道と直行するように土塁が残っている。これをもって城郭遺構とする説があるようだが、土塁は境内の北側と東側の一部にしかなく、また、かつて境内の全周に巡っていたとも考えにくい。従って敵軍は東・南・西側の三方から自由に境内に攻め入ることができる。つまり北側の土塁は防御施設としての役割を果たしていないのである。従って北側土塁は防御施設ではなく、神社本殿の正面を整えるため、あるいは結界として構築されたと考えられる。つまり土塁は宗教施設と考えられるのであり、現存の遺構から津波倉神社境内は城郭とは考えられないのである。
　神社には元亨2年（1322）の朱書を有する獅子頭が保管されており、また境内から南北朝期の土師器片が採取されている。このことから南北朝期から何らかの施設が存在していたことは推定される。しかし現存遺構の構築年代を南北朝期とする証拠にはならず、現段階において構築年代は不明としたい。今後発掘調査により構築年代を確定させ、土塁がどのような性格の構築物なのか判明させるのが、重要課題といえよう。

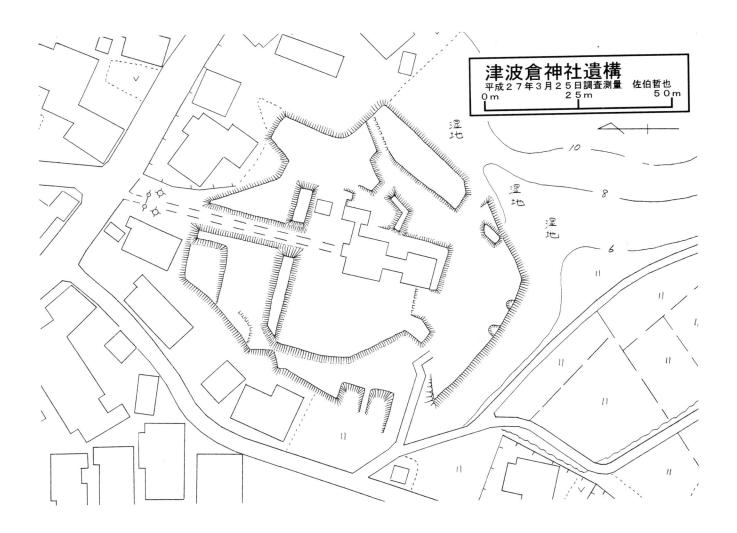

91. 温谷寺関連遺構（うたにじかんれんいこう）

①加賀市宇谷　②－　③中世　④中世　⑤中世　⑥－　⑦－　⑧削平地・切岸・堀切・土塁
⑨200m×200m　⑩標高66ｍ　比高46ｍ　⑪３２

　『白山之記』（白山比咩神社所蔵）によれば、白山三ヶ寺の一つ、温谷寺がかつて存在していた場所と推定される。『白山之記』（『加能史料室町Ⅲ』）には「永享11年(1439)6月9日、於加州温谷護法寺（温谷寺）護摩堂上閑室、此本闕如間、染筆了、右筆定成」とあり、当時の温谷寺には「護摩堂」・「閑室」が存在していたことが判明する。さらに高宮白山神社Ｅ周辺から採取された土師皿は10～14世紀のものであり（『さえぐさ』勅使地区まちづくり推進協議会郷土史編纂委員会2006）、中世に温谷寺が存在していたことは確実である。
　温谷寺は、高宮白山神社Ｅや護摩堂跡と呼ばれるＦ地点を中心として存在していたと考えられる。Ｆ地点のほぼ直上には、土塁で囲まれた平坦面Ａが存在する。『白山之記』の「護摩堂上閑室」と一致することから、定成が白山之記を書写した閑室とは、平坦面Ａに存在していた可能性が高い。平坦面Ａは周囲を土塁で囲んでおきながら、南及び東側はガラあきであり、簡単に敵軍の進攻を許してしまう。従って土塁は防御施設とは考えられない。閑室が存在していたのなら、宗教建造物の荘厳製を高めるための土塁と考えられる。平坦面Ａ北側の土塁開口部は、他方はガラあきとなっていることから、宗教施設としての出入口と考えられる。Ｃ地区には堀切が残る。しかし東側は遮断していないため、これも防御施設とは考えられない。山上施設の西端に位置することから、山上寺院施設西端の結界（境界線）として設けられた堀切と考えられる。
　以上述べたように現存遺構は温谷寺関連遺構と考えられ、中世における貴重な山岳宗教遺構と評価できよう。

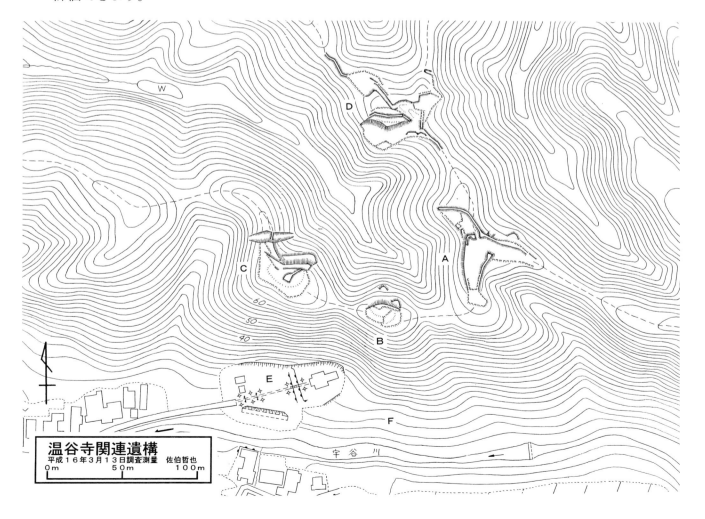

Ⅴ．位置図

「この地図は、国土地理院長の承認を得て、同院発行の2万5千分1地形図を複製したものである。（承認番号　平28北複、第30号）」

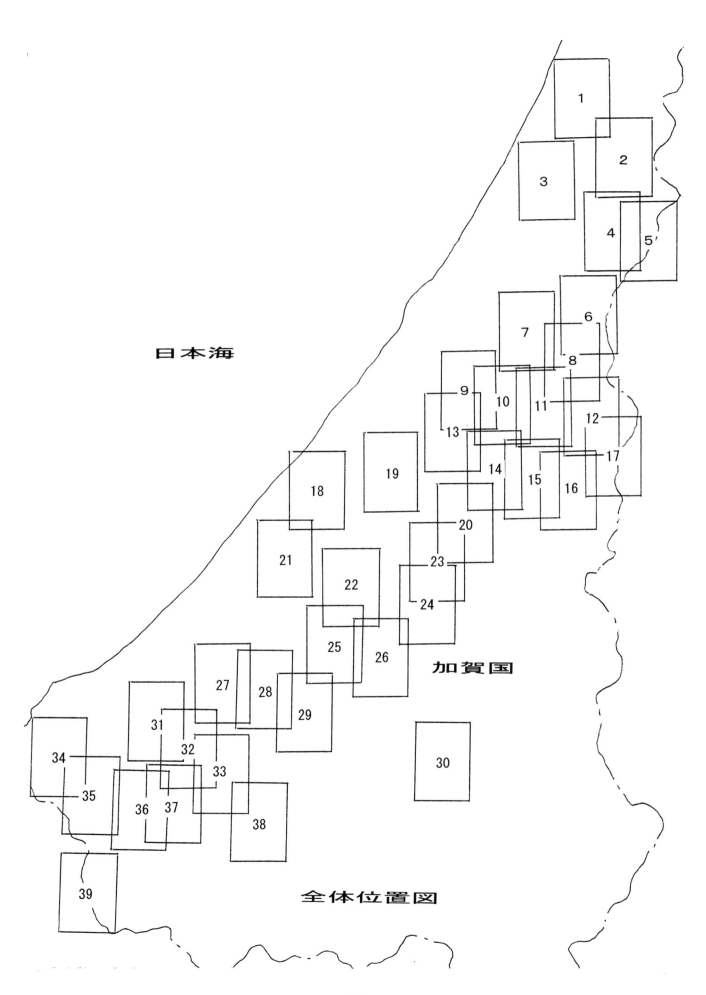
全体位置図

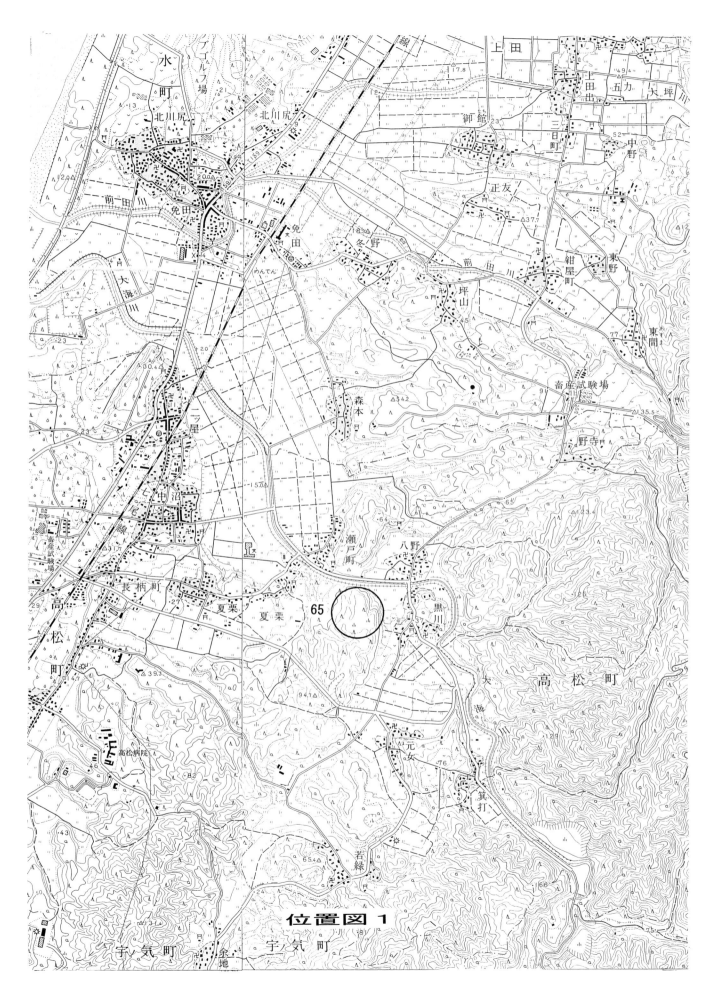

位置図1

位置図2

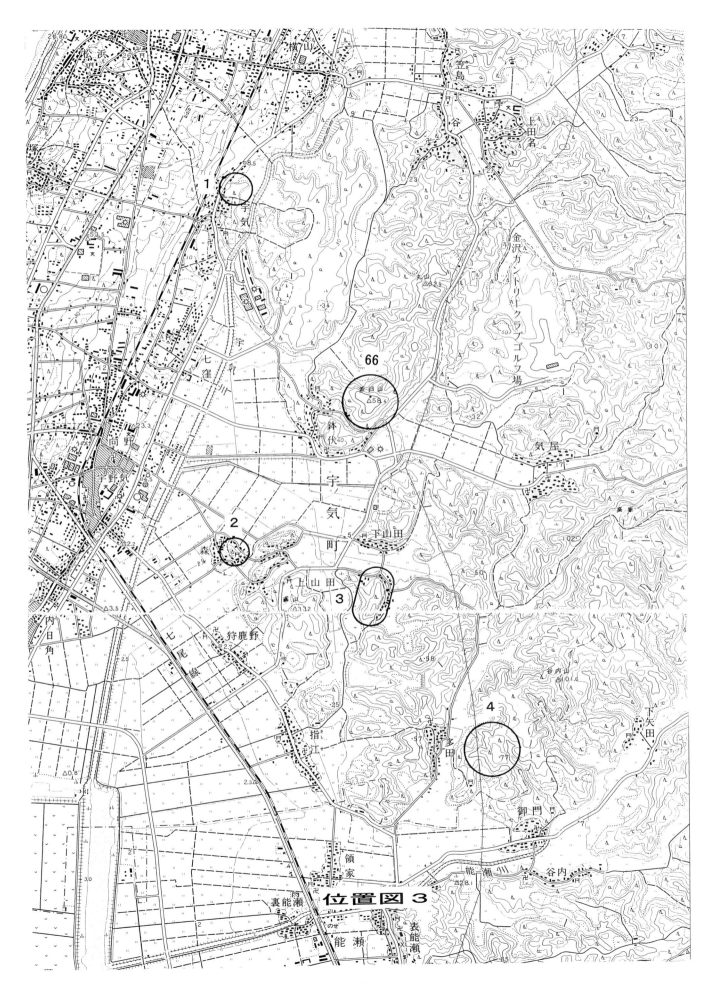

位置図３

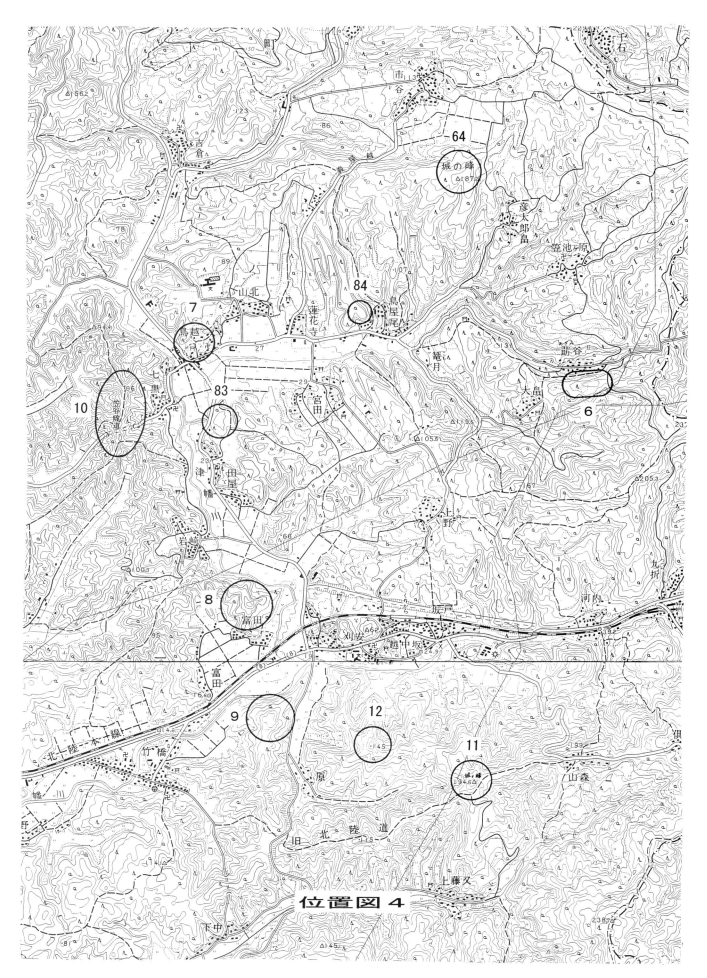

位置図 4

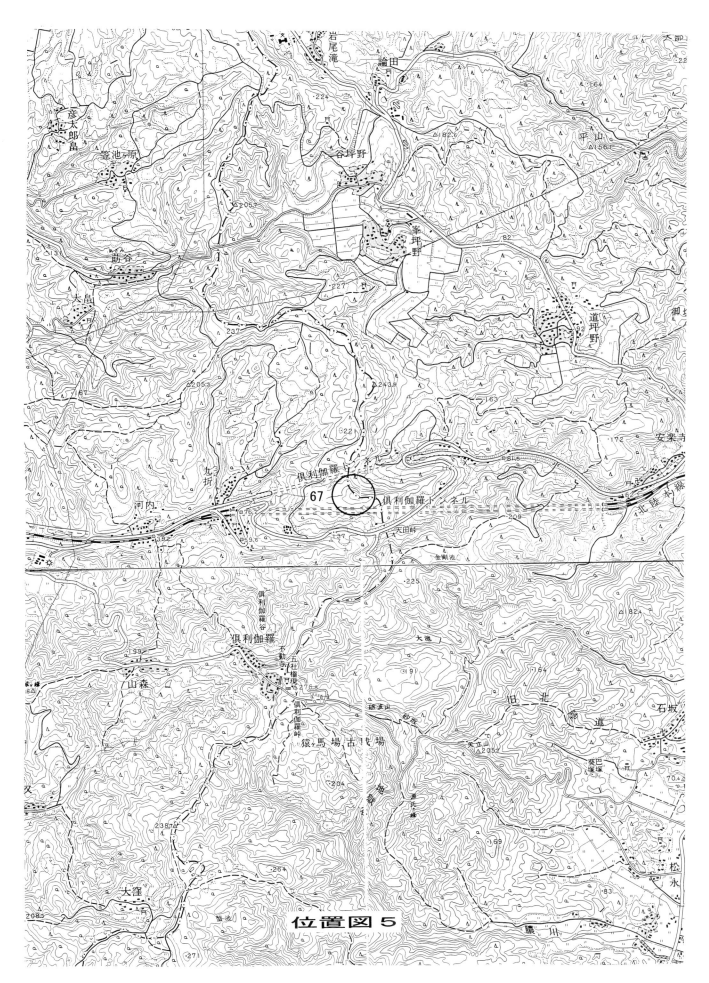

位置図5

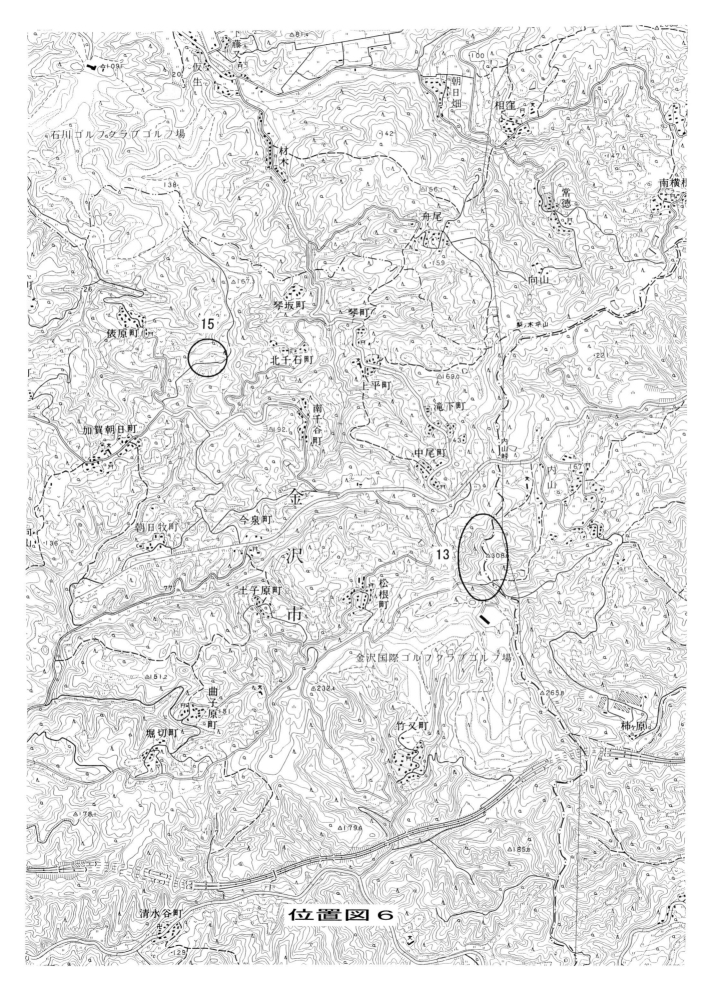

位置図6

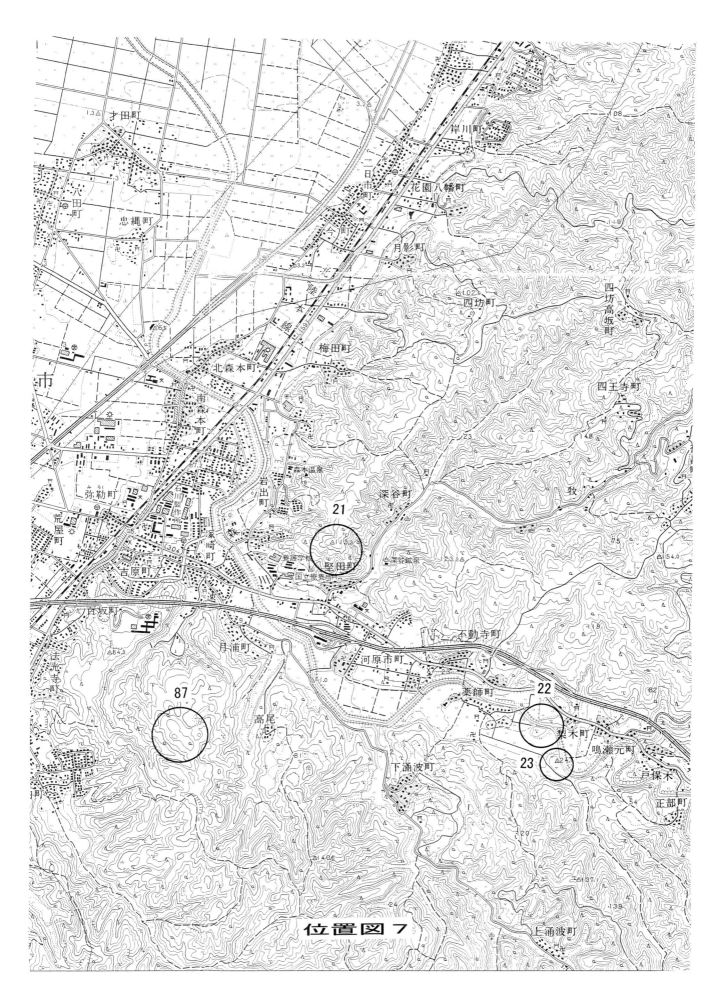

位置図 7

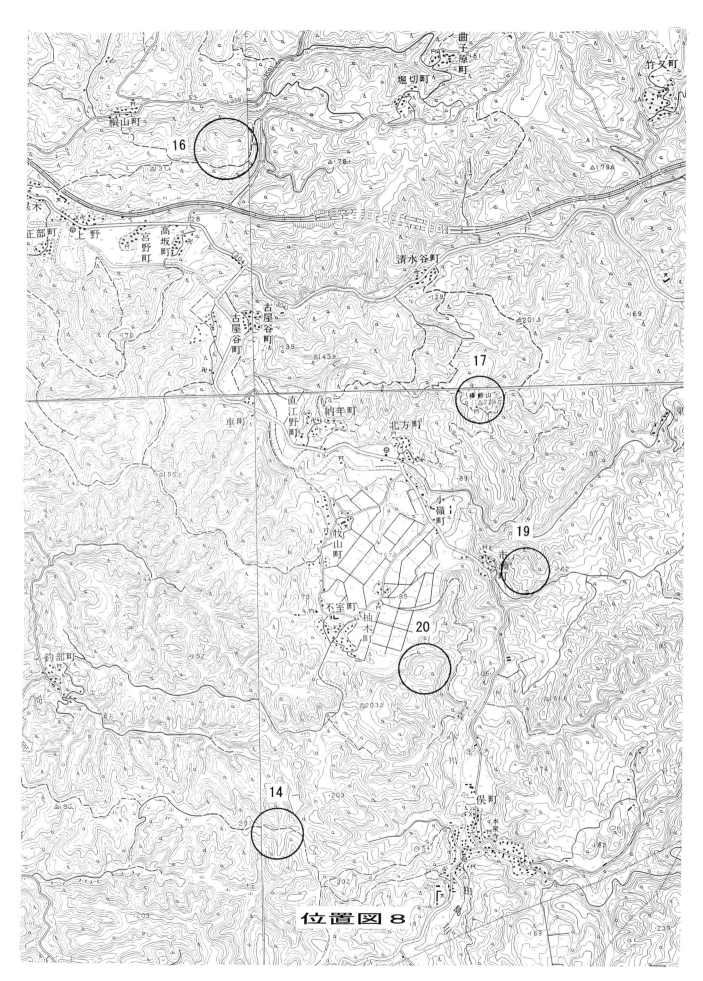

位置図8

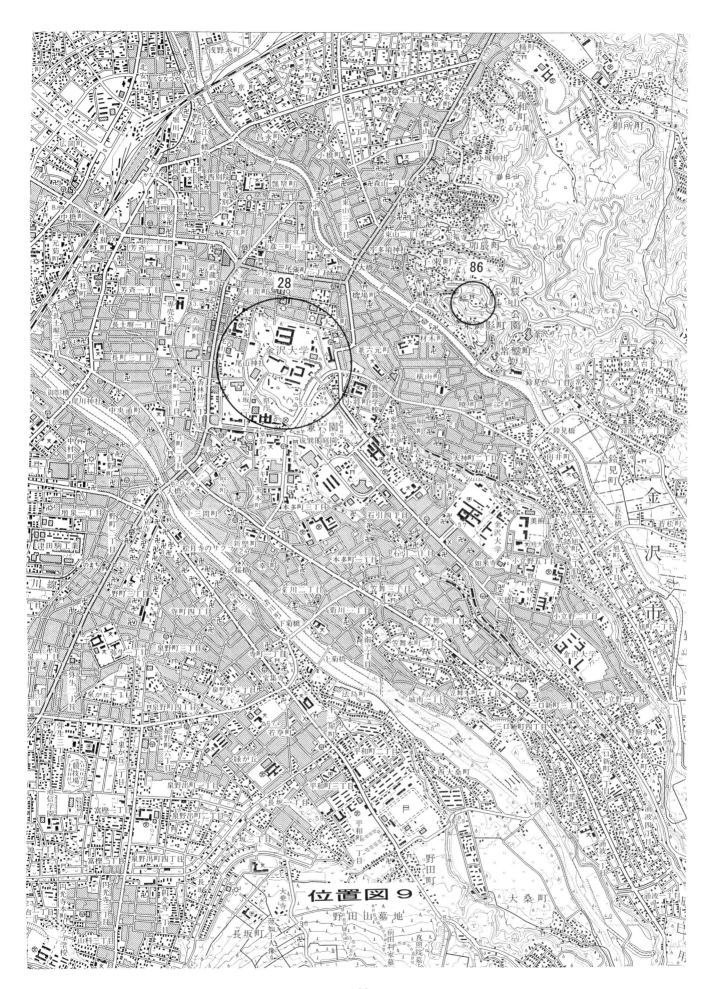

位置図9

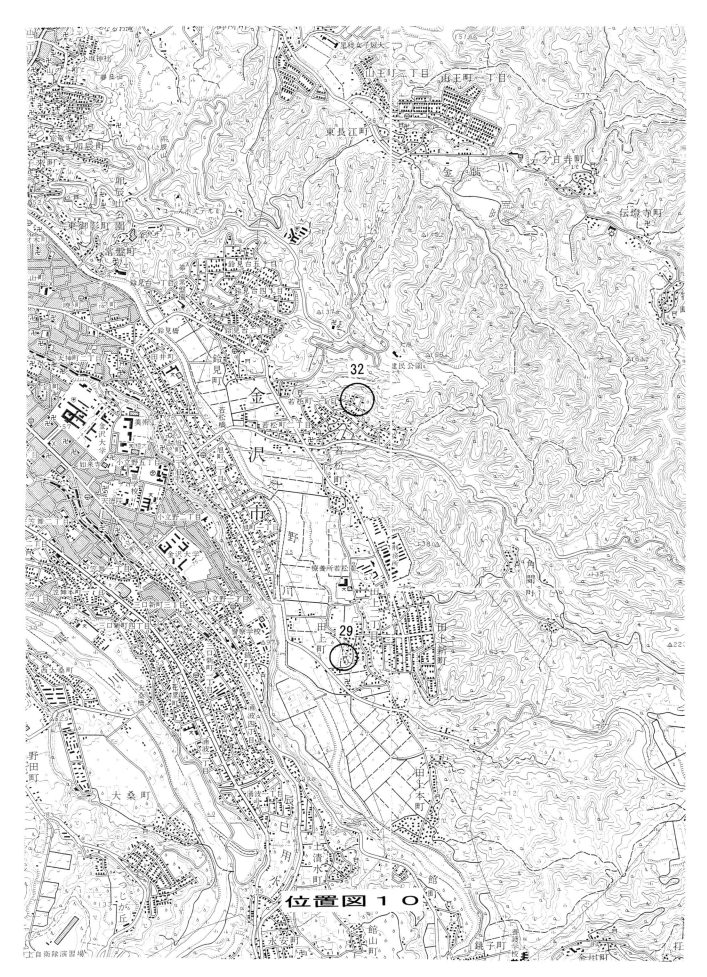

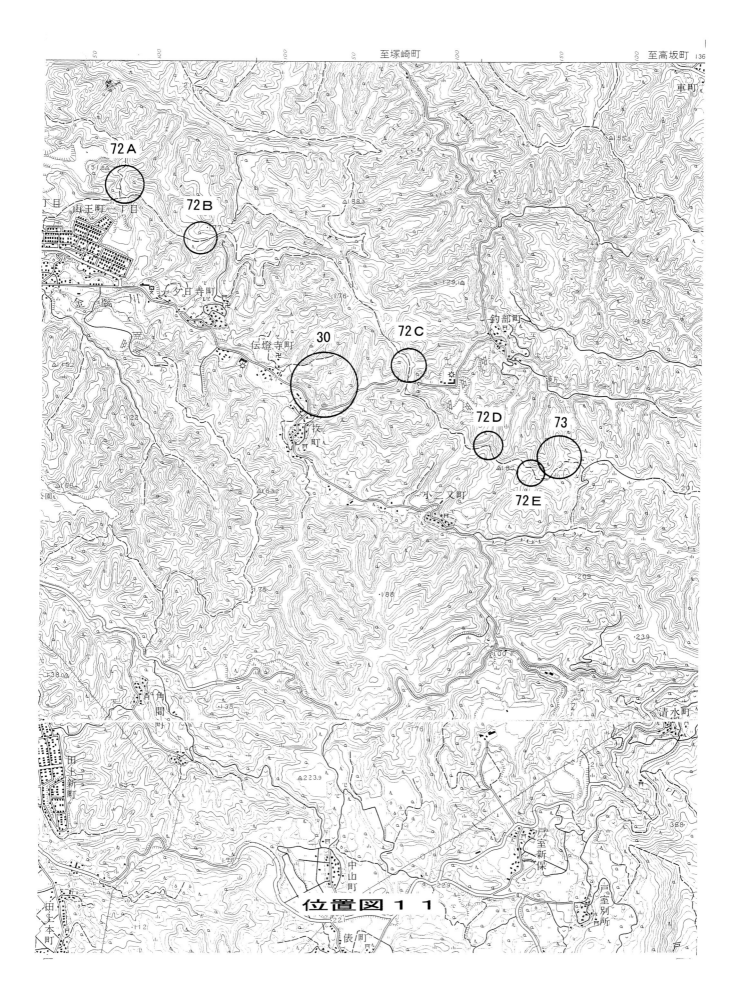

位置図11

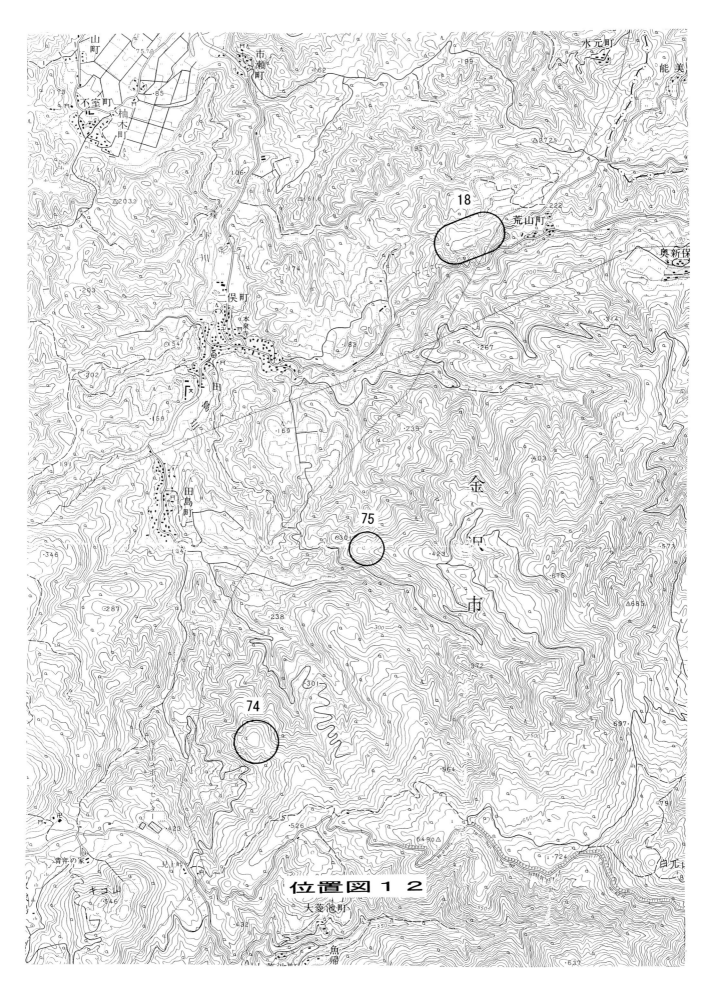

位置図12

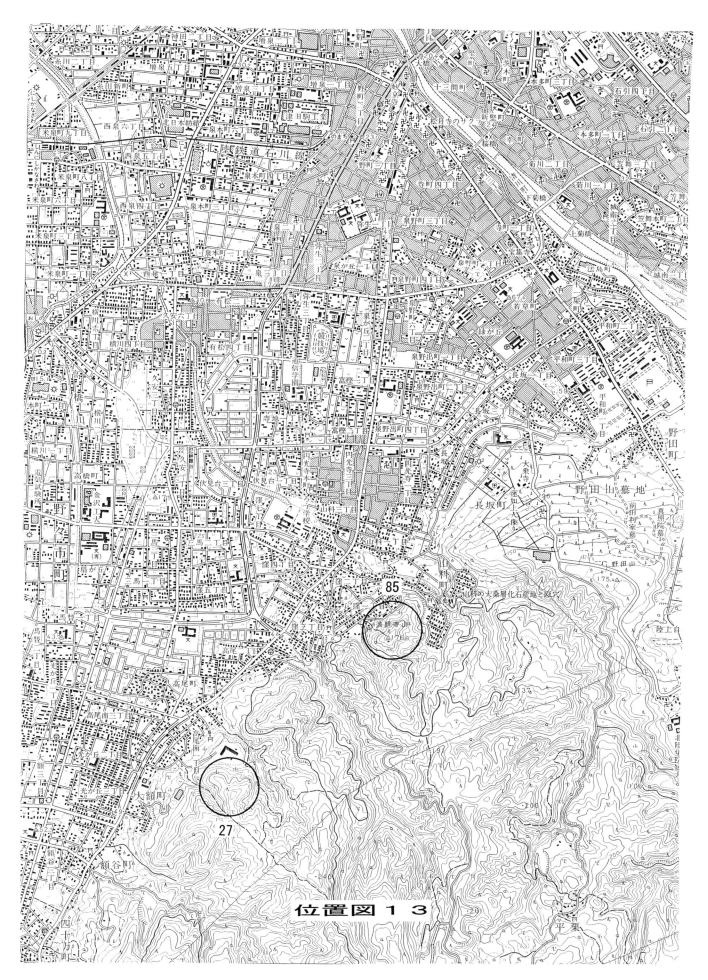

位置図１３

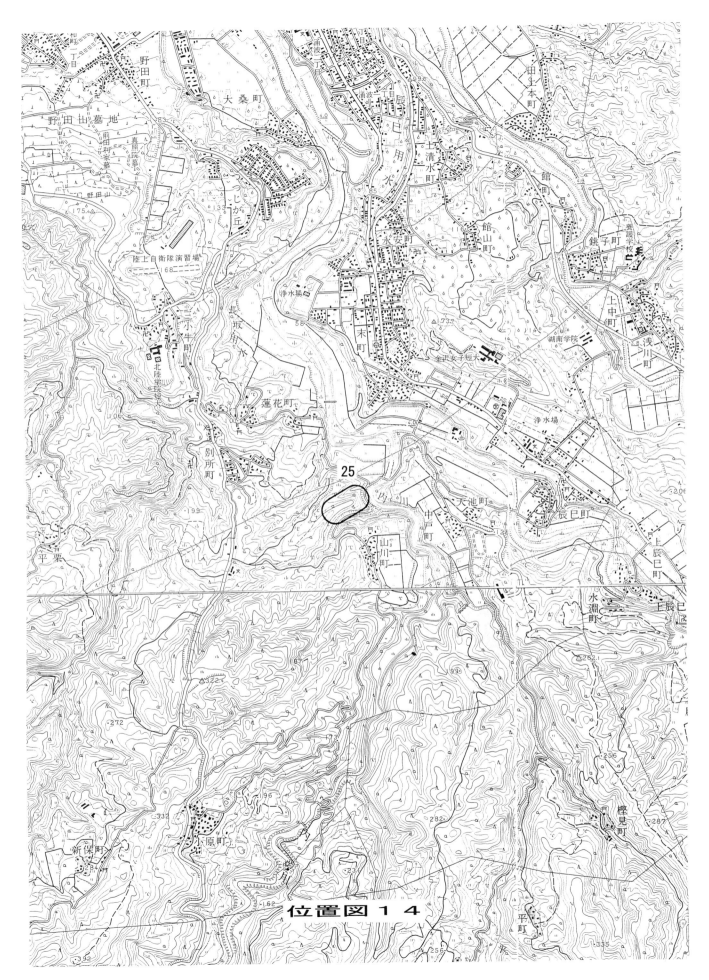

位置図14

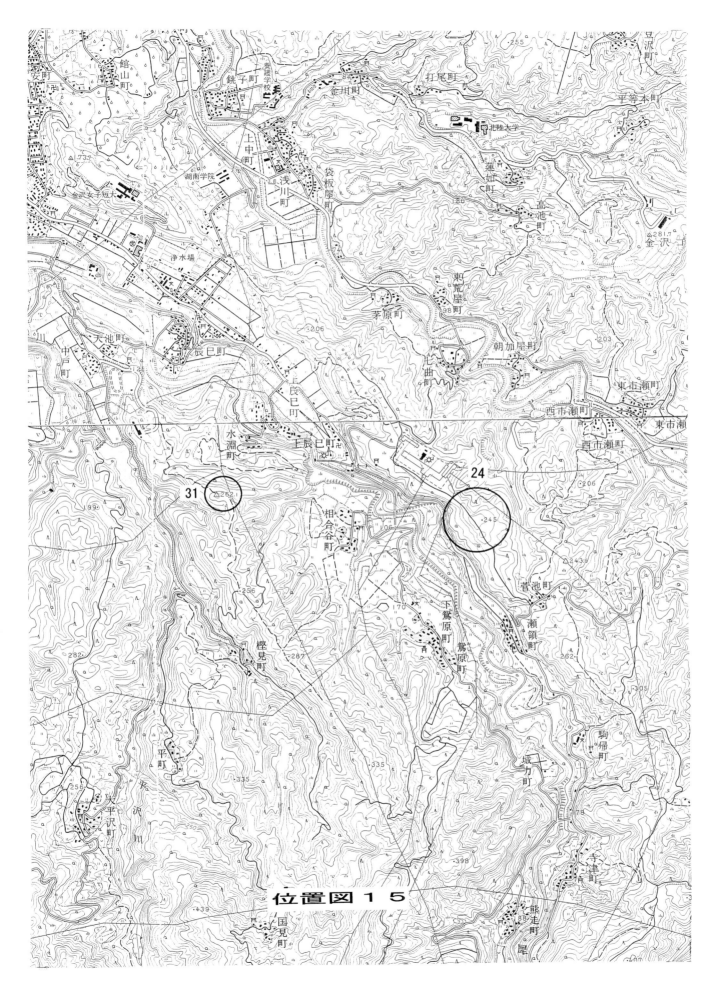

位置図１５

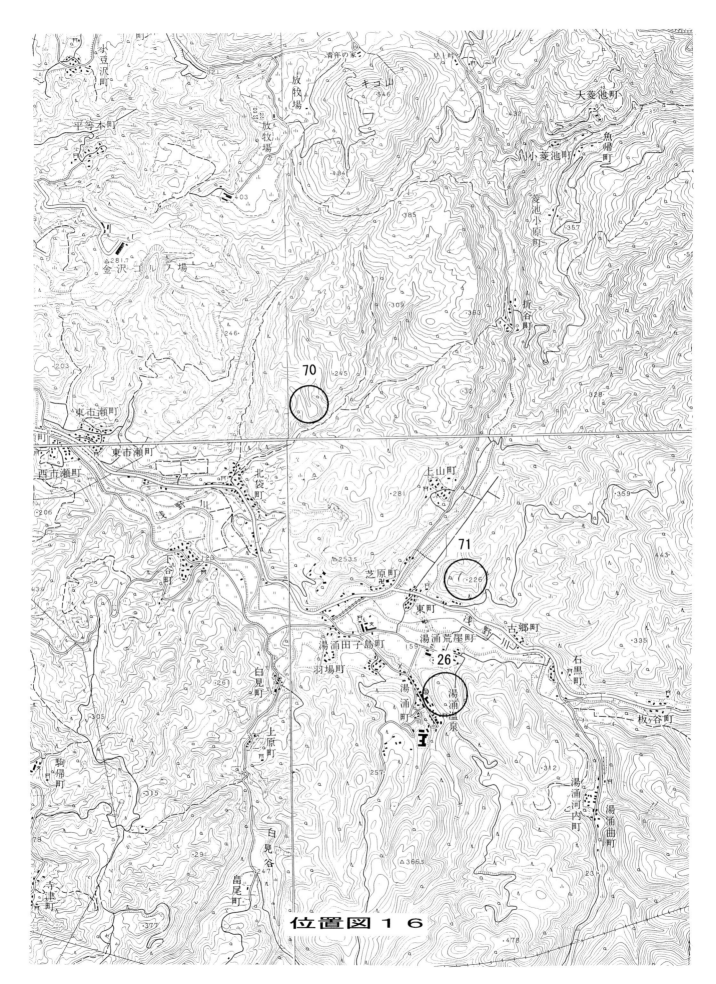

位置図16

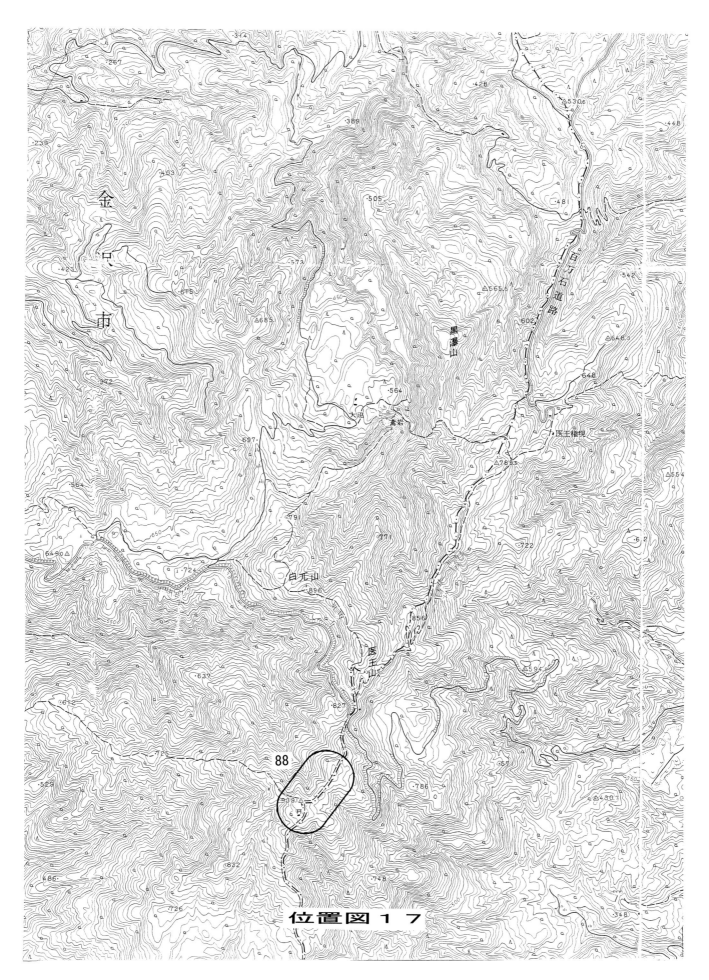

位置図１７

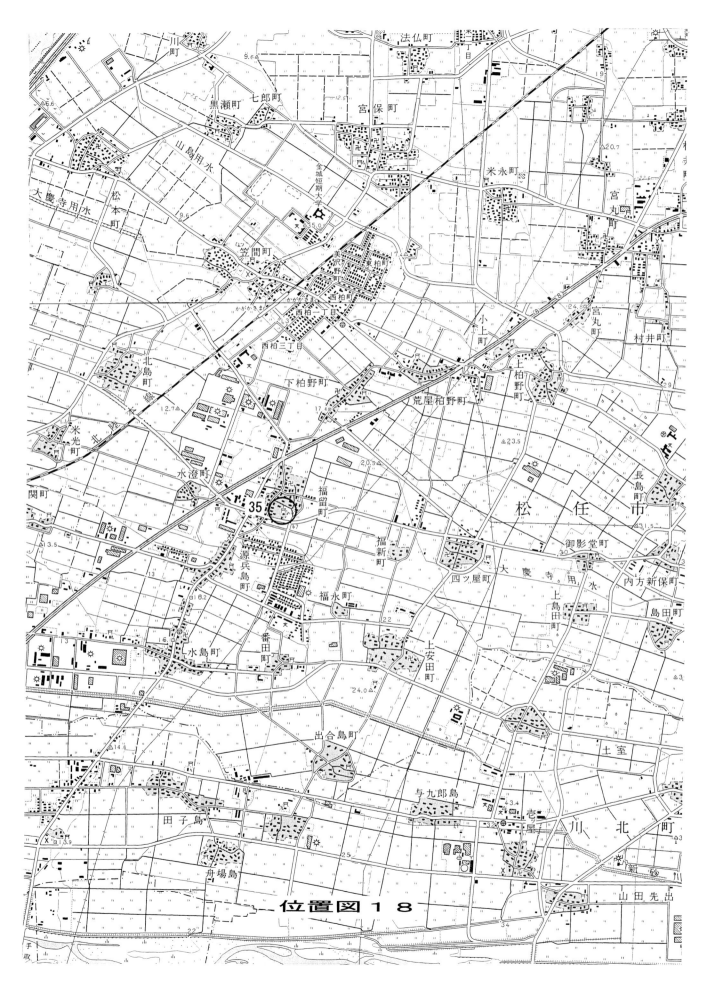

位置図18

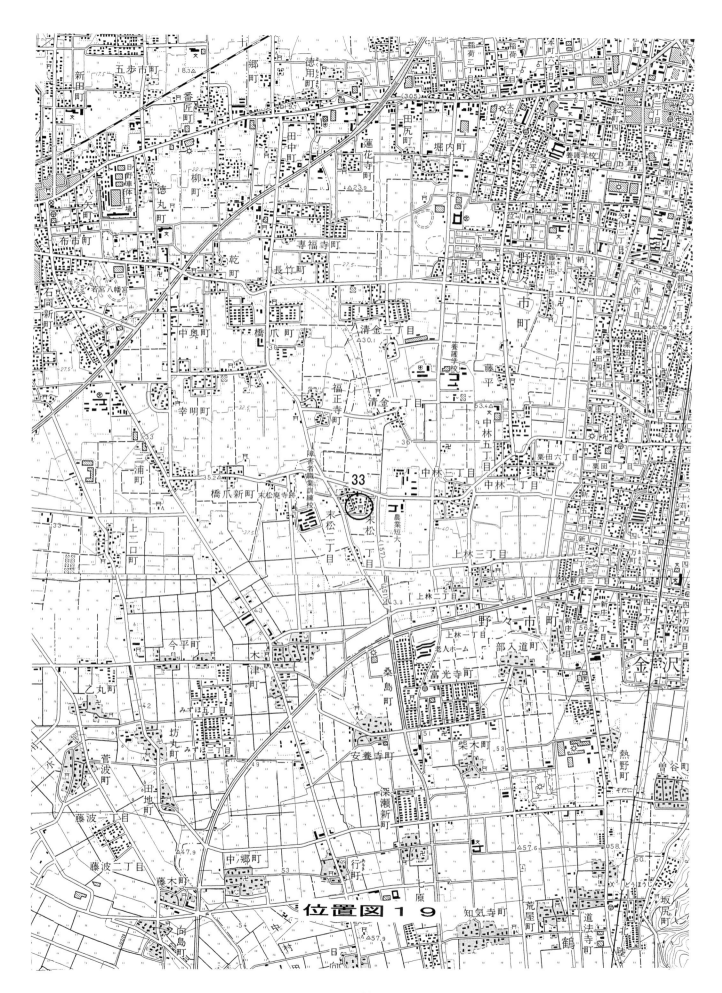

位置図19

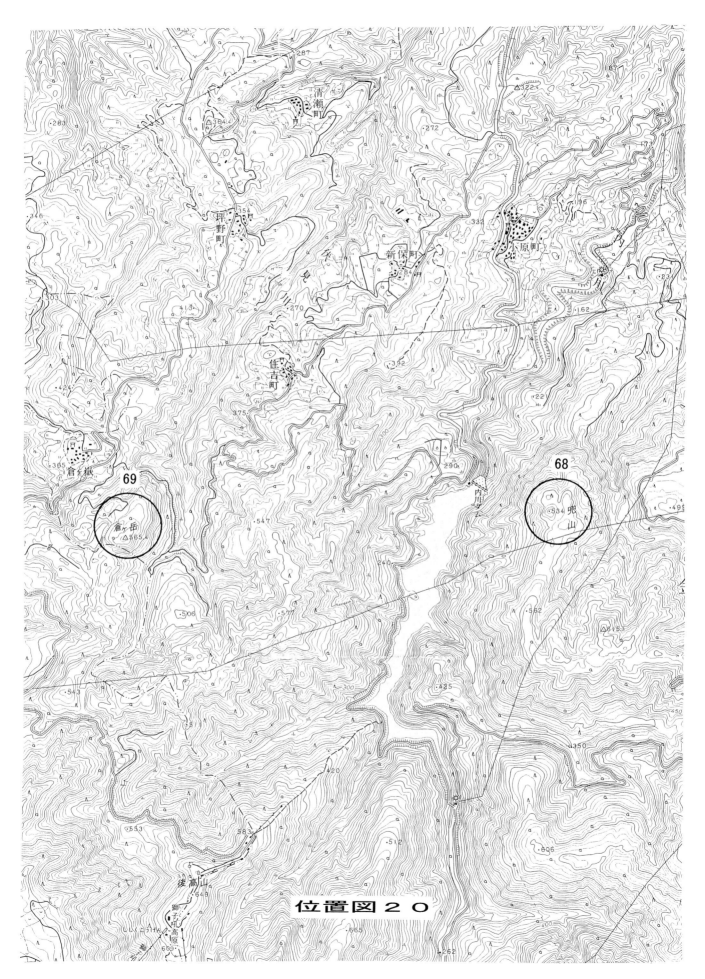

位置図20

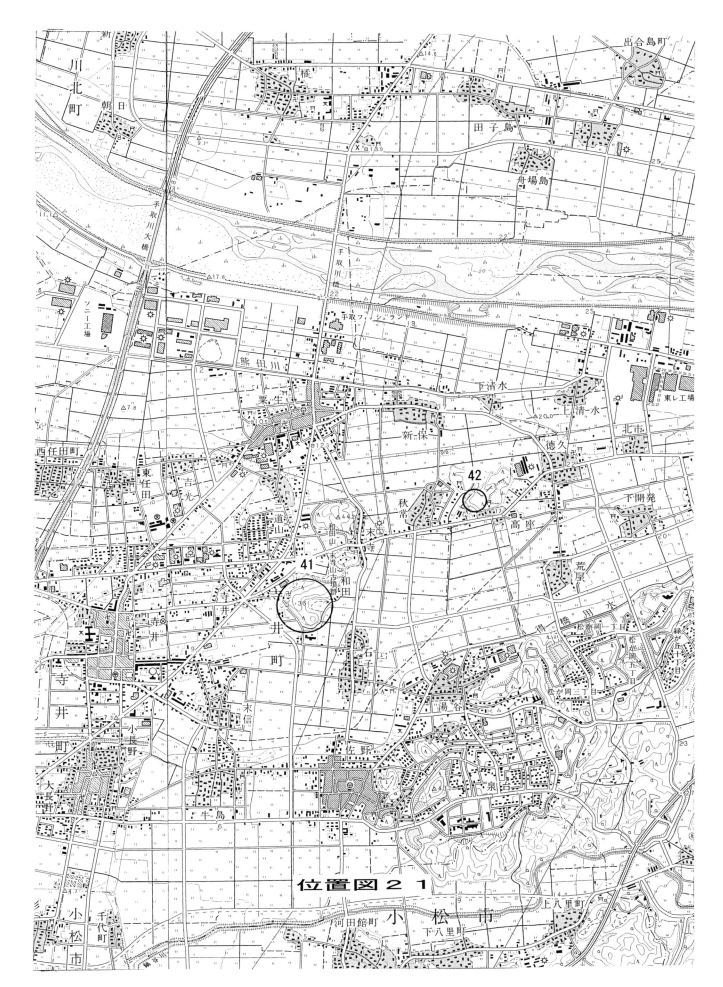

位置図21

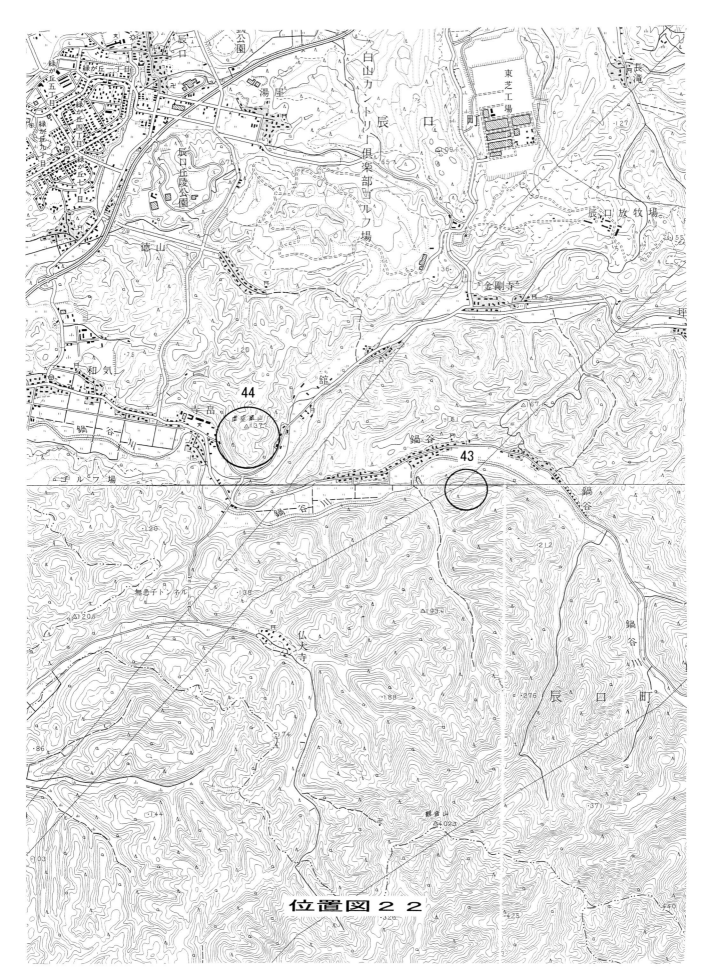

位置図２２

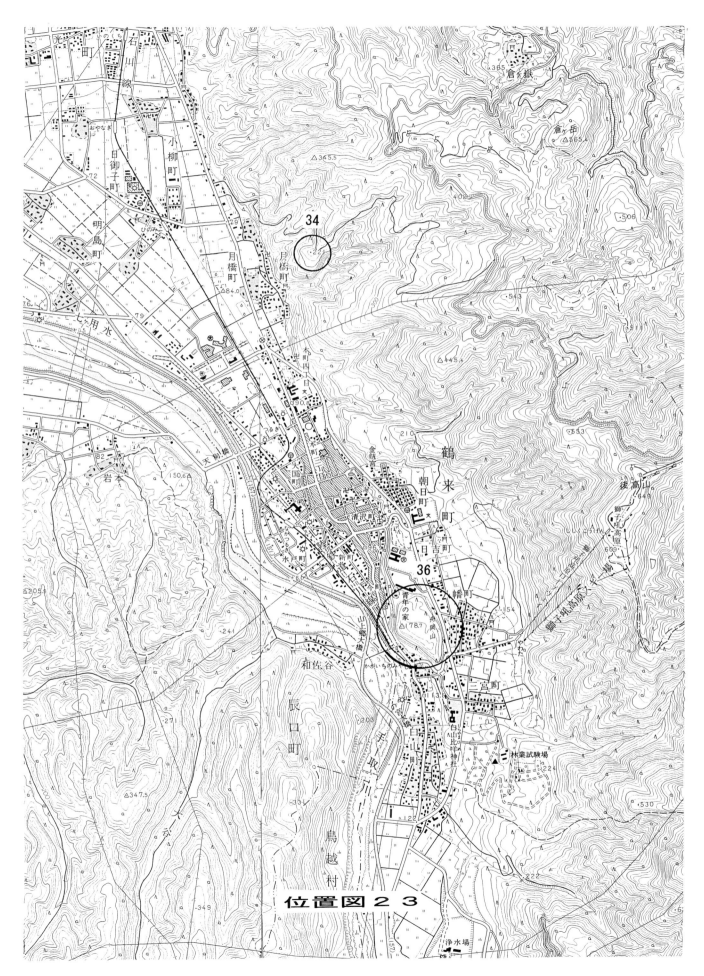

位置図23

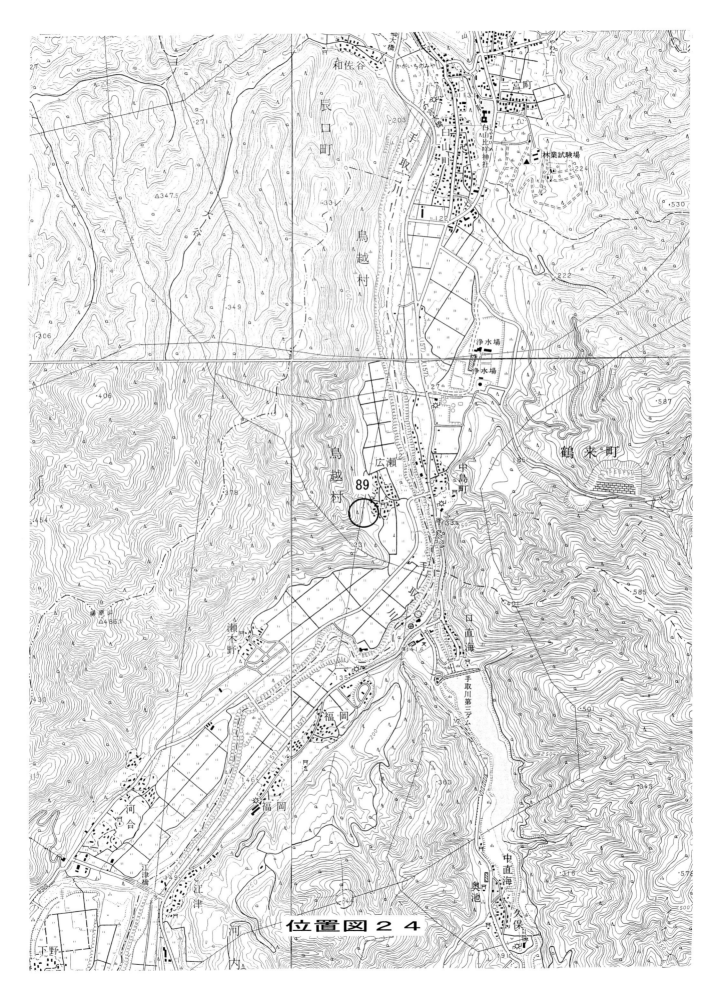

位置図２４

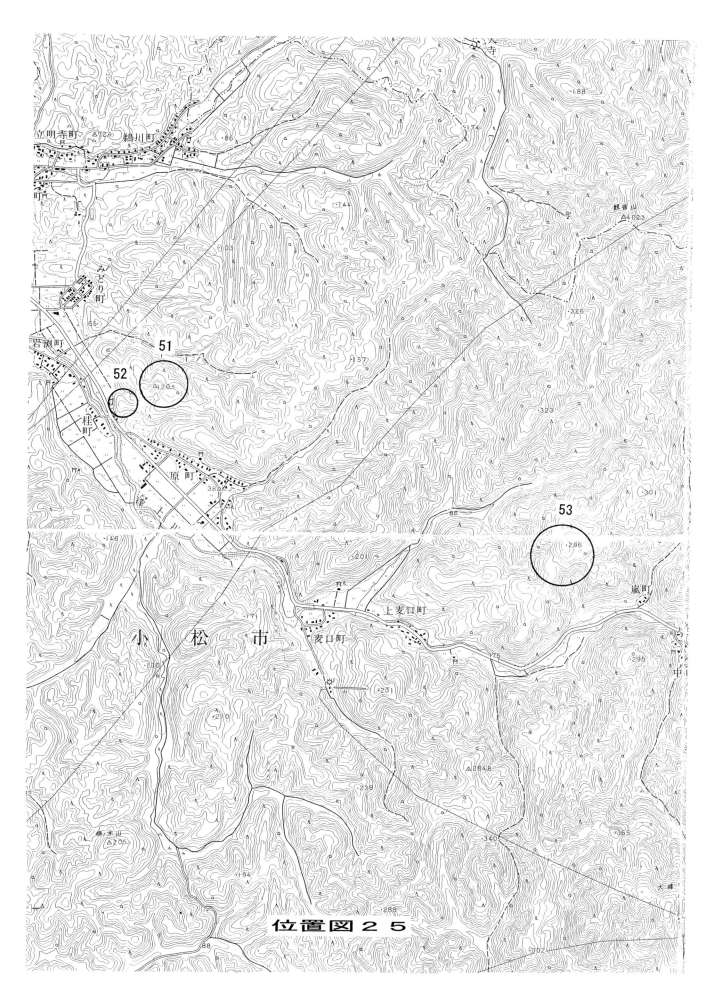

位置図２５

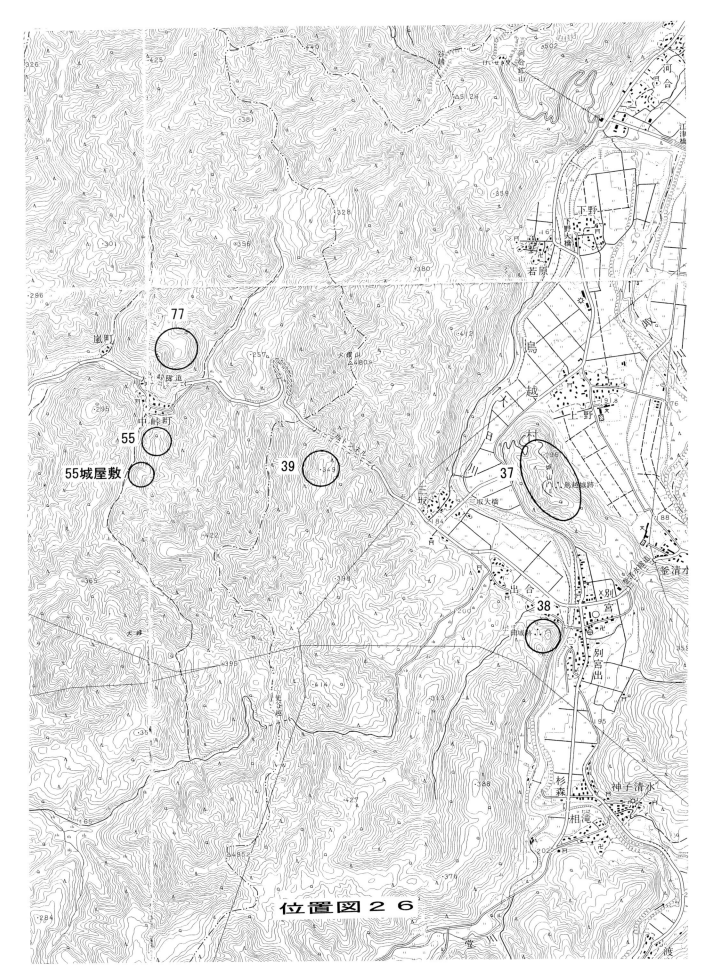

位置図２６

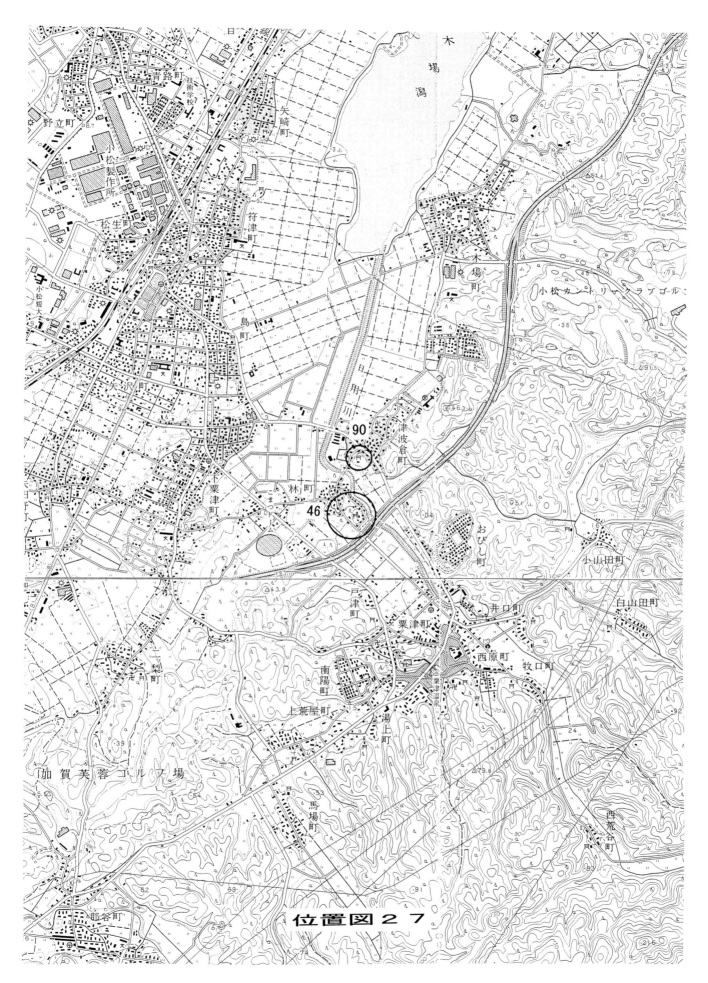

位置図２７

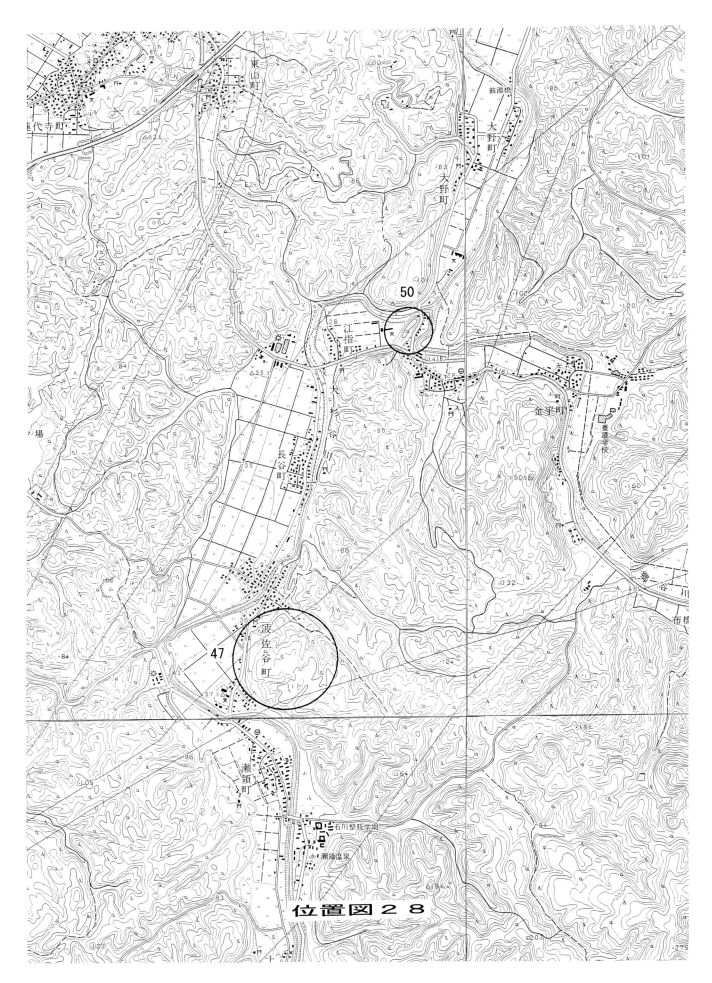

位置図２８

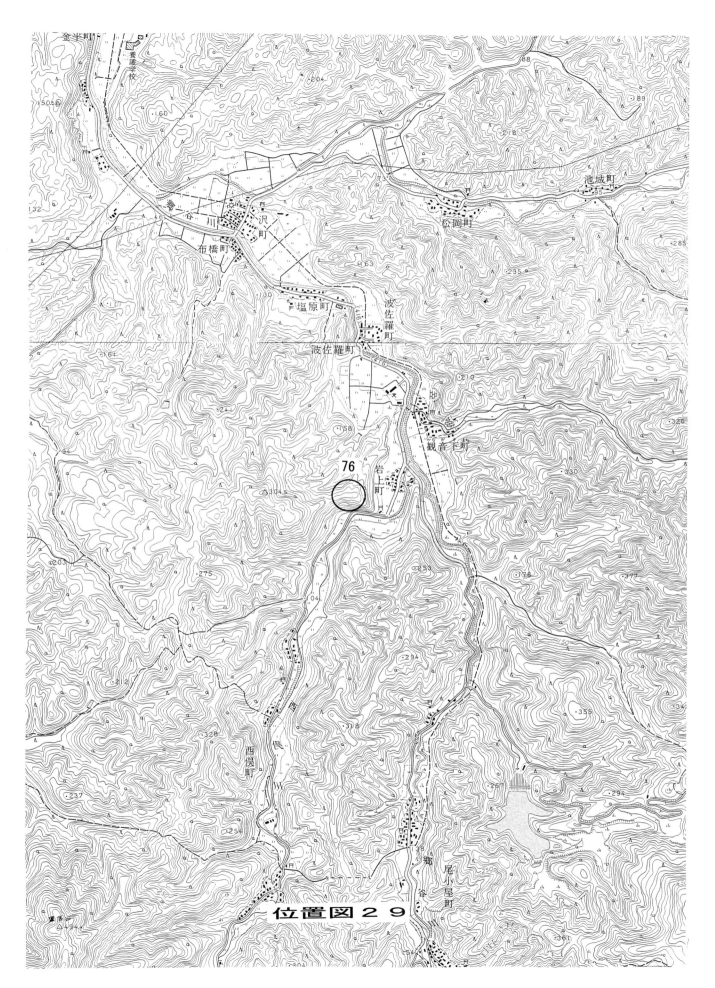

位置図２９

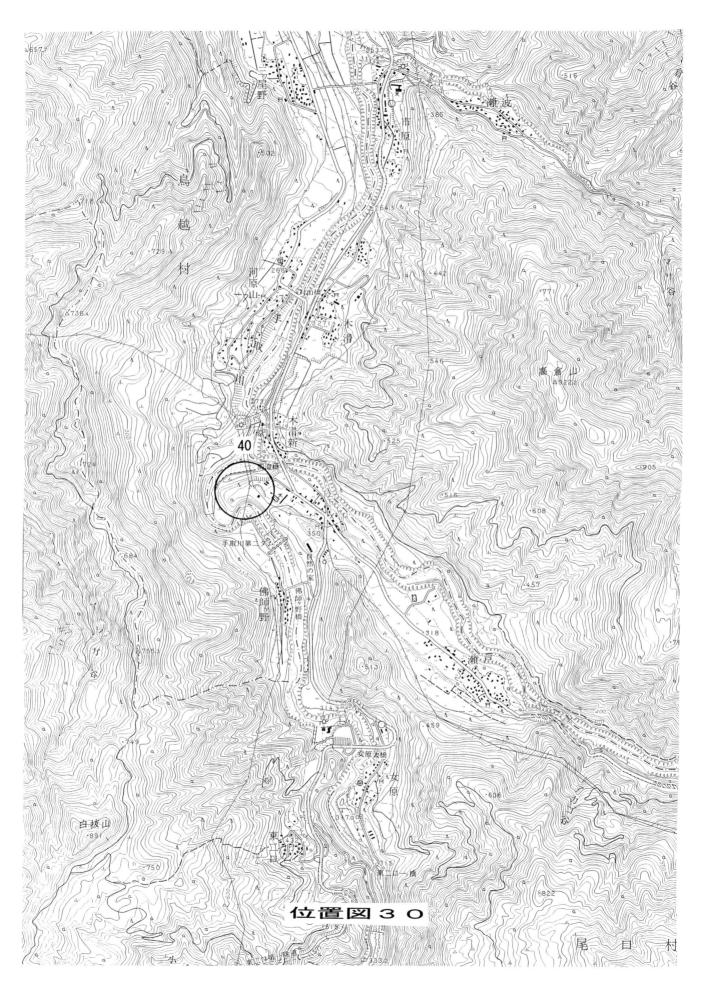

位置図30

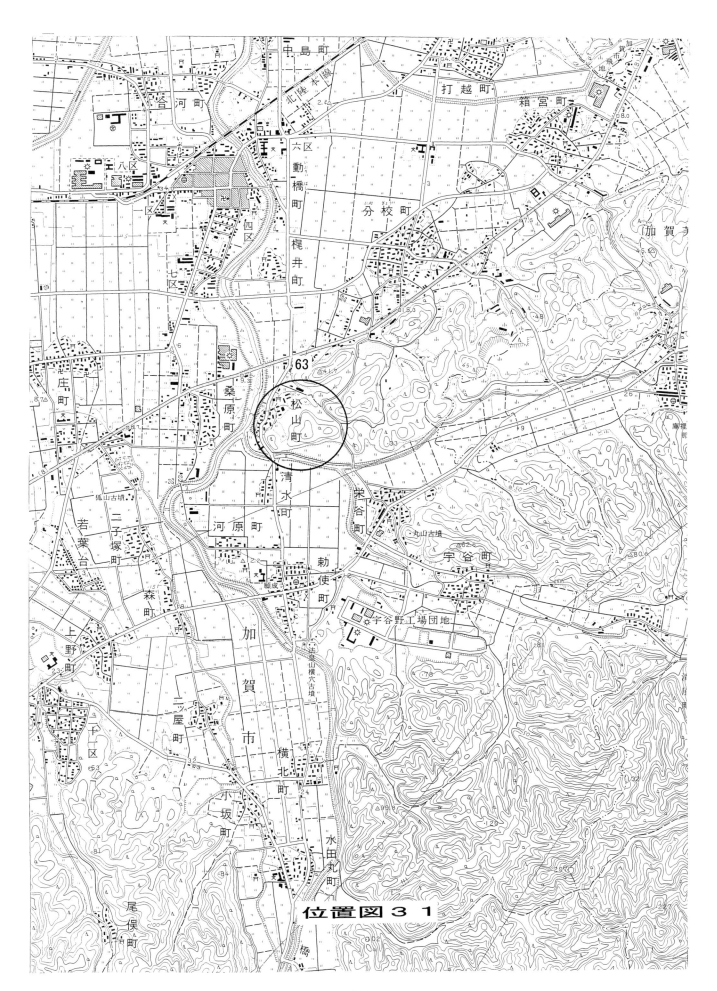

位置図31

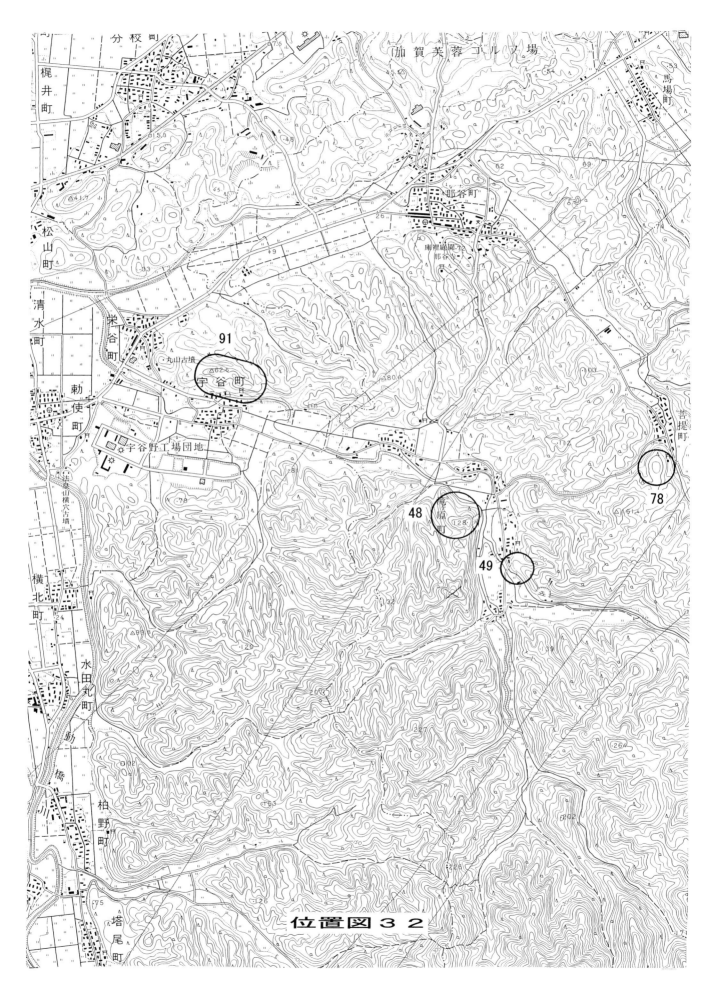

位置図３２

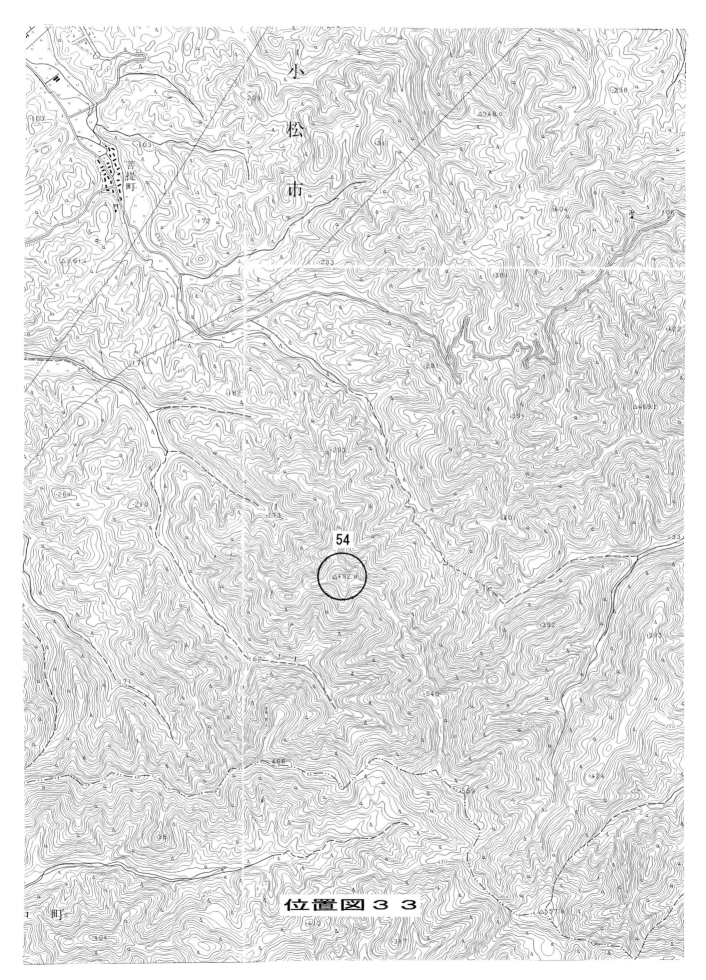
位置図３３

位置図３４

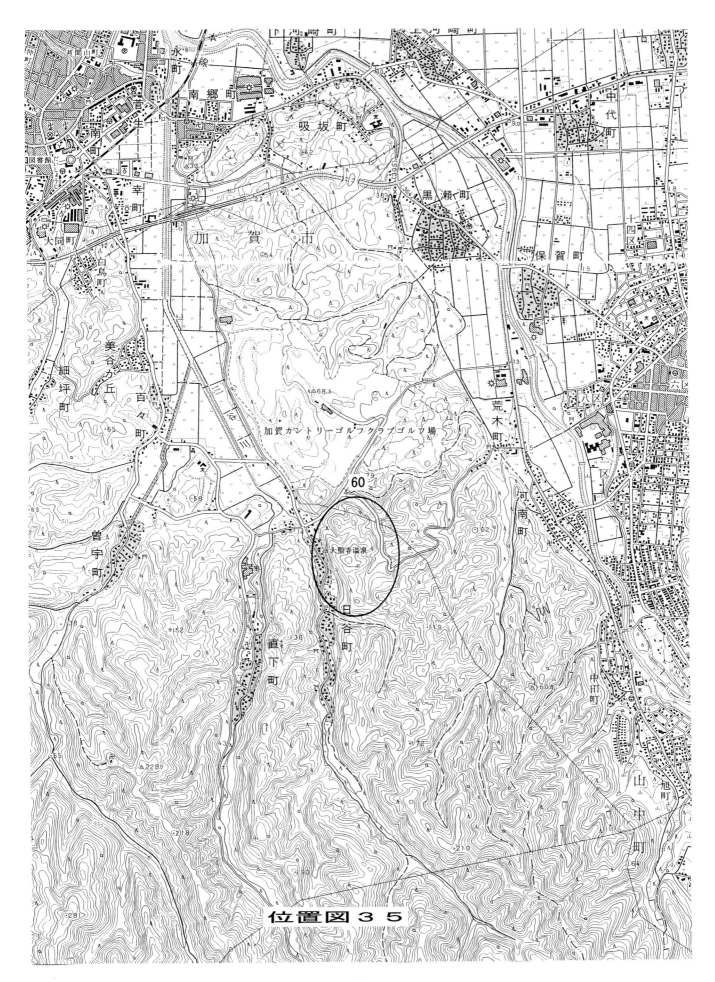

位置図３５

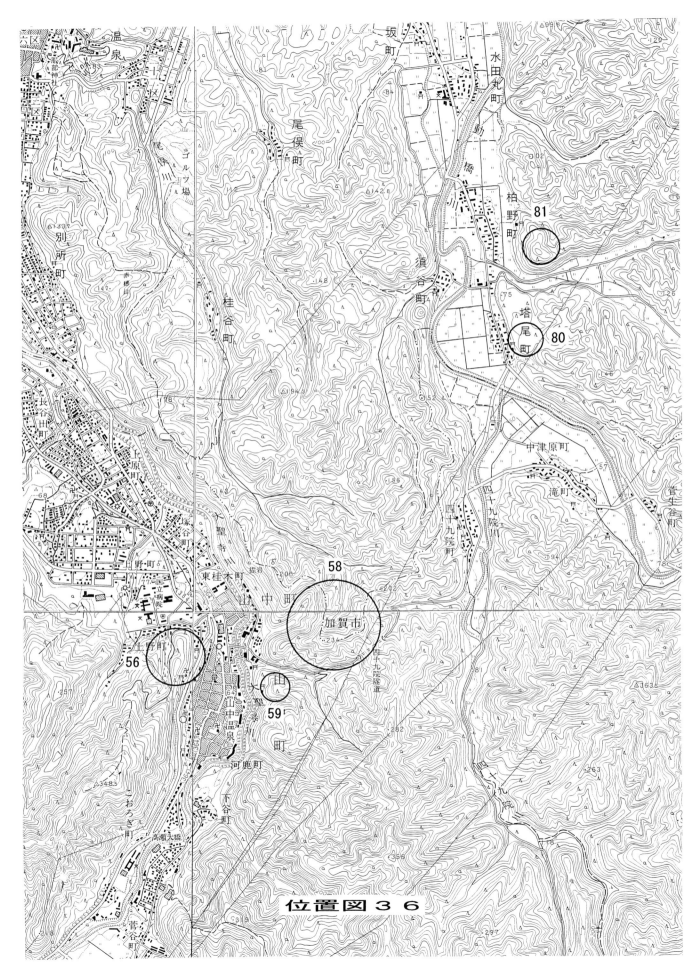

位置図３６

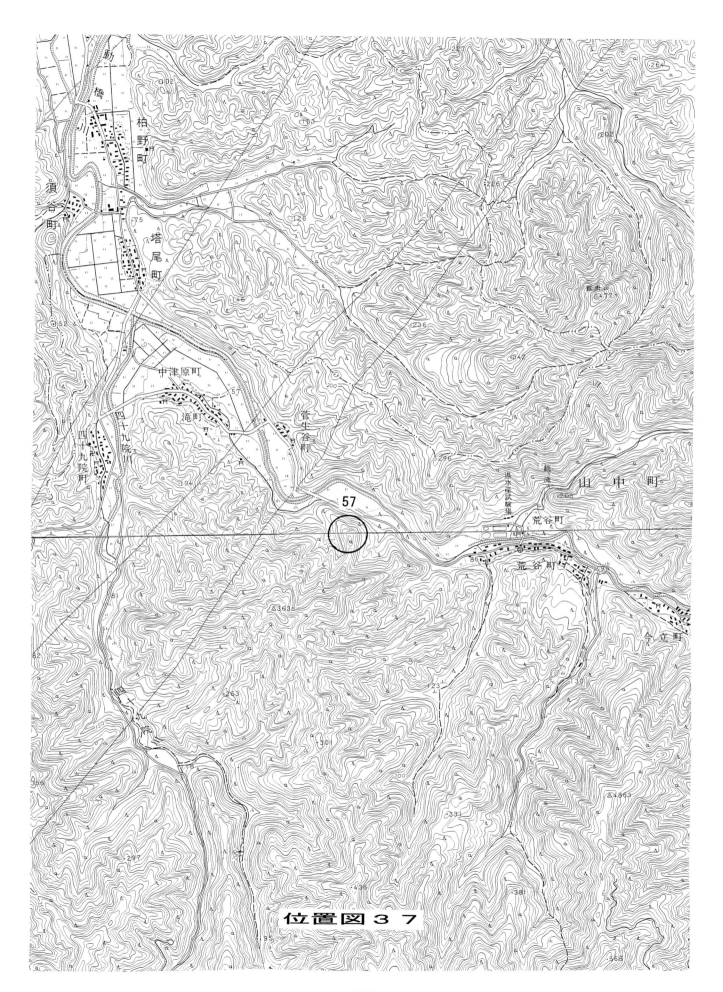

位置図３７

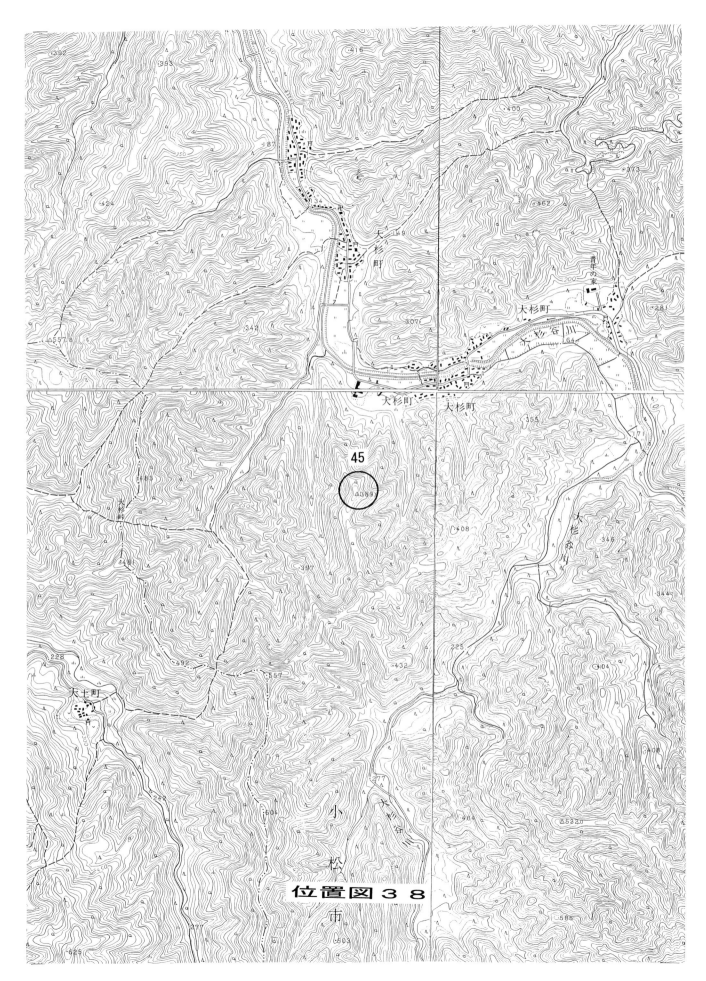

位置図38

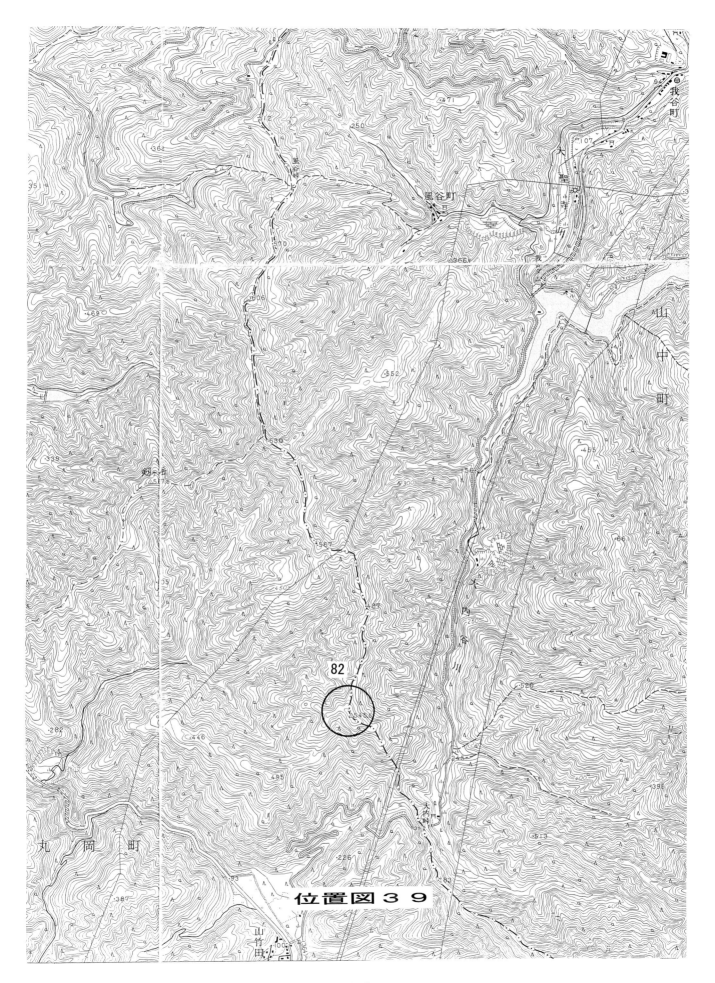

位置図３９

Ⅵ．加賀中世城郭一覧表

加賀中世城郭一覧表

I. 城館遺構

番号	城　名	所在地	①主な城主　②主要年代　③主な遺構
1	坊廻城	かほく市宇気	①坊廻氏？② 16 世紀後半③削平地・切岸・堀切
2	森城	かほく市森	①村上（守）氏② 16 世紀③削平地・切岸・土塁
3	上山田城	かほく市上山田	①広瀬伊賀守② 16 世紀後半③削平地・切岸・土塁・堀切・竪堀
4	多田城	かほく市多田	①多田満仲？② 16 世紀後半③削平地・切岸・土塁・堀切・畝状空堀群
5	上河合城	津幡町上河合	①在地土豪？② 16 世紀後半③削平地・切岸・土塁・堀切・横堀
6	莇谷城	津幡町莇谷	①佐々木四郎？② 16 世紀③削平地・切岸・土塁・堀切・竪堀
7	鳥越弘願寺	津幡町鳥越	①弘願寺② 16 世紀③削平地・切岸・堀切
8	富田和田山城	津幡町富田	①富田左近・佐々成政② 16 世紀後半③削平地・切岸・堀切・竪堀・竪穴？
9	竹橋城	津幡町竹橋	①不明② 16 世紀後半③削平地・切岸・堀切・土塁・竪堀
10	笠野鳥越城	津幡町七黒	①佐々氏・前田氏② 16 世紀後半③削平地・切岸・堀切・竪堀・櫓台
11	龍ヶ峰城	津幡町原	①村上氏・上杉氏・佐々氏② 16 世紀後半③削平地・切岸・土塁・堀切
12	原城	津幡町原	①？② 16 世紀③削平地・堀切
13	松根城	金沢市松根町	①桃井氏・加賀一向一揆・佐々氏② 16 世紀後半③削平地・切岸・土塁・堀切・横堀・竪堀
14	高峠城	金沢市小二又町	①雑賀氏・前田（不破）氏② 16 世紀後半③削平地・切岸・堀切・土塁
15	朝日山城	金沢市朝日町	①加賀一向一揆・前田氏② 16 世紀後半③削平地・切岸・土塁・堀切

番号	城　名	所　在　地	①主な城主　②主要年代　③主な遺構
１６	切山城	金沢市桐山町	①不破（前田）氏② 16 世紀末③削平地・切岸・土塁・堀切・竪堀
１７	北方城	金沢市北方町	①牧山氏・佐久間氏・佐々氏② 16 世紀後半③削平地・切岸・土塁・竪堀
１８	加賀荒山城	金沢市荒山町	①佐久間氏・佐々氏② 16 世紀後半③削平地・切岸・土塁・堀切・竪堀
１９	市瀬城	金沢市市瀬町	①在地土豪？② 16 世紀③削平地・切岸・土塁・堀切・竪堀
２０	柚木城	金沢市柚木町	①一向一揆？② 16 世紀後半③削平地・切岸・土塁・堀切・横堀・竪堀
２１	堅田城	金沢市堅田町	①一向一揆？② 16 世紀後半③削平地・切岸・土塁・堀切・竪堀・畝状空堀群
２２	梨木城	金沢市梨木町	①奥(沖)氏② 16 世紀後半③削平地・切岸・土塁
２３	上野館	金沢市薬師町	①上野氏② 16 世紀後半③削平地・切岸・土塁
２４	鷹之巣城	金沢市瀬領町	①佐久間盛政・前田利家② 16 世紀末③削平地・切岸・土塁・横堀・堀切・竪堀
２５	山川三河守砦	金沢市山川町	①山川三河守② 16 世紀後半③削平地・切岸・土塁・横堀・竪堀
２６	福神山城	金沢市湯涌荒屋町	①？② 16 世紀③削平地・切岸・堀切・竪堀
２７	高尾城	金沢市高尾	①富樫氏・加賀一向一揆？② 16 世紀後半③削平地・切岸・堀切・竪堀・畝状空堀群
２８	金沢城	金沢市丸の内	①加賀一向一揆・佐久間盛政・前田氏② 16 世紀後半③削平地・切岸・横堀・水堀・石垣・石川門・三十間長屋・鶴丸倉庫
２９	田上館	金沢市田上町	①田上氏？②室町時代③削平地・切岸・土塁・横堀
３０	伝燈寺城	金沢市伝燈寺町	①富樫氏？② 16 世紀後半③削平地・切岸・堀切・竪堀
３１	水淵城	金沢市水淵町	①山川三河守② 16 世紀後半③削平地・切岸・横堀・土塁

番号	城名	所在地	①主な城主 ②主要年代 ③主な遺構
32	若松本泉寺	金沢市若松町	①若松本泉寺② 15 世紀末③土塁
33	末松館	野々市市末松	①栗山氏②中世？③削平地・土塁
34	槻橋城	白山市月橋町	①槻橋氏・一向一揆？② 16 世紀後半③削平地・切岸・土塁・堀切・井戸・礫列
35	坊の館	白山市福留町	①親王(真応)寺？②中世？③削平地・土塁
36	舟岡山城	白山市八幡町	①若林長門守・高畠定吉② 16 世紀末③削平地・切岸・土塁・堀切・横堀・石垣
37	鳥越城	白山市三坂町	①加賀一向一揆・柴田勝家軍② 16 世紀末③削平地・切岸・横堀・土塁・竪堀・堀切・石垣・礎石
38	二曲城	白山市出合町	①二曲右京進・柴田勝家軍② 16 世紀末③削平地・切岸・堀切・竪堀・土塁
39	三坂峠城	白山市三坂	①白山山内衆？② 16 世紀後半③削平地・切岸・堀切・土塁
40	瀬戸丸山城	白山市瀬戸	①白山山内衆？② 16 世紀後半③削平地・切岸・横堀
41	和田山城	能美市和田町	①超勝寺・安井左近② 16 世紀後半③削平地・切岸・横堀・土塁
42	西山砦	能美市高座	①織田政権② 16 世紀後半③削平地・切岸・土塁
43	鍋谷砦	能美市鍋谷	①一向一揆？② 16 世紀後半③削平地・切岸・土塁・堀切
44	虚空蔵山城	能美市下舘町	①富樫幸千代・荒川市介② 16 世紀後半③削平地・切岸・堀切・土塁・横堀・石垣・井戸
45	山崎城	小松市大杉本町	①？② 16 世紀後半③削平地・切岸・堀切・土塁
46	林館	小松市林	①林六郎　②中世　③横堀・土塁
47	波佐谷城	小松市波佐谷町	①宇津呂丹波・村上勝左衛門② 16 世紀後半③削平地・切岸・土塁・堀切・竪堀・畝状空堀群・石垣
48	霧籠城	小松市滝ヶ原町	①青木一矩？② 16 世紀③削平地・切岸・土塁

番号	城　名	所　在　地	①主な城主　②年代　③遺構
４９	児城	小松市滝ヶ原町	①江沼財氏？・山本（財町）円正② 16 世紀③削平地・切岸・堀切
５０	江指城	小松市江指町	①宇津呂丹波② 16 世紀③削平地・切岸・竪堀・土塁
５１	岩淵城	小松市岩淵町	①徳田志摩・織田政権② 16 世紀末③削平地・切岸・土塁・堀切・竪堀
５２	小山城	小松市原町	①織田政権② 16 世紀末③削平地・切岸・土塁・堀切・竪堀
５３	岩倉城	小松市原町	①沢米左衛門・織田政権② 16 世紀末③削平地・切岸・土塁
５４	三童子城	小松市滝ヶ原町	①加賀一向一揆② 16 世紀③削平地・切岸・土塁・堀切
５５	覆山砦	小松市中峠町	①織田政権② 16 世紀末③削平地・切岸・堀切・竪堀・土塁
５６	柴田の付城	加賀市山中温泉薬師町	①柴田勝家②天正 8 年③削平地・切岸・堀切・竪堀・土塁
５７	赤岩城	加賀市山中温泉滝町	①藤丸氏② 16 世紀後半③削平地・切岸・土塁・竪堀・堀切・石垣
５８	黒谷城	加賀市桂谷町	①加賀一向一揆・朝倉氏② 16 世紀③削平地・切岸・竪堀・堀切・井戸・畝状空堀群
５９	山中城	加賀市山中温泉東町	①岸田常徳？② 16 世紀後半③削平地・切岸・堀切
６０	日谷城	加賀市日谷町	①加賀一向一揆・朝倉氏・織田政権② 16 世紀後半③削平地・切岸・堀切・土塁・横堀
６１	熊坂口之城	加賀市熊坂町畑岡	①加賀一向一揆？② 16 世紀③削平地・切岸・堀切・土塁
６２	大聖寺城	加賀市大聖寺地方町	①加賀一向一揆・朝倉氏・戸次右近・佐久間盛政・拝郷五左衛門・溝口秀勝・山口宗永・前田氏② 16 世紀後半③削平地・切岸・土塁・堀切・竪堀・横堀・畝状空堀群・石垣

番号	城　名	所　在　地	①主な城主　②年代　③遺構
63	松山城	加賀市松山町	①加賀一向一揆・朝倉氏・織田政権・前田利長 ② 16 世紀後半③削平地・切岸・土塁・堀切・横堀・竪堀

Ⅱ．城館関連遺構

番号	城　名	所　在　地	①主な城主　②年代　③遺構
64	笠野城の峰烽火台	津幡町鳥屋尾	①－　②戦国期？③削平地・切岸

Ⅲ．城館候補遺構

番号	城　名	所　在　地	①主な城主　②年代　③遺構
65	大海西山遺跡	かほく市黒川	①在地土豪？② 16 世紀③削平地・切岸・堀切・竪堀・横堀・土塁
66	茶臼山城	かほく市鉢伏	①在地土豪？② 16 世紀③削平地・切岸・土塁・竪堀・横堀
67	天田城	津幡町九折	①？② 16 世紀③堀切・切岸
68	冠ヶ嶽城	金沢市小原町	①富樫氏？② 15 世紀？③削平地・切岸
69	倉ヶ岳城	金沢市倉ヶ岳町	①富樫氏？② 15 世紀？③削平地・切岸・土塁・井戸
70	北袋城	金沢市北袋	①刀利左衛門　② 16 世紀後半　③堀切
71	町城	金沢市東町	①刀利左衛門② 16 世紀③削平地・切岸・竪堀・土塁・井戸
72	三ノ坂遺構群	金沢市夕日寺・伝燈寺町	①？② 16 世紀③削平地・切岸・土塁・堀切・竪堀
73	釣部砦	金沢市釣部町	①？② 16 世紀③削平地・切岸・土塁・堀切
74	田島城	金沢市田島	①阪東氏？② 16 世紀③削平地・切岸・竪堀

番号	城名	所在地	①主な城主 ②年代 ③遺構
75	二俣町一の木戸	金沢市二俣町	①平尾本泉寺？②？③削平地・切岸・土塁
76	岩崎砦	小松市岩上町	①？ ②16世紀 ③堀切
77	中峠北城	小松市中峠町	①？②16世紀③削平地・切岸・土塁・竪堀
78	菩提砦	小松市菩提町	①？②16世紀③削平地・切岸・堀切・土塁・竪堀
79	熊坂花房砦	加賀市熊坂町花房	①加賀一向一揆②16世紀③削平地・切岸・土塁
80	塔尾超勝寺	加賀市塔尾町	①超勝寺②16世紀初期③削平地・切岸・土塁・堀切・井戸
81	柏野城	加賀市柏野町	①栗山氏・堀江氏・加賀一向一揆②16世紀③削平地・切岸・土塁・竪堀
82	イラカ嵩城	加賀市山中町大内町	①木曽義仲？②16世紀③削平地・堀切・土塁

Ⅳ. 城館類似遺構

番号	城名	所在地	①主な城主 ②年代 ③遺構
83	田屋御前山砦	津幡町田屋	①－ ②－ ③削平地・切岸・土塁
84	鳥屋尾ノナカ砦	津幡町鳥屋尾	①－ ②－ ③切岸・土塁・堀切
85	満願寺山砦	金沢市窪二丁目	①－ ②－ ③削平地・切岸・土塁・堀切
86	卯辰三社遺構	金沢市鈴見	①－ ②江戸末期以降 ③削平地・切岸・竪堀
87	オヤシキ遺跡	金沢市大浦町	①－ ②－ ③削平地・切岸・土塁・竪堀
88	奥医王山山頂遺構	金沢市及び南砺市	①－ ②－ ③削平地・切岸・堀切
89	広瀬廃寺	白山市広瀬	①－②中世？③削平地・切岸・堀切・土塁・石垣
90	津波倉神社遺構	小松市津波倉町	①－ ②－ ③削平地・切岸・土塁

番号	城　名	所　在　地	①主な城主　②年代　③遺構
91	温谷寺関連遺構	加賀市宇谷	①－　②中世　③削平地・切岸・堀切・土塁

あとがき

　周知の通り加賀国は「百姓ノ持タル国」で有名な一向一揆の国であり、一向一揆城郭の研究も古くから進んでいた。それに伴う報告書・論文等も多数発行されている。勿論それらの報告書等は一向一揆の城郭と結論付けている。しかし柴田勝家を司令官とする織田軍が進攻し、織田軍が一向一揆の城郭を徹底的に改修していることも事実である。つまり歴史は一向一揆、遺構は織田軍、という奇妙な事実が混在しているのである。

　いつも思うのであるが、遺構を調べれば調べるほど既存の調査結果と違う結論になり、心の中で「ヤバイ！！」と叫ぶ。ことに加賀ではそういうケースが多かった。つまり前述の如く、既存の調査結果は一向一揆、そして筆者の調査結果は織田軍、というケースである。筆者も人の子である。地元の研究者の方々とは仲良くしたいと思うし、地元住民の方々と親しくお付き合いしていきたいと思う。しかし現存の遺構が自分達の先祖である一向一揆ではなく、外来勢力の織田軍だと説明すると、地元関係者との仲は悪くなるに決まっている。多少は調査結果を修正して在地土豪の改修としても良いのではないか、と思ったりもする。

　しかし筆者は自問する。なぜ筆者は調査結果を公表するのか。目的は幾つかあり、筆者の 30 年間の調査結果をまとめるという目的もある。いま一つの目的として、現時点における最新の調査結果を公表し、郷土史研究の発展に寄与することである。寄与できてこそ生きた城郭研究となる。それが既存の調査結果と違っていればなおさらである。温故知新ではないけれど、既存の調査結果に縛られず、常に新しい視点に立って研究を進めなければ新事実は見えてこず、若い研究者も育たない。だが、既存の研究成果と大きく違ってしまうと、地元の研究者と対立してしまう。本当に申し訳ないと謝罪したい気持ちだが、やはりそこは避けて通れない。理路整然と説明し、筆者の自説を公表させていただいた。本書はそうした筆者の苦悩を書き表した労作であることを知っていただきたい。

　以上の理由により、本書は既存の報告書の調査結果と大きく違っている箇所が多数あり、大胆にも多分野の報告書を批判している箇所も多数ある。筆者は縄張り研究・文献史学・考古学が三本の矢となって、初めて正確な城郭が語れると思っている。しかしそれは無批判で文献史学・考古学の成果を利用するというものではない。門外漢なら門外漢なりに、文献史学・考古学の報告書を精査し、間違いを指摘し、正々堂々と反論する。そうするのが真の利用であり、そうしてこそ学問は発達する。筆者は大胆不敵にも考古学報告書の内容を批判した。是非考古学研究者の方々も本書を批判していただきたいと思う。そうすることにより城郭研究は一層進歩し、歴史研究には必要不可欠の分野となろう。

　今回も筆者は城郭に関する文献資料を一つ残らず調査しようと思い、加賀の各市町村立図書館を全て訪ね、全ての文献資料に目を通した。ここで寂しく思ったのは、市町村合併の結果、吸収されてしまった町村の図書館は見る影も無く寂れてしまい、利用者はほぼゼロ、そして役場の職員ですら、図書館の存在地や現在の開館状況を知っていないということである。図書館はほんの一例で、他の施設も同様であろう。地方の活性化は益々遠のいていくような気がする。城館の伝承は勿論のこと、存在そのものも加速度的に忘れ去られていくことであろう。

　今回も本書作成にあたり、本当に多くの方々にお世話になった。四半世紀にわたって筆者を支えて下さっている宮本哲郎氏には、公私共にお世話になっている。金沢市の向井裕知氏には現地説明会等で大変お世話になった。加賀市の田嶋正和氏には貴重な資料を多数いただいた。小松市の宮下幸夫氏には貴重な資料は勿論のこと、多忙中にもかかわらず現地も案内していただいた。津幡町の戸田邦隆氏には地形図を送付していただいた。そして筆者のワガママを全面的に受け入れて本書を発行していただいた桂書房の勝山社長に御礼を申し上げ、最後としたい。次は飛騨編（越中補遺を含む）である。こちらも問題点山積の地域である。手厳しい地元の先生方が首を長くして待っておられる。がんばらなくっチャ！！。

筆者紹介

佐伯哲也（さえき・てつや）

① 昭和38年11月23日　富山県富山市に生まれる。
② 昭和57年4月関西電力株式会社に入社する。
③ 平成8～15年、富山県・石川県・岐阜県の中世城郭館跡調査の調査員として各県の城館を調査する。
④ 北陸を中心として、全国の中世城郭を約1500ヶ所調査する。
⑤ 主な在籍団体
　北陸城郭研究会　城館史料学会　飛騨史学会　富山史壇会
　富山考古学会　石川考古学会
⑥ 現住所
　富山県富山市小杉2143－6　TEL（076）429－8243

加賀中世城郭図面集

© Saeki Tetsuya 2017　ISBN 978-4-86627-022-7

定価　五、〇〇〇円＋税

初版発行　二〇一七年三月三十日

著　者　佐伯哲也

発行者　勝山敏一

発行所　桂書房
　〒930-0103　富山市北代三六八三－一一
　TEL　〇七六－四三四－四六〇〇
　FAX　〇七六－四三四－四六一七

印　刷　株式会社すがの印刷

地方小出版流通センター扱い

＊造本には十分注意しておりますが、万一、落丁・乱丁などの不良品がありましたら送料当社負担でお取替えいたします。
＊本書の一部あるいは全部を、無断で複写複製（コピー）することは、法律で認められた場合を除き、著作者および出版社の権利の侵害となります。あらかじめ小社あて許諾を求めて下さい。